KB125914

설득의 수사학

슬로건

이 저서는 2013년 정부(교육부)의 재원으로 한국연구재단의 지원을 받아 수행된 연구임
(NRF-2013S1A6A4012659)

이 도서의 국립중앙도서관 출판예정도서목록(CIP)은 서지정보유통지원시스템 홈페이지(http://seoji.nl.go.kr)
와 국가자료공동목록시스템(http://www.nl.go.kr/kolisnet)에서 이용하실 수 있습니다.
CIP제어번호: CIP2017021602(양장), CIP2017021600(학생판)

설득의 수사학
슬로건

| 이희복 지음 |

한울
아카데미

차례

미디어가 스마트해졌다. 소비자는 더 스마트해졌다. 광고와 홍보, 마케팅과 커뮤니케이션이 힘든 시기를 지나고 있다. 누군가를 설득하고 정보를 전달하기에 과거보다 몇 곱절의 노력과 자원이 필요해졌다. 매스미디어는 더는 대중을 끌어들이지 못한다. 이른바 미디어에서 콘텐츠로의 패러다임 전환이 혁명처럼 일어나고 있다.

그러나 설득은 수사학이 한다. 슬로건은 핵심적인 메시지로 설득과 정보를 압축해 전달한다. 성공한 캠페인은 슬로건을 남긴다. 또 우리가 기억하는 캠페인의 대부분은 슬로건이다. 마케터와 소비자의 구분이 불분명한 시대다. 좋은 슬로건은 비즈니스를 성공으로 이끈다. 힘 있는 슬로건은 소비자를 플랫폼으로 이끈다. 이제 슬로건을 알아야 할 때다.

현대인은 잠재적인 카피라이터로 매 순간 생활 속에서 누군가에게 설득을 시도한다. 그러므로 설득과 슬로건을 이해하고 활용할 수 있도록 이 책을 기획했다. 본문을 3부로 구성하고 책의 앞뒤에 프롤로그와 에필로그를 실었으며 부록에는 참고할 만한 슬로건을 수록해 대학의 한 학기 수업 분량 정도로 맞췄다. 따라서 이 책은 '광고카피'나 '캠페인 실습' 등의 과목에 활용하면 좋을 것이다. 물론 광고홍보 분야의 현업 종사자나 일반인은 순서와 관계없이 읽어도 괜찮다.

우선 프롤로그에서는 설득하는 인간, 즉 '호모페수아수스'를 중심으로 설득과 수사학, 슬로건의 관계를 알아보았다. '1장 슬로건의 수사학', '2장 슬로건과 커뮤니케이션', '3장 슬로건의 이해'로 이루어진 '1부 슬로건의 이론'은 슬로건에 관련된 다양한 연구 문헌으로 구성했다. '1장 슬로건의 수사학'에서는 슬로건의 수사학, 슬로건과 마케팅 커뮤니케이션, 슬로건과 수사적 표현, 음운론과 구조론, 슬로건과 의미전이, 수사적 표현의 연구 경향을 다루었다. '2장 슬로건과 커뮤니케이션'에서는 슬로건과 커뮤니케이션 이론, 슬로건과 커뮤니케이션 과정, 슬로건과 SMCR의 관계를 규명했다. '3장 슬로건의 이해'에서는 슬로건의 정의와 유사 개념, 슬로건과 헤드라인의 비교, 슬로건의 기능에 따른 분류, 좋은 슬로건의 가이드라인에 대해 알아보았다.

'4장 슬로건 브리프', '5장 슬로건 아이디어', '6장 슬로건 전략', '7장 슬로건의 포지셔닝'으로 구성된 '2부 슬로건의 실제'에서는 어떻게 하면 슬로건을 잘 쓸 수 있을지를 실무적으로 서술했다. 4장에는 슬로건 브리프, 포지셔닝 스테이트먼트를 포함했다. 5장에서는 슬로건을 쓰기 위한 다양한 아이디어 발상을 살펴보았다. 6장에서는 슬로건 전략으로 오길비의 글쓰기, 파워라인 7가지 원칙을 다루었다. 7장에서는 포지셔닝의 방법, 다양한 브랜드의 슬로건 개발 과정을 분석했다.

'3부 슬로건의 활용'은 '8장 도시 슬로건', '9장 정치 슬로건', '10장 슬로건 비평'으로 마무리했다. 8장에서는 도시 브랜드 슬로건의 이론과 실제 사례를, 9장에서는 정치 슬로건과 관련된 연구와 분석 결과를 소개했다. 끝으로 10장에서는 서울시의 도시 브랜딩 사례를 소개하면서 최근에 선보인 슬로건 "I.SEOUL.U"를 논의했다. 에필로그에서는 더 많은 설득의 수사학을 위한 슬로건 제작 과정과 전략으로 "SLOGAN(story, language, originality, going, action, newness)"을 가이드라인으로 제시해 "이야기, 언어, 독창성, 지속성, 행동, 새로움"을 강조했다.

각 장 끝에 '슬로건의 탄생'을 첨부해, 나이키의 "Just Do It"에서 코카콜라 슬로건의 변천사, 유한킴벌리의 "우리강산 푸르게 푸르게" 슬로건까지 10개 사례에 관련된 뒷이야기를 살펴보았다. 또한 독자들의 이해를 돕기 위해 '세계 100대 슬로건', '업종별 슬로건 1781선', '국내 100대 상장 기업의 슬로건'을 부록으로 실었다.

이 책은 한국연구재단 저술지원사업(2013~2015년)의 지원과 대학교수 해외 방문연구(2011~1012년)의 기회를 얻었기에 출간할 수 있었다. 이에 감사의 뜻을 전한다. 또한 책을 내는 데 한울엠플러스(주)의 노고가 있었다. 기획과 편집으로 부족한 글을 잘 다듬고 완성해 좋은 책으로 엮어주셨다. 그리고 늘 힘이 되는 가족 조성옥, 이다원에게도 고마움을 전한다.

슬로건을 쓰면서 13년 반, 슬로건을 가르치고 공부하면서 13년 반의 세월을 보냈다. 쓰는 것은 같지만 실리는 곳은 미디어와 학술지 또는 단행본으로 서로 다르다. 전에는 목표공중인 소비자에게 전달했다면 이제는 독자에게 읽히기를 원한다. 독자들이 좋은 슬로건을 찾아가는 데 이 책이 나침반이 된다면 더 없이 기쁠 것이다. 가슴에 떨림과 머리에 울림이 있는 슬로건처럼 더 멋진 설득의 수사학과 만나고 싶다. 슬로건 하나가 세상을 바꾼다.

2017년 8월
이희복

9

s when it hits you. You're ready for IBM.

Now... ''We love to see you smile'

Where do you want

Come and live the magic.

Connecting people.

Did somebody say McDonalds?

Life tastes go

do you want to go today?

프롤로그

설득하는 인간

호모페수아수스

•

Homo Persuásus

설득하는 인간! 현대인은 하루의 삶 속에서 설득과 피설득을 얼마나 많이 반복할까? 설득은 소통의 대부분을 차지하며, 사람들은 생활 속에서 많은 시간과 자원을 설득하는 데 투여한다. 인간이 생각하고(호모사피엔스), 두 발로 걸으며(호모에렉투스), 도구를 사용하고(호모파베르), 언어를 쓰면서(호모로퀜스), 놀이하고(호모루덴스), 사회를 이룬(호모레스푸블리카) 후 소통하게(호모코뮤니카티온) 되면서 설득은 더욱 중요해졌다. 그래서 우리 모두는 설득의 시대를 사는 '호모페수아수스'다. 서로의 생각을 나누고 의견을 조율하면서 어떻게 하면 자신이나 조직이 '원하는 바를 효과적으로 얻을 수 있을까?'에 관심과 노력을 기울였다.

설득은 다양한 형태로 존재한다. 잠깐만 눈을 돌려 우리 삶을 돌아보면 엄청나게 많은 설득이 있다. 광고와 홍보를 대표적인 설득 커뮤니케이션으로 볼 수 있지만 더 많은 설득이 있다. 잠시도 손안에서 멀어질 수 없는 스마트폰 안의 애플리케이션을 열어보면 쉽게 알 수 있다. 페이스북, 카카오톡, 밴드, 라인, 인스타그램, 핀터레스트와 같은 소셜 네트워크 서비스(SNS)는 물론이고, 장문과 단문의 문자 서비스(MMS, SMS), 이메일과 음성 통화, 영상 통화는 대부분 설득과 관련이 있다. 이뿐만 아니라 친구와 대화, 부모와 자녀 사이의 통화, 업무상 회의, 면접, 비즈니스를 위한 프레젠테이션에 이르기까지 설득은 다양하다. 정책 발표나 기자회견, 선거 후보의 유세에서도 설득은 쉽게 찾아볼 수 있다. 현대인은 하루 중 헤아릴 수 없는 많은 시간을 설득에 할애한다.

TV로 방송된 선거 토론 방송을 떠올려 보면 후보자들은 유권자의 표심에 호소하기 위해 조심스럽게 공격과 방어를 한다. TV를 시청하던 유권자는 토론 방송을 피해 다른 채널로 옮기다가 고급 승용차 광고에 리모컨을 멈춘다. 멋진 자동차가 해안을 여유롭게 내달린다. 그 순간 "차는 바로 당신의 지금을 보여준다"라는 카피가 나온다.

또 다른 설득의 공간인 법정에서 변호인은 의뢰인의 무죄를 주장하기도 한다. 법정에서 의뢰인은 재판장을 설득하기 위해 다양한 수사적 방법을 동원한다. 이런 상황에서 설득이 가능한 것은 미디어, 연설, 기억, 생각, 언어, 상징, 행동이나 증거가 있기 때문이다. 이 과정에서 만들어진 수사학(修辭學)이 설득의 역할을 한다.

설득과 소통을 위한 효율적인 방법으로 수사학이 개발되었다. 일찍이 설득의 기술로서 수사학에 관심을 보인 사람은 아리스토텔레스(Aristoteles, B.C. 384~B.C. 322)다. 그는 에토스(ethos), 로고스(logos), 파토스(pathos)를 설득을 위한 수사학의 방법으로 보았는데, 스마트 미디어 시대에도 그의 설득 원리는 유효하다. 수사학의 5가지 규범, 수사학의 3가지 유형의 설득력 또한 타당하다. 설득의 기술로 수사학이 연구되면서 다양한 설득 원리가 이론과 실제에 제시되어 지금에 이르고 있다.

● ● ●

수사학이란 무엇인가?

수사학의 정의가 다양한 것은 많은 사람들이 수사학을 여러 가지 의미로 사용하기 때문이다. 수사학의 정의는 관점에 따라 다르지만 국립국어원 표준국어대사전과 문화비평용어사전, 한국현대문학대사전 등의 주요 정의는 다음과 같다.

[명사] 문학

사상이나 감정 따위를 효과적·미적으로 표현할 수 있도록 문장과 언어의 사용법을 연구하는 학문　　　　국립국어원 표준국어대사전

독자들에게 감동을 주기 위해 문장·사상·감정을 효과적으로 표현할 수 있는 언어수단들을 선택하고 그 이용 수법을 연구하는 학문　　　　문화비평용어사전

다른 사람을 설득하고 그에게 영향을 끼치기 위한 언어기법을 연구하는 학문

한국현대문학대사전

수사학은 아리스토텔레스 이후 본격적으로 발달하기 시작해 중세에는 문법 및 논리학과 더불어 가장 중요한 학문이었다. 수사란 언사(言辭)의 수식(修飾)이라는 뜻으로 말과 글을 아름답게 꾸미는 것을 목표로 했다. 서양에서는 웅변술(eloquence)로 간주되었으나 궤변(sophism)으로 발전했고, 동양에서는 시문(詩文)의 작법으로 활용되었다. 또한 이 수사학은 오랫동안 문장을 장식하는 수단으로 여겨졌으나, 현대에 이르러서는 정확한 전달과 설득을 위해 모든 수단을 찾는 기능으로 인정되었다. 미국의 비평가들은 고전적 수사의 가치를 재발견하고 이를 현대 언어와 문학의 본질적인 기능으로 평가했다(권영민, 2004). 중국에서는 논리학이나 수사학이 제대로 꽃피우지 못하고 후대로도 이어지지 못했는데, 이는 전제군주제에 의해 권력을 독점한 황제 앞에서 논리적 수사가 불가능했기 때문이다. 설득과 소통보다는 명령과 복종 중심의 문화라는 한계가 있었다. 반면 고대 그리스에서는 개인의 자유와 평등의 개념이 발달해 수사학이 탄생할 수 있는 토대가 되었고, 대중을 설득하는 데 효과적이던 연설은 당연히 수사학의 발달로 이어졌다.

이렇듯 언어와 설득 사이에서 수사학이 일정한 역할을 해왔다. 사회 안에서 관찰되는 수사학의 다양한 사례에서 이런 역할을 찾아볼 수 있다. 뉴스를 보면 정치인들이 정적을 수사적으로 비난한다. 스피치 수업에서는 수사학의 주요 스타일과 표현, 생각을 설득하는 방법을 배울 수 있다. 학자들은 언어의 선택, 스타일, 스피치 전략, 영화, 웹 사이트, 책에서 사용하는 수사학의 개념을 연구한다. 문법이나 문장론과 다르게 언어는 항상 맥락과 관련이 있으며, 사람들의 언어는 맥락 안에서 의미가 파악된다. 그러나 정치 현장에서 쓰이는 수사학의 의미는 이와 다르다. 정치인은 견해를 달리하는 반대 진영을 공격할 때, 수사학을 부정적으로 사용한다. 그래서 일반인들은 '수사' 또는 '수사적'이라는 단어가 붙으면 부정적으로 인식한다. 플라톤이 우려한 것처럼 수사학의 본뜻이 현대에 와서 평가 절하되고 폄하된 것이다.

수사학은 의미 없는 단어, 스피치 스타일, 특별한 스피치와 텍스트, 기술이나 기교, 일반적인 언어의 사용 등 모든 상황에서 사용된다. 수사학에서는 담론과 설득, 이 두 가지 개념이 사용된다. 첫째, 담론(discourse)은 스피치, 문어와 구어뿐 아니라 책, 신문, 그림, 영상, 웹 사이트, 음악 등 다양한 맥락에서 상징과 의미의 교환을 뜻한다. 둘째, 설득(persuasion)은 스피치에 의해 생기는 분노, 슬픔, 극적인 상황뿐 아니라 광고와 정치 이데올로기의 영향과 같은 과정을 경험하고 확신할 때 생긴다. 수사학은 담론과 설득 이 두 개념과 관련이 있으며, 현대사회에서는 담론이 구현되는 과정이다. 이 책은 슬로건이라는 마케팅 커뮤니케이션의 주요 메시지와 전략을 설득의 담론으로 보아 수사적 기능에 초점을 맞추고자 했다. 그러므로 수사학에 관해 좀 더 살펴보자.

● ● ○

수사학의 연대기

수사학이라는 말이 만들어지기 전부터 사람들은 언어와 상징으로 서로에게 영향을 끼쳤다. 연구자들은 이러한 영향이 어떻게 생기며 어떻게 하면 더 효과적으로 말할 수 있을지 고민했다. 수사학이란 말은 기원전 5세기 무렵 그리스의 아테네에서 처음 시작된 것으로 알려지고 있다. 이 당시 아테네는 지중해 전체에서 많은 이주민이 머무는 혼잡한 도시였다. 그리스의 도시국가는 시민(demos)이 지배하는 시민민주주의를 통해 정치적·문화적 정체성을 지역과 연결하기 위해 노력했다. 왕권의 개입 없이 분쟁을 해결하고 시민의 법 감정에 따라 법을 만드는 등 공통의 문제에서 의사결정과 같은 새로운 사회적 행위가 요구되었다. 아테네 시민은 의원 선출, 재판, 공공 토론을 위한 포럼 등을 담당할 사회제도를 만들었고, 사람들은 새로운 제도를 운영할 방법을 배워야 했다. 매스미디어나 인쇄미디어가 없었기 때문에 토론과 정보 전달은 주로 스피치에 의존했다. 따라서 아테네 시민은 법정, 포럼, 의회에서 효과적으로 말하기 위한 전략으로 수사학이 필요했다.

이즈음 소피스트로 알려진, 시칠리아 출신의 궤변론자들이 법정과 의회에서 사용할 수사학을 아테네 사람들에게 가르치기 시작했다. 소피스트는 '지혜를 널리 퍼뜨리는 사람'이란 뜻으로, 스피치 선생님을 의미한다(소피아는 그리스어로 '지혜'를 말하며 '철학자', '지혜를 사랑하는 사람'이라는 뜻이다). 소피스트는 누군가에게 돈을 받고 지혜를 파는 사람이었다. 아테네인들의 일상에서 스피치가 점차 중요해졌고, 따라서 소피스트가 필요했다. 소피스트는 교육자이자 컨설턴트로서 법정 다툼에서 이기는 방법, 토론에서 설득력 있게 말하기, 공중 연설 등을 가르쳤다.

말솜씨는 법정에서 승소하고 민주주의를 유지하기 위해 반드시 필요했지만, 동시에 아테네인들을 과민하게 만들었다. 일부에서는 사람들을 설득적으로 바꾸는 일이 진실보다는 거짓을 더 많이 만들어낼 것이라고 우려했다. 대표적인 수사학 반대론자가 플라톤(Platon, B.C. 428?~B.C. 347?)이었다. 그는 수사학이 과학적 엄밀함이나 철학적 노력에 대한 비판적 접근이 없기 때문에 윤리적 관심이나 철학적 체계가 없는 기교에 불과하다고 주장했다. 또한 목적을 위한, 잘못된 마구잡이식 기술의 집합이라고 지적했다.

그런데 스승과 생각이 다른 제자가 있었다. 첫 번째 수사학 이론가로 불리는 아리스토텔레스였다. 그는 스승과 달리 수사학을 높이 평가했고, 설득 기술이 "약한 것을 강하게 하는 방법"이라는 플라톤의 주장에 반대했다. 아리스토텔레스는 수사학을 분류하고, 연구했으며, 수사학이 의미를 전달하는 내재된 체계이며 공중 연설을 가능하게 하는 스피치의 테크네(techne: 기법이나 기술)라고 했다. 수사학은 일관성 있는 학문 영역으로서 유창한 스피치를 위한 기술을 모아놓은 것이 아니다. "주어진 상황에서 설득할 수 있는 수단과 능력"으로서 논리와 목적이 있다. 따라서 청중, 상황, 연사의 특징을 분석함으로써 정확한 설득 과정을 이해할 수 있다.

수사학과 논리는 상대적인 개념이다. 두 개념(아리스토텔레스와 플라톤은 논리적 대담이라고 했다)은 서로 반대된 것이 아니라 보완적이며 서로에게 필요하다. 논리는 설득이, 설득은 논리가 있어야 한다. 스피치의 유형과 기능은 도달 가능한 스피치 목표에 따라 만들어진다. 논리와 스피치의 일관성은 목표가 결정한다. 아리스토텔레스는 이 점을 분명히 하려고 스피치의 목표에 따라 변론(법정), 조사(장례), 토론(의회) 스피치로 구분했다. 세 가지 유형은 스피치의 목표, 시간과 행위의 관계를 토대로 구분했다.

아리스토텔레스는 설득 스피치의 방법인, 수사적 논증의 유형을 에토스(연사의 공신력), 로고스(논리), 파토스(감성적 소구) 세 가지로 나누었다. 세 가지 논증은 설득에서 각각의 역할을 하는데, 좋은 설득 스피치는 연사의 공신력이 입증되고 논리가 뒷받침되어 청중의 주의와 공감을 이끌어낼 때 가능하다.

아리스토텔레스의 주장에 대한 동의 여부를 떠나 스피치와 스피치 행위의 다양한 상황을 너무 단순화했다는 비판이 있기는 하지만, 그는 정치와 사회생활의 핵심 부분과 학술적 연구 영역에서 수사학이 중요하며 체계적인 영역이라는 점을 명확히 했다. 아리스토텔레스는 입증된 설득 가능성과 사람들의 태도 변화를 통해 이를 설명했다.

아리스토텔레스의 수사학 모델은 스피치의 상황을 법정, 장례식, 의회 등 장소에 따라 구분했다. 장소는 연사가 스피치를 구성하는 데 영향을 준다. 그는 스피치를 변론·조사·토론 스피치로 구분했다. 이 유형이 비록 수사적 상황을 다루고 있지만, 모든 상황이 이 세 가지 유형의 스피치에 적합하거나 이로써 설명되지는 않는다. 그러나 분명한 것은 인간의 경험을 단순화하면 세 가지 유형 중 하나에 해당한다는 점이다. 또 다른 해결 방안은 아리스토텔레스의 분류에 새로운 스피치 유형을 더하는 것이다. 이에 해당하는 스피치 유형으로 장례식에서 망자를 칭송하는 송덕(eulogy), 다른 사람의 모범이 되는 사람을 주제로 한 찬사(encomium), 행위의 정당화와 용서를 구하는 사과(apologia) 등을 들었다.

이와 같은 스피치 유형은 인간의 역사에서 나타나는 모든 스피치를 다루지 못하기 때문에 포괄적이지 않아 문제가 된다. 아리스토텔레스가 정리한 분류에 단순히 몇 가지 스피치 유형을 더하는 일은 자칫 내용을 복잡하게 만들 수 있다. 수사학자는 다른 방법으로 수사적 상황을 생각해봐야 한다. 로마의 의원이자 연사였던 키케로(Cicero, B.C. 106~B.C. 43)는 수사학을 연사와 청중뿐 아니라 개인과 개인, 독자와 텍스트 등 다양한 관계에 참여시켜야 한다고 강조했다. 인간의 커뮤니케이션 상황에서 수사적 상황만 정의하려면 모든 상호작용의 목록이 필요할 것이다. 모든 스피치는 수사학이며, 청중을 확신시키는 것을 목표로 한다. 키케로는 수사적 전경은 비록 복잡해도, 수사학은 전통적으로 일정한 상황과 커뮤니케이션에 초점을 맞춰왔다고 강조했다. 그가 말한 '상황'을 스피치를 유발하는 맥락 대신 연사의 의도로 정의해보자. 키케로에 따르면 모든 스피치는 의도에 따라 정보 스피치, 설득 스피치, 유흥 스피치로 구분된다.

이 중에서 연사가 청중의 변화를 유도할 때 활용하는 것이 설득 스피치(persuasive speaking)다. 키케로는 설득 스피치의 기능이 "움직임(라틴어 movere)"이라고 했다. 설득 스피치는 연사와 청중 사이에 차이점과 불일치가 있다고 가정한다. 연사는 청중의 마음, 생각, 이해를 변화시키러 노력한다. 연사는 투표, 구매, 참여와 같은 실제 행동을 유도한다. 일반적으로 이해 과정을 바꾸면 행동도 바뀐다. 예를 들어 선호하던 브랜드의 품질에 대한 평가가 바뀌면 선호하는 브랜드가 바뀐다. 청중을 설득할 때 완전히 변화시키기란 어렵다. 설득에도 단계가 있으며, 연사는 언제나 설득에 성공할 수 없고, 빈번한 상호작용을 통해 설득의 단계를 조금씩 높여간다. 슬로건은 설득의 수사학으로 설득 스피치의 전통을 잇고 있으며, 주요한 특성이 반영되었다고 볼 수 있다.

키케로의 가르침은 완벽한 모델을 제시하지는 못했다. 그러나 분명한 것은 대부분의 스피치가 정보 스피치, 설득 스피치, 유흥 스피치 중 하나라는 것이다. 또한 키케로는 스피치의 목적을 단순화해서 스피치 전반을 이해하는 데 도움을 준다. 비록 아리스토텔레스와 키케로의 분류가 대략의 가이드라인을 제시했지만, 수사적 상황의 모든 요인을 완전히 설명하지는 못했다. 달리 말하면

스피치를 이해하기 위해 맥락(아리스토텔레스는 스피치가 일어난 장소로 분류)
이나 목적(키케로는 스피치의 의도로 분류)을 알 필요는 없지만, 사건·인물·
상황 등의 복잡성을 살펴봐야 한다.

　아테네 사람들은 수사학을 처음으로 이론화했지만, 스피치의
쟁점·상징·설득을 완전히 설명하지는 못했다. 수사학의 또 다른
역사를 살펴보고 나서, 최근의 연구와 수사학의 실제를 논의하려
한다. 우선 고대 그리스에서 발전해온 수사학을 살펴보자. 서구의
역사를 살펴보면 많은 연구자, 철학자, 지식인이 수사학에 관심을
쏟았다. 수사학의 연대기를 요약하면 다음과 같다.

B.C. 1세기

로마의 연사, 철학자, 의원인 키케로는 수사학과 연설에 대해 방대한 책을 저술했다(키케로
는 스피치의 유형을 세 가지로 구분했다). 또 다른 로마인 마르쿠스 쿠인틸리아누스(Marcus
Fabius Quintilianus)는 수사적 비유를 주로 다룬 수사학 저술을 남겼는데, 이 저술은 후대에
높은 평가를 받았다. 수사적 비유는 주로 연사가 은유, 생생한 묘사, 평판 등에 사용한 언어
기법을 포함했디.

4세기

신학자이자 가톨릭교회의 성인인 히포의 성 아우구스티누스(Aurelius Augustinus)는 신학
자와 철학자 외의 사람들이 진실을 믿게 할 방법으로서, 그리스와 로마에서 차용해온 수사
학의 필요성을 강조했다.

5~15세기

중세까지 인문학에서 필요한 주제의 3분의 1은 수사학이었다. 이 당시 학생들은 문법, 논리
학, 수사학을 공부해야 했다.

14~17세기

르네상스 시기에 수사학이 다시 꽃피웠으며, 수사학자는 법정, 왕궁, 살롱에서 새로운 방법
으로 왕의 스피치와 문서 작성 기술을 담당했다. 데시데리위스 에라스뮈스(Desiderius
Erasmus)와 페튀르 라무스(Petrus Ramus)는 수사학 전통을 확장한 르네상스 시대의 인문
주의자였다.

당대의 사상가 토마스 홉스(Thomas Hobbes), 존 로크(John Locke), 장 자크 루쇼(Jean Jacques Rousseau), 기암바티스타 비코(Giambattista Vico), 휴 블레어(Hugh Blair) 등은 수사학, 정치학, 인간의 지식, 인성의 관계에 점차 관심을 기울이기 시작했다.

수사학이 확실히 연구되지 않았을 때도 사람들은 수사적 과정이 설득하기 위해 말하고, 쓰고, 행하는 역할을 한다고 생각했다. 학술적 이론화와 일상의 수사적 행위의 풍부한 역사는 현대 수사학 원칙의 토대가 되었다. 현대사회는 아테네인과 같은 방법으로 분쟁을 해결하기 위해 공식적인 형식을 취하지 않지만, 전통적인 개념은 시대, 도전, 상황을 이해하는 데 도움이 된다. 수사적인 관점으로 현대사회에서의 정체성과 권력, 시각과 물질의 상징, 공중과 민주주의에 대한 중요한 통찰력을 얻을 수 있다.

● ● ●

슬로건과 수사학

수사학은 다른 사람의 생각과 행동에 영향을 미치는 커뮤니케이션이다. 다양한 방법으로 영향을 줄 수 있지만, 힘이나 위협 없이 대화로 설득한다는 점에서 수사학은 슬로건과 닮았다. 또한 수사적 장치인 슬로건은 유용한 마케팅과 커뮤니케이션 수단이다. 수사학은 설득의 유형과 과정을 설명하고 심리적인 조작으로 사람들의 생각과 마음을 바꾼다. 슬로건은 조작이나 기만을 다루는 부정적인 수사학이 아니다. 조직적이고 체계적인 수사학이다. 슬로건은 목표공중에게 논리를 제공하고 논쟁에 초점을 맞추도록 할 때 설득력을 얻는다.

온라인 쇼핑, 수강 신청, 맛집 검색, 회의에서 내린 결정을 떠올려보자. 무엇인가 선택했다면, 의사결정에 영향을 준 여러 요인이 있을 것이다. 누군가의 구매 후기를 읽었거나, 전공 선택 규정을 보았거나, 맛집 정보를 알았거나, 설득적인 주장을 들었거나 등등. 또는 믿을 만한 친구의 SNS나 멘토의 충고도 영향을 끼쳤을 수 있다. 물론 자신의 직관적 판단에 따랐을 수도 있다. 어쩌면 개성, 감성 등 세 가지 요인이 뒤섞여 판단했을 수도 있다. 누군가를 설득할 때도 이와 비슷한 과정을 거친다. 이성적인 방법으로 청중의 변화를 유도하기 위해 결정에 참고할 설득과 정보 두 가지 관점의 논리를 알려줘 생각이나 행동 변화를 유도해야 한다.

이렇게 설득적으로 만드는 방법을 논증(proof)이라고 한다. 아리스토텔레스는 어느 부분에 토대를 두고 만들어졌느냐에 따라 논증을 연사(에토스), 스피치(로고스), 청중(파토스) 등 세 개 유형으로 나누었다. 아리스토텔레스의 구분이 설득 요인의 구조를 잘 설명했기 때문에, 2500년 동안 영향을 미쳤다. 수사학 이론에서는 관습적으로 고대 그리스의 증거[피스테이스(pisteis)] 개념을 사용했다.

설득 커뮤니케이션에서는 에토스를 송신자론으로, 로고스를 메시지론으로, 파토스를 수용자론으로 각각 설명할 수 있다. 이는 대니얼 벌로(Daniel Berlo)의 SMCR 이론과 맥을 같이하면서 오늘날 설득 커뮤니케이션 연구와 교육·실무 현장에서 두루 적용할 수 있는 의론의 토대가 된다. 슬로건과 마케팅 커뮤니케이션 실무를 연계해 살펴보면 이해가 쉽고, 적용이 가능해진다. 각 유형의 논증을 슬로건의 예와 함께 살펴보자.

에토스(ethos)

설득에서 송신자가 되는 커뮤니케이터는 과거의 연사로부터 오늘날의 기업과 브랜드에 이르기까지, 목표공중과 정보를 공유하기 원한다. 송신자가 누구냐에 따라 효과가 달라지기 때문에 설득 커뮤니케이션의 주요 연구 주제였다. 효과적인 설득을 위해 송신자의 의미와 설득에 미치는 송신자의 속성은 에토스로 요약할 수 있으나, 이는 공신력, 전문성, 신뢰성, 매력성, 카리스마 등으로 다양하게 나타난다.

송신자의 주장은 설득적 논증의 영역에만 국한되지 않는다. 강력한 주장을 듣는 경우에도 의문은 남는다. 스피치에서 청중은 먼저 연사를 판단한 후 주장을 믿고 수용할 것인지를 결정한다. 청중은 속으로 연사를 평가하려고 질문하고, 연사의 주장을 믿고 마음을 바꿀 만한지 판단한다. 이것은 '연사는 어떤 에토스를 가졌는가?'라는 질문과 같다. 슬로건에서도 마찬가지다. 기업이나 브랜드가 연사의 역할을 하고 슬로건이 목표공중에게 얼마나 공감이 되는지가 더 중요한 문제다.

청중이 연사의 에토스가 궁금할 경우 연사의 공신력과 신뢰성을 살펴보는 것처럼 슬로건은 목표공중의 신뢰가 중요하다. 에토스는 희랍어 어원으로 '개성'과 '습관'이라는 뜻이 있다. 이 두 의미는 지속적인 행위로 구성되며 부정한 사람은 습관적으로 거짓말을 하지만 정직한 사람은 진실만을 말하는 것처럼, 믿을 만한지, 성격은 신뢰성이 있는지, 이성적인지, 공정한지를 판단하고 이를 토대로 주장을 수용한다. 청중의 신뢰를 얻기 위해 설득적인 연사가 청중과 관계를 만드는 것처럼, 슬로건의 경우도 다양한 방법으로 목표공중에게 에토스를 구축해야 한다. 에토스는 그냥 생기지 않는다. 슬로건에 설득되지 않았던 때를 생각해보면 정직하지 않거나, 재미가 없어서 슬로건이 주장하는 이야기를 경청하지 않은 경우다. 슬로건의 에토스는 다음 사례에서 살펴볼 수 있다.

사람을 향합니다	SK텔레콤
차이를 인정하면 차별없는 세상이 보입니다	국가인권위원회
자연의 생명이 사람의 생명입니다	풀무원
고객의 1분은 1시간보다 길수도 있습니다	애니카자동차보험(삼성화재)
생각을 깨끗하게 세탁합니다	트롬 트윈워시(LG전자)
사람, 사랑	삼성생명

로고스(logos)

로고스는 메시지로, 송신자가 수용자에게 전달하는 정보의 내용과 의미를 의미한다. 메시지의 구성 요소로는 첫째, 목표공중에게 전달하려는 정보, 지식, 감정, 의견 등과 같은 메시지의 내용이다. 둘째, 언어, 도형, 사진 등 기호화해 전달할 수 있는 메시지의 기호다. 셋째, 효과적으로 전달하기 위해 구조와 체계에 따라 조직하고 배열하는 다양한 소구 방법을 다루는 메시지 처리가 있다.

로고스는 논리로 주장을 만든다. 메시지는 이성적인 방법으로 다가감으로써 청중의 신념을 바꾼다. 아리스토텔레스는 이러한 논리를 공식적 논리와 비공식적 논리 두 가지로 보았다. 메시지 소구 방법으로는 이성적 소구와 감성적 소구가 있는데, 이성적 소구는 메시지의 논리를 바탕으로 한다. 사람들이 말이나 이야기를 할 때 단순히 음성이 아닌 공통의 의미를 토대로 추상화되고 일반화된 이성적 지능이 존재한다고 그는 생각했다. 반면 감성적 소구는 수용자의 감정에 기반을 둔 소구다. 수용자에게 위화감을 일으킬 단서를 제공하면 설득이 쉽다고 본 것이 위협소구다. 유머소구는 생활 속의 익살, 농담, 해학 등을 활용해 설득 효과를 높이는 방법이다. 성적소구는 성적 자극을 활용해 원하는 반응을 얻고자 하는 시도다. 문학이나 미술 작품, 연극이나 영화 같은 원본의 맥락을 활용한 패러디 소구 역시 설득력을 갖는다. 사랑, 가족, 우정을 통해 온화한 정서로 설득하는 온정소구 등도 있다. 로고스가 강조된 슬로건의 사례는 다음과 같다.

어딘가 낙원이 있다면 거기엔 반드시 골프코스가 있을 것이다	
	프로메이트(국제상사)
디지털 카메라의 기준은 하나다. 캐논인가? 캐논이 아닌가	
	캐논디지털카메라(SONY)
재활용, 자원을 만드는 시작입니다	환경부
사랑이 깊어져서 에스프레소가 되었다	카페라떼 에스프레소(매일유업)
찬바람 불 땐	핫초코 미떼(동서식품)
스마트 슈트 생활이 되다	로가디스 스마트슈트(제일모직)

파토스(pathos)

설득에서 수용자가 차지하는 비중은 크다. 따라서 수용자가 주어진 자극을 처리하고 수용하는 과정에 대한 관심과 연구는 중요하다. 파토스는 이러한 설득 수용자에게 초점을 맞춘다. 개인의 태도와 신념, 선유 경향이 송신자의 메시지 수용에 영향을 준다.

설득 커뮤니케이션에서 수용자가 차지하는 비중은 매우 크다. 예컨대 스피치에서 청중은 일정한 감정의 변화를 기대하며 연사의 말에 귀를 기울인다.

파토스는 연사와 스피치에 의해 만들어진 청중의 감정적 상태다. 청중은 연사의 스피치에 지루해하거나, 짜증을 내고, 흥분할 수 있다. 주제를 중립적으로, 또는 특별한 감정으로 느끼기도 한다. 연사는 청중의 감성과 자신의 주장을 일치시켜 받아들이도록 한다.

슬로건의 경우에도 목표공중과의 공감이나 동의와 같은 감정적 교류가 중요하다. 스피치에서 연사가 청중의 감정이 결론에 이르게 하는 것처럼 슬로건은 감동을 줄 수 있어야 한다. 문제를 인식시키기 위해 익숙한 사례와 설명을 포함한 언어와 비유를 선택해 파토스를 활용해야 한다. 감성을 인위적으로 바꾸려는 시도는 성공하기 어렵다. 파토스는 다른 논증과 함께 조화를 이룰 때 효과적이며, 결론에서 청중의 태도 변화를 주장한다. 다음은 목표공중의 감정 변화를 일으킨 슬로건들이다.

나는 오늘 나에게 박카스를 사줬습니다	박카스(동아제약)
무모한 분들, 유모있게 삽시다	스펠라707 가발
오늘은 멤버가 좋다	딤플
당신은 산입니다	산(두산주류)
피부는 당신의 자존심입니다	시세이도
오래오래 입고 싶어서	트롬(LG전자)
우리 모두의 목적지는 행복입니다	대한항공

●●●

도전받는 설득의 수사학

1930년대 수사학자 케네스 버크(Kenneth Burke)는 설득을 새롭게 설명했다. 수사학에 대한 버크의 관점은 매우 복잡하고 어렵지만, 오늘날 설득에 대한 이론에 커다란 영향을 주었다. 수사학에 대한 그의 설명은 키케로와 아리스토텔레스의 전통 수사학에 대한 첫 번째 도전이었다. 그는 수사학을 시민의 맥락에서 인간의 사회생활에 주된 동력으로 설명했다. 버크에 따르면 협력, 사랑, 증오, 다툼, 조직 등 인간 삶의 모든 것을 수사학으로 설명할 수 있다.

버크의 설득에 대한 관점은 아리스토텔레스나 설득을 논쟁의 형식으로 본 다른 이성적 모델과 다르다. 버크는 설득의 기본 요소가 동감과 공감이며, 연사와 청중(텍스트의 독자, 음악의 청취자, 영화의 시청자 등을 의미하며, 버크는 문학과 예술을 수사학에 포함시켰다)의 정체성(identification)이 유사하다고 보았다. 버크는 청중은 연사의 말을 들을 때 '연사의 말 속에 나타난 세상이 나의 세상과 같은가?'라고 물으면서 무의식적으로 유사성을 계산한다고 했다. 연사가 스피치한 세계를 그림으로 이해하면서 결론과 함의로 확장해 수용한다는 것이다.

마틴 루터 킹(Martin Luther King)의 '아이 해브 어 드림(I have a dream)' 스피치의 경우 시민의 권리운동과 미국인의 상징적 의미의 관계를 묘사했으며, 그가 반복해서 말한 스피치의 주요 구절은 슬로건의 역할을 했다. 그의 스피치는 기업의 커뮤니케이션과 같이 청중을 고려했다. 진정한 미국인은 선한 사람이라 전제하면서 링컨기념관, 미국의 국가 「나의 조국(My country 'tis of thee)」, 미국의 국토, 헌법, 「독립선언문」 등 '미국인다움'의 상징을 열거했다. 킹은 시민의 권리운동을 강조하는 대신, 인권은 미국이 피할 수 없는 과정이라고 설명했다.

반대로 아돌프 히틀러(Adolf Hitler)는 결론을 차별화한 수사학을 활용했다. 1930년대 독일은 경제 불황과 복잡한 대내외 정치 상황으로 불안해졌다. 약소국으로 전락할 것을 우려하는 국민에게 영원한 패자가 될 수 없으며 다시 일어서야 한다는 말로 선동할 수 있는 분위기를 조성했다. 히틀러는 독일은 패자가 아니며, 유대인에게 속은 희생자도 아니라고 했다. 그의 이야기는 잘못되고 조작된 것이지만, 강력한 슬로건과 스피치로 일부 독일인을 현혹시켜 믿게 만들었다. 불행하게도 히틀러의 스피치에는 어떤 논증도 없었고, 확신을 심어주기 위한 수사적 이야기만 있었을 뿐이다. 정치적 수사가 독일 국민들을 호도하고 말았다.

버크는 설득을 이성적 논쟁에 감성을 더한 것 이상으로 보았으며 처음으로 종합적인 수사학 이론을 만들었다. 그는 어떻게 사람이 언어와 관련되며 동시에 서로에게 관련되는지 설명했다. 그의 이론은 미디어, 홍보, 정보 등 비언어적 상징으로 가득 찬 현대사회를 아리스토텔레스보다 잘 설명한다.

이제 슬로건의 이론과 실제, 활용을 살펴보자.

1부

슬로건의
이론

s when it hits you. You're ready for IBM.
Now... "We love to see you smile'   Where do you wan
Come and live the magic.
Connecting people.
Did somebody say McDonalds?   Life tastes g
e do you want to go today?

when it hits you. You're ready for IBM. Better ideas. Driven by
Now... "We love to see you smile' Where do you want to go today
and live the magic. We bring good things to
nnecting people.
Did somebody say McDonalds? Life tastes good
t to go today?

1장

슬로건의 수사학

● ● ●

슬로건의 수사학

슬로건을 이해하기 위해 먼저 수사학, 마케팅, 커뮤니케이션에 접근해보자. 슬로건은 언어를 사용한다는 면에서 수사적인 특징이 있다. 수사학은 웅변술, 말 잘하는 기술, 변론술, 즉 '설득의 기술'이다. '모든 수사학은 아리스토텔레스적'이라고 할 수 있는데, 수사학에 관한 학문적 논의가 그에게서 시작되었고, 그가 저술한 『수사학』에 인간 정신의 창조적 행위에 많은 기술(techne)이 존재했기 때문이다. 아리스토텔레스는 설득을 중시해 자신의 관점으로 설득 방식을 설명했다. 여기서 '기술'은 시에 관한 '시학'과 수사적 기술, 즉 '수사학'이다. 수사학은 일상의 대화와 공개 석상의 담론을 다루며 사유에서 사유로 나가는 담론의 진행을 규칙화했다. 그는 수사학을 "모든 주제에 담긴 설득의 정도를 추출하는 기술" 또는 "설득하기 적당한 것을 사변적으로 발견하는 능력"으로 정의했다. 이러한 기술은 세 권의 『수사학』으로 완성되었는데, 1권은 메시지의 발화자(에토스), 변론가와 관련한 공인된 토론, 사법적 분야의 논증의 사고 과정을 제시한다. 2권은 메시지의 수신자(파토스)인 청중과 관련해 논증의 사고 과정을 포함했다. 3권은 메시지(로고스)로, 말의 결[렉시오(lexio)]과 글의 장식[엘로큐티오(elocutio)], 그리고 말의 순서[텍시오(texio)]와 말의 배열[디스포지시오(dispositio)]을 담고 있다(이종오, 2015).

아리스토텔레스는 슬로건을 '설득의 기술'로 설명하지는 않았지만, 말의 결, 글의 장식, 말의 순서, 말의 배열로서의 슬로건은 설득하기 적당한 것을 사변적으로 발견하는 능력이 있다. 슬로건은 그가 말한 발화자와 변론가라는 주장을 더욱 설득적으로 만들 수 있다. 최윤식은 수사학은 설득의 기술이며 설득을 연구하는 학문이라는 점을 들어, 광고가 수사학의 보물 창고라고 했다(최윤식, 2010). 이는 광고가 설득의 과학이자 설득의 예술이며, 비주얼로 소비자에게 판매 메시지를 설득하는 디자이너와, 말과 글로 소비자를 설득하는 카피라이터에게 슬로건은 설득의 수사학이 된다는 의미다. 따라서 슬로건을 쓰는 카피라이터와 설득의 시대를 사는 사람들 모두는 수사학을 이해해야 한다. 슬로건과 카피를 구체적으로 표현하기 위해 수사법과 수사적 장식의 이해와 활용이 요구되는 시대다.

●●○

슬로건과 마케팅 커뮤니케이션

슬로건을 비롯한 카피는 광고에서 메시지를 전달하는 매우 중요한 역할을 한다. 광고의 배경을 살펴보면 슬로건을 이해하는 데 도움이 된다. 광고는 두 가지 관점으로 바라볼 수 있다. 하나는 돈에 초점을 맞춘 경우이고, 다른 하나는 사람에 초점을 맞춘 경우이다. 첫째, 돈에 초점을 맞춘 관점은 재화와 용역을 중심으로 돈의 흐름을 거시적으로 연구하는 경제학으로부터 시작해 미시적으로 돈과 노동, 자원을 관리하는 경영학으로 발전해왔다. 경영은 돈과 노동, 자원을 관리해 효율성의 극대화를 꾀하는데, 이 과정에서 생산물을 시장에 판매해 이윤을 창출하도록 관리하는 마케팅이 강조되었다. 마케팅을 촉진하기 위한 제품(product), 가격(price), 유통(place), 판촉(promotion) 등 네 가지 프로모션을 4P라고 불렀다.

이 프로모션의 요소에는 PR(Public Relations), SP(Sales Promotion), 인적 판매, 광고가 포함된다. 슬로건과 카피는 광고에서 함께 쓰이지만, 슬로건은 광고를 넘어 PR과 SP, 인적 판매 등 다양한 프로모션에 활용된다.

둘째, 사람에 초점을 맞춘 관점은 인간과 우주의 존재에 대한 물음으로, 철학에서 출발해 정치, 행정, 법, 사회, 심리 등 인문학과 사회과학이 포함된다. 특히 사람과 사람 사이의 소통 문제에 관심을 기울인 커뮤니케이션은 100여 년 전부터 독립된 학문 분야가 되었다. 광고는 설득을 목표로 한 매스커뮤니케이션이며, 다루는 주제에 따라 문화·정치·헬스 커뮤니케이션으로 부를 수 있다. 따라서 광고는 마케팅이면서 커뮤니케이션이 된다. 슬로건을 비롯한 광고의 말과 글은 카피이지만, 카피 역시 마케팅과 커뮤니케이션의 커다란 테두리 안에 있다. 슬로건은 마케팅과 커뮤니케이션의 주요 기능을 담당한다.

슬로건은 카피의 하나로, 커뮤니케이션에서 매우 중요하게 다루어야 한다. 먼저 카피에 대해 알아보자. 슬로건을 비롯한 카피는 광고의 비시각적인 부분, 즉 언어와 문자로서 의미를 전달한다. 카피는 쉽게 말하면 '광고에 사용된 말과 글'이다. 연구자들은 '광고언어', '광고문안' 또는 '카피'로 다양하게 부르지만, 일반적으로 '카피'라고 한다. 카피와 '광고언어'는 서로 대체할 수 있으며, 학문 영역에 따라 다른 의미로 사용하기도 한다. 일반인도 카피라는 용어를 이해하고 있으며, 같은 뜻으로 사용하기 때문에 크게 무리가 없다. 물론 일부에서는 카피를 '선전문구'로 부르지만, 이는 광고를 선전과 같은 개념으로 잘못 이해한 것이다. 따라서 '선전'과 '선전문구'는 옳지 않은 용어이므로 사용하지 말아야 한다.

카피에는 넓은 의미와 좁은 의미가 있는데, 두 개념의 차이를 이해하고 구분해야 한다. 넓은 의미의 카피는 광고물(advertisement)을 말한다. 광고효과를 측정하기 위한 카피 테스트(copy test)는 광고물의 다양한 효과, 즉 카피뿐만 아니라 비주얼의 설득 효과를 검증하는 것이므로, 이때는 '카피=광고물'이다. 좁은 의미의 카피는 '카피, 카피라이터, 카피라이팅'처럼 '광고언어' 자체다. 카피(copy)라고 하면 광고문안, 즉 말과 글로 된 상업적 메시지다. 광고 전략의 핵심(backbone)을 이루는 메시지가 바로 카피다. 카피를 구성하는 요소로는 헤드라인(Head line), 바디카피(Body copy), 캡션(Caption), 슬로건(Slogan), 브랜드(Brand)가 있다.

오늘날 광고와 홍보는 '마케팅 커뮤니케이션'에 속한다. 광고와 홍보의 메시지가 마케팅에 활용되고 커뮤니케이션을 통해 전달되어야 하기 때문이다. 광고 또는 마케팅 커뮤니케이션에서 슬로건이 차지하는 비중은 단순한 말과 글 이상이다. 언어가 생각을 결정하고 메시지가 커뮤니케이션을 좌우하기 때문이다. "언어가 존재의 집이며 바로 그 집에서 인간은 머무르며 살아간다"라고 했던 마르틴 하이데거(Martin Heidegger, 1889~1976)의 말을 빌리자면, 슬로건은 마케팅 커뮤니케이션의 집이며 그곳으로 소비자가 초대되어 설득된다.

● ● ●

슬로건과 수사적 표현

2400여 년 전 고대 그리스의 철학자 아리스토텔레스는 수사학을 정의한 첫 번째 이론가로 오늘날까지도 커다란 영향을 주고 있다. 그는 수사학을 "각각의 특정한 상황에서 유용한 설득의 수단을 찾는 능력"이라고 하여, 설득에 초점을 맞췄다. 그의 논증 모델 (Aristotle's Model of Proof)을 살펴보면 커뮤니케이션의 기본적인 구성을 이해하는 데 도움이 된다. 에토스는 화자로서 송신자의 자질, 의도, 감각을, 파토스는 청자로서 수신자의 감성을, 로고스는 메시지로서 수사적 장치를 말한다. 슬로건과 카피가 만들어지는 카피라이팅 과정에서 카피라이터(또는 광고주)는 높은 수준의 윤리의식과 송신자로서의 자질을 갖춘 에토스가 필요하다. 또한 수신자인 소비자에게 울림(resonance)을 줄 파토스가 있어야 한다. 이를 위해 다양한 소구 기법으로 만들어진 메시지, 즉 로고스가 완성된다. 카피라이터는 이와 같은 카피 수사학의 세 가지 요소를 잘 이해하고 슬로건과 카피를 작성해야 한다. 자질 측면에서의 에토스는 물론이고, 소비자와 미디어에 대한 이해를 바탕으로 한 로고스, 에토스는 설득적인 슬로건 작성과 카피라이팅에 반드시 필요하다.

수사적 표현(Rhetorical Expression)은 커뮤니케이션의 효과를 높이기 위해 사용되어온 수사적 과정의 예술적 기법으로 의미의 획득인 언어에 영향을 주었으며(Corbett, 1990), 대표적 표현으로는 수사적 장식(rhetorical figure, 또는 scheme)과 수사적 비유(trope)가 있다(이현우, 1998, 〈그림 1-1〉 참조). 수사적 장식과 수사적 비유는 예견된 언어의 사용을 빗나가게 하는 기법이라는 점에서 같다. 그러나 수사적 장식이 문자적 의미를 그대로 반영하는 반면, 수사적 비유는 의미의 변화를 추구하기 때문에 문자 그대로 해석했을 경우 의미가 정확히 전달되지 않는다. 또한 수사적 장식은 표현의 구조를 바꾸는 반면, 수사적 비유는 깊은 의미적 구조를 변화시킨다는 점에서 크게 다르다(Mothersbaugh, Huhmann and Franke, 2002; 이희복, 2008).

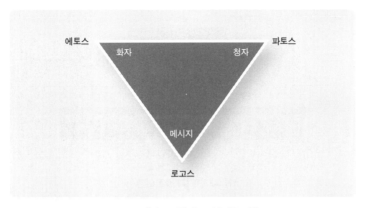

그림 1-1 아리스토텔레스의 논증 모델

수사적 표현의 분류를 광고의 언어적 기법과 효과에 대한 이론
적 틀과 연결하면, 음운은 수사적 장식이고, 의미와 구조 및 화용
은 수사적 비유에 해당한다. 음운론, 구조론과 의미론, 화용론은
소비자의 정보처리 단계에 따라 각각 음운론은 주의, 구조론과 의
미론은 이해, 화용론은 수용 단계에 해당한다. 수사적 표현은 운
율, 두운, 은유 등 매우 다양한 수사적 표현을 포함하며(Mothersbaugh,
Huhmann and Franke, 2002), 소비자의 관여 수준에 따라 관여도가 낮은
경우에는 두운(alliteration), 모운(assonance), 각운(rhyme) 등 반복 기법을
사용하는 과잉코딩 메시지(over-coding message)가 효과적이며, 관여
도가 높은 경우에는 수사적 비유인 부족코딩 메시지(under-coding
message)의 의미전달이 효과적이다(Anand and Sternthal, 1990). 과잉코딩
메시지는 수사적 장식을, 부족코딩 메시지는 수사적 비유를 말한
다고 할 수 있다.

수사적 표현은 현대 광고에서 매우 많은 사례가 발견되며(Leigh,
1994), 연구자에 따라 깊이의 차이는 있지만 수사적 표현에 대한 관
심과 연구는 계속되고 있다. 에드워드 매쿼리(Edward Mcquarrie)와 데

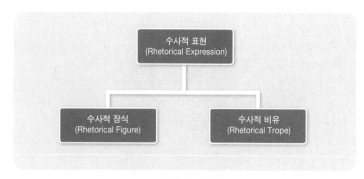

그림 1-2 수사적 표현의 분류

자료: Mothersbaugh, Huhmann and Franke(2002: 589~602).

이비드 믹(David Mick)은 광고 속에서 수사적 표현이 늘어나는 이유를 다음과 같이 설명했다. 첫째, 수사적 표현은 기본적으로 언어의 문자적 의미에서의 일탈이며, 수용자가 숨겨진 의미를 찾도록 동기부여를 하는 역할을 하므로 궁극적으로 주의해서 투여해야 한다. 둘째, 수사적 표현은 수용자에게 즐거움을 주는데 이것이 바로 바르트(Barthes, 1985)가 말한 "텍스트의 즐거움(pleasure of the text)"으로, 수용자가 긍정적인 태도를 형성하도록 이끈다. 셋째, 수사적 표현은 의미가 불완전하기 때문에 수용자의 인지적 노력에 의한 회상이 늘어난다. 따라서 광고언어의 의미론 차원에서 수사적 표현은 늘어나게 되고, 커뮤니케이션 효과를 높이기 위해 다양한 수사적 표현이 광고에 등장하게 되었다는 설명이다(McQuarrie and Mick, 1996).

슬로건이 광고언어 이론과 어떻게 연관되는지 음운론, 구조론, 의미론, 화용론을 차례로 살펴보겠다.

광고언어의 음운론

광고언어의 음운론은 수용자인 소비자가 광고에 관심을 기울이도록 하여, 광고에 머무는 주의 투여 시간을 늘리는 데 사용된다. AIDMA(Attention-Interest-Desire-Memory-Action) 이론과 같이 광고는 첫 번째 단계인 주의 집중(Attention)에 많은 노력을 기울이는데, 음운론은 다양한 메시지 중에서 소비자의 눈과 귀를 이끈다. 따라서 슬로건과 광고 카피를 작성하는 실무에서 활용 가치가 높다. 광고 카피에서 사용하는 음운론은 두운, 모운, 각운 셋으로 나눌 수 있다.

첫째, 두운은 문장 안에서 두 단어의 첫소리 자음을 반복한다.

둘째, 모운은 두 단어의 모음을 반복한다.

셋째, 각운은 단어 마지막 부분의 음을 반복한다.

음운론은 기본적으로 반복을 한다는 특징이 있으며, 수사적 표현의 수사적 장식에 속한다. 일정한 리듬을 줌으로써 집중력을 높이는 장점이 있고, 음률을 반복적으로 강조할 때 효과를 거둔다.

광고언어의 구조론

광고언어의 구조론에서는 언어의 구성과 형식을 중요하게 생각한다. 이현우는 구와 문장을 반복해 사람들의 주의와 관심을 끄는 구조를 수사적 장식이라고 하면서, 〈표 1-1〉과 같이 반복, 단어 배열 위치 변경, 생략, 수사적 질문으로 구분했다(이현우, 1998).

표 1-1 수사적 장식

종류		내용
반복	수구 반복 (anaphora)	문장의 시작 부분(首句)을 반복하는 기법
	결구 반복 (epistrophe)	문장의 마지막(結句)을 반복하는 기법
	대구 (parallellism)	문장 구조의 반복(對句)을 이용한 기법
단어 배열 위치 변경	구문상 반전 (antimetabole)	동일한 단어의 물리적 위치를 변경해 문장 구문상 반전을 나타내는 기법
	의미상 반전 (antithesis)	서로 대조되는 의미가 있는 단어를 배열해 의미상 반전을 나타내는 기법
생략(ellipsis)		특정 요소를 의도적으로 생략함으로써, 소비자가 직접 생략된 부분을 보충하도록 동기를 제공하는 기법
수사적 질문 (rhetorical question)		이미 입증된 사실을 의문 형식으로 처리(erotema), 자문자답 (hypophora), 비난하는 질문(anacenosis), 일련의 연속된 질문 (psyma) 등

자료: 이현우(1998) 재구성.

여기서 수사적 장식은 크게 반복과 위치 변경, 생략, 수사적 질문 등 네 가지로 나눈다. 첫째, 반복의 종류에는 문장의 시작 부분이 반복되는 수구 반복과 마지막 부분이 반복되는 결구 반복, 문장의 구조가 반복되는 대구가 있다. 둘째, 단어 배열 위치 변경은 문장 구문상의 반전과 의미상의 반전으로 나뉘는데, 띄어쓰기를 조작함으로써 효과를 거둘 수 있다. 셋째, 생략은 의도적으로 생략함으로써 수용자의 관여도를 높이고 의미를 완성시킨다. 메시지를 생략해 본문으로 연결하고 문장을 보충하도록 유도한다. 넷째, 수사적 질문은 의문문 형식으로 수용자에게 질문한다. 수용자는 질문을 받음으로써 반박의 여지나 의문을 가질 수 없게 된다.

슬로건과 수사적 장식

〈그림 1-3〉은 광고의 언어적 기법과 효과에 관한 이론적 틀을 보여주고 있는데, 수사적 장식은 음운론과 관련된 내용이다. 즉, 카피의 소릿값과 관련한 변화를 통해 주목을 끄는 것이 핵심이다. 수사적 비유는 의미의 변화를 유도한다. 의미는 이해를 추구한다. 광고언어의 의미론을 살펴보자.

이현우는 광고언어와 관련해 주로 거론되는 문법 파괴의 하나로, 한자어나 영어 표기가 우리말과 혼용되어 사용된 경우를 들어 설명했다. 소비자가 기대하는 가치에 위반되는 메시지로 주의와 회상 효과를 의도했다(이현우, 1998). 구조적으로 동음이의어를 이용한 문법 파괴로 변화된 구조가 수용자 해독 과정에서 '텍스트의 즐거움'을 제공해 주의 투여와 이해를 높인다. 의미의 구조를 바꾸는 수사적 비유로는 '어휘상의 의미전이'와 '문장상의 의미전이'가 있다. 수사적 비유에서 눈여겨볼 것은 오늘날 광고에서 두드러지게 나타나는 현상으로 어휘상의 의미전이 중 하나인 동음이의의 익살이다.

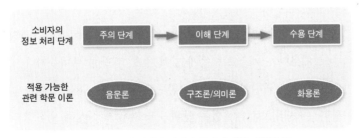

그림 1-3 광고의 언어적 기법과 효과에 대한 이론적 틀

자료: 이현우(1998: 141).

단어 사이의 개념의 유사성에 기초하는 은유와 달리, 동음이의어의 우연한 유사성을 이용한 수사법으로 대체로 두 개 이상의 서로 다른 의미를 가지며, 주어진 문장에서 단어의 의미를 어떻게 해석하느냐에 따라 전체의 뜻이 달라진다.

어휘상의 의미전이

어휘상의 의미전이는 은유, 동음이의의 익살, 환유 세 가지로 나뉜다. 첫째, 은유는 'A는 B다'식의 의미 전환이다. 둘째, 동음이의의 익살은 같은 소리에 다른 뜻을 지닌 단어를 이용하거나 브랜드 네임을 활용한 경우인데, 브랜드 네임을 일반명사처럼 쓰거나 한자의 뜻과 소릿값을 함께 사용한다. 셋째, 환유는 가령 자동차를 사람에 비유하거나 화장하고 변신하는 대상으로 바꾸어 말하는 것으로, 기존 의미를 새로운 의미로 바꾸는 기법이다.

문장상의 의미전이

문장상의 의미전이로는 과장법, 반어법, 역설법이 있다. 과장법은 실제보다 크게, 또는 작게 말하기다. 과장해 보여주거나 정반대로 말하고 표현하는 것으로, 참뜻과 정반대가 되는 표현을 의미한다. 마지막으로 역설법은 앞뒤가 맞지 않게 구성해 오히려 더 강조하려는 의도를 보여준다. 의미를 중심으로 한 수사적 표현인 수사적 비유의 내용을 〈표 1-2〉에 정리했다.

표 1-2 수사적 비유

종류		내용
어휘상 의미전이	은유 (metaphor)	넓은 의미로 모든 종류의 수사적 표현을 말하기도 함. 두 단어 사이의 개념적 유사성에 기초한 의미의 전환 기법
	동음이의의 익살 (homonym)	펀(pun), 두 단어 사이의 우연한 유사성을 이용한 수사 기법. 주어진 단어를 어떻게 해석하느냐에 따라 문자의 뜻이 달라짐.
	환유 (metonymy)	이름 바꾸기. 두 단어 사이의 개념적 인접성에 의한 의미의 전환 기법. 소유자의 일부 특정 소유물로 소유자를 나타내는 기법
문장상 의미전이	과장법 (hyperbole)	사실보다 크게 확대하거나 또는 작게 축소하는 기법. 허언 (bomphilogia)이라고도 함.
	반어법 (irony)	원래 뜻과 정반대되는 말로 표현해 문장의 변화 효과를 기대하는 기법
	역설법 (paradox)	앞뒤가 맞지 않는 일을 표현하는 기법. 역설의 세계는 광고에서의 부연 설명에 의해 더욱 강한 진실의 세계로 전환됨.

자료: 이현우(1998)를 재구성.

● ● ○

수사적 표현의 연구 경향

수사적 표현에 관한 연구로는 수사적 장식 연구와 수사적 비유 연구가 있는데, 초기 연구(Petty, Cacioppo and Heeesaker, 1981)에서는 수사적 장식 중 하나인 수사적 질문의 커뮤니케이션 효과를 측정했다. 연구 결과 수사적 질문에 의한 상호작용 효과를 확인했으며, 설득에서 수사적 질문은 논쟁의 질과 수신자의 관여도, 메시지 스타일에 긍정적인 영향을 준다는 것을 밝혀냈다. 자코브 먼치(Jacob J. Munch)와 존 스웨이지(John L. Swasy)의 연구에서는 수사적 질문이

신제품 소개에 잘 쓰이며 이전 연구 결과와 달리, 고관여 상황에서 수사적 기법이 논쟁적 회상을 줄여준다는 것을 밝혀냈다(Munch and Sways, 1988). 또한 수사적 질문은 송신자의 메시지 안에 포함되었을 때 수신자의 정교화에 영향을 미치며, 오락을 목적으로 할 때는 효과적이지 않은 것으로 파악되었다. 또 다른 연구(Mick and Buhl, 1992; McQuarrie and Mick, 2003)에서는 수사적 장식 효과가 회상과 태도에 긍정적인 것으로 나타났고, 인지 경로를 통한 회상과 태도의 변용을 확인했다. 이 외에도 언어적 수사 장식과 시각적 장식이 함께 노출되었을 때의 효과를 비교해 연구했다. 이 밖에도 수사적 표현에 따른 커뮤니케이션의 효과 연구(이희복, 2005)도 이어지고 있다.

수사적 장식과 수사적 비유에 관한 연구를 살펴보면 일반적으로 수사적 장식은 광고물에 주목하게 하고, 수사적 비유는 메시지 관련 측면의 이해를 돕는다는 것 등을 확인해 수사의 효과를 밝혀내는 연구(McQuarrie and Mick, 1999; Mothersbaugh, Huhmann and Franke, 2002)가 진행되었다. 이는 수사적 장식이 주로 음운론과 관련이 있고 수사적 비유가 의미론과 관련이 있으므로, 〈그림 1-3〉 '광고의 언어적 기법과 효과에 대한 이론적 틀'에서의 설명과 부합하는 연구 결과를 보여주고 있다. 이 밖에도 광고물의 내용 분석을 통해 수사적 표현을 유형화하려는 노력이 있었는데, 리(J. H. Leigh)의 연구에는 두운, 요운 등 수사적 장식이 가장 두드러지게 등장했고(Leigh, 1994), 강태완은 보편적인 설득의 문법을 밝혀내기 위해 분석 범주별로 네 개 잡지의 내용을 분석했다(강태완, 1999). 이와는 달리 설득 커뮤니케이션 관점에서 광고 수사학의 연구 문제를 제시하며 큰 틀을 연 맥과이어(W. J. McGuire)는 하나의 독창적인 연구 영역과 연구 문제로 수사적 표현을 제안하고 있다(McGuire, 2000).

수사적 비유가 주목·이해·동의의 기능을 한다고 주장하면서 향후 이어질 수사적 표현 연구의 큰 흐름을 거시적 관점에서 바라보았다. 매쿼리와 믹이 광고 수사학 분야의 선도적 연구로서 이론의 발전에 기여했다면(McQuarrie and Mick, 1992, 1996, 1999, 2000, 2003), 맥과이어는 광고 수사학의 체계와 연구 문제를 제시했다는 점에서 (McGuire, 2000) 이 분야의 중심적인 연구자라 할 수 있다. 〈표 1-3〉은 광고의 수사적 표현과 관련된 연구 경향을 정리한 것이다.

표 1-3 광고의 수사적 표현 관련 연구 경향

저자	수사학 관련 연구	시사점
McQuarrie & Mick(2003)	언어적·시각적·수사적 장식의 직접 반응과 동반 노출 효과를 비교 연구. 다양한 인지 경로로 광고 상기도와 긍정적 태도가 시각적 수사 장식에 나타남.	수사적 장식의 효과 연구
Mothersbaugh, Huhmann & Franke(2002)	스키마와 수사적 비유의 불일치 차이에 관심을 둔 연구로 스키마는 모든 광고에 일반적 초점을 제공하고, 수사적 비유는 메시지 관련 측면에 선택적으로 집중하게 함.	수사적 장식과 수사적 비유의 비교 연구
McGuire(2000)	설득 커뮤니케이션 관점에서 수사적 표현을 메시지의 문제로 보고 ❶ 주의, ❷ 송신자 인식, ❸ 의미심장함, ❹ 분위기 등 네 가지 이론을 제시함. 수사적 비유의 주목, 이해, 동의 기능을 주장해 광고의 수사적 표현 연구에 큰 틀을 연 선도적 연구함.	광고 수사학의 연구 문제 제시
강태완(1999)	시각적 메시지의 의미 작용(의미론), 시각적 메시지의 구성(구문론), 시각적 메시지의 기능(화행론)의 분석 범주로 네 편의 잡지 광고 사례를 분석함. 시각 커뮤니케이션의 '보편적인 설득의 문법'을 밝혀내기 위한 연구 목적으로 내용을 분석함.	수사적 설득의 문법
McQuarrie & Mick(1999)	광고에 나타난 시각적 수사를 연구함. 수사적 장식의 일탈 정도, 스키마와 수사 비유의 비교, 그리고 단순 수사와 복잡 수사를 연구함.	수사적 장식과 수사 비유 비교
Scott(1994)	시각적 수사학의 형식으로 계획된 광고 이미지로서 새로운 이론적 틀을 세움.	수사학 이미지 이론 제시

Leigh (1994)	2183개의 광고물의 내용을 분석해 41개의 수사적 표현을 분류하고, 인쇄 광고에서 등장한 수사 기법의 회수와 사용된 범주를 분석함. 주로 등장한 것은 두운, 요운(모운), 익살(pun) 등임.	수사적 표현의 내용 분류
Mick & Buhl (1992)	동반 노출 효과를 비교 연구함. 다양한 인지 경로로 광고 상기도와 긍정적 태도가 시각적 수사 장식에 나타남.	수사적 장식의 효과 연구
Munch & Sways (1988)	수사적 질문(rhetorical question)이 설득 메시지로서 수신자의 메시지와 송신자 정교화에 미치는 영향을 연구함. 수신자의 메시지 반응은 메시지 송신자에 대한 조건에 따르기 때문에 오락을 목적으로 사용된 수사학은 효과적이지 못함.	수사적 질문 연구
Petty, Cacioppo & Heesaker (1981)	설득에서 수사적 질문은 다음의 메시지 효과를 거둠. 즉, 논쟁의 질, 수신자의 관여도, 메시지의 스타일에서 상호작용을 가능하게 함.	수사적 질문 연구
이희복 (2005)	수사적 장식으로서 공명의 커뮤니케이션을 실증적으로 연구해 주의, 이해, 태도를 좋게 한 것을 밝혀냄.	수사적 장식으로 공명의 효과 연구

자료: 이희복(2008)을 수정.

"Just Do It"

나이키 슬로건의 비밀

　세계인에게 잘 알려진 슬로건 중 하나가 나이키의 "Just Do It"이다. 그러나 이 슬로건의 탄생 배경은 잘 알려져 있지 않다. 어쩌면 일부러 숨겼을지도 모른다. 알면 매우 충격적인 내용일 수도 있기 때문이다. 나이키를 담당한 광고 회사는 성공적인 캠페인을 숱하게 만들어온 미국의 '위든+케네디(Wieden+Kennedy)'로, 이 회사의 크리에이티브 디렉터 디진(Dezeen)은 "Just Do It"이 1970년대 중반에 살인 사건의 범인으로 사형선고를 받은 개리 길모어(Gary Gilmore)의 마지막 유언에서 유래했다고 밝혔다. 미국 서부 유타주에서 시민 두 명을 죽인 혐의로 사형선고를 받은 개리는 총살형에 처해졌는데, 형이 집행되기 전 "하고 싶은 말이 있냐"라는 집행관의 질문에 "Let's Do It"이라고 답했다고 한다. 디진은 이 이야기에서 영감을 얻었다고 했다. 모든 것을 포기하고 죽음을 앞둔 상황에서 나온 사형수의 비장한 말 한마디가 극한에 도전하는 스포츠맨의 정신으로 승화되어 "Just Do It"이 된 것이다. 어떻게 보면 매우 처절한 상황에서 내뱉은 한마디가 반전을 이루어 놀라운 힘을 갖게 된 것이다.

　'Just Do It' 캠페인의 첫 광고는 여든 살의 할아버지 월트 스택(Walt Stack)이 출연한 30초 분량의 짧은 영상이었다. 이른 아침에 조깅을 즐기는 할아버지의 건강함과 재치 있는 모습을 그렸다. 광고 끝에 'Just Do It'이라는 슬로건을 보여줌으로써 시청자들에게 나이를 초월한 열정과 도전 정신

---

* 이 글은 루리(2014)와 콘(2009)의 글을 참고해 구성했다.

을 보여줬다. 지금까지 'Just Do It' 광고물 수백 편이 제작되었다. 2013년에는 'Just Do It' 광고 탄생 25주년을 기념해 '파서빌러티즈(POSSIBILITIES, 가능성)'라는 광고가 제작되었다. 세계적인 농구 스타 르브론 제임스(Lebron James)와 테니스 선수 세리나 윌리엄스(Serena Williams)가 광고에 나왔다. 지하실에서 혼자 탁구를 치던 소녀가 윌리엄스와 맞대결을 펼치고, 길거리 농구를 즐기던 소년이 제임스와 덩크슛 경기를 하는 등 상상 속 장면을 보여줌으로써 시청자들에게 '자신의 가능성을 찾아 도전하라!'는 메시지를 전달했다.

나이키는 글로벌 브랜드 컨설팅사인 인터브랜드(Interbrand)에서 선정한 '글로벌 100 대 브랜드(Best Global Brands 100)'에서 매년 상위를 차지한다. 나이키는 전 세계 스포츠용품 브랜드 중 가장 높은 브랜드 가치를 자랑하고 있다.

when it hits you. You're ready for IBM. Better ideas. Driven by y
Now... "We love to see you smile" Where do you want to go today
and live the magic. We bring good things to li
nnecting people.
Did somebody say McDonalds? Life tastes good

t to go today?

2장

슬로건과
커뮤니케이션

● ● ○

슬로건과 커뮤니케이션 이론

'슬로건과 수사학'에서 슬로건이 수사적 표현으로 마케팅 커뮤니케이션의 한 수단임을 살펴보았다. 이제 슬로건과 커뮤니케이션의 관계를 알아보자. 슬로건과 카피는 소비자와의 커뮤니케이션이기 때문에 목표인 설득 효과를 얻어야 한다. 슬로건과 카피 작성 시 살펴봐야 할 것은 다음과 같다. '목표공중이 누구인가, 노출되는 매체는 무엇인가, 추구하는 목표는 어떠한가, 핵심적인 메시지는 무엇인가, 전달하고자 하는 구체적인 방법은 무엇인가'.

또한 광고캠페인 전략과 기획서에서 광고 콘셉트를 명확히 이해하고 카피라이팅해야 효과적인 슬로건과 카피를 만들 수 있다. 카피라이팅의 커뮤니케이션 과정을 해럴드 라스웰(Harold Lasswell) 의 언어적 모델(Lasswell, 1948)로 설명하면 〈그림 2-1〉과 같다. 송신자인 카피라이터(who)가 목표공중인 소비자(to whom)에게, 광고매체(which

누가(who)	카피라이터
누구에게(to whom)	소비자
어떤 매체로(which channel)	광고매체
어떤 목표를(with what effect)	광고 목표
무엇을(what to say)	광고 콘셉트
어떻게(how to say)	슬로건과 카피

그림 2-1 커뮤니케이션의 언어적 모델로 본 카피라이팅

표 2-1 커뮤니케이션의 기능과 카피의 역할

송신자 목적	수신자 반응	슬로건과 카피의 사례
1. 정보 제공	슬로건과 카피로 정보를 제공받아 환경의 위협과 기회를 알게 됨.	정보 제공형 헤드라인, 인포머셜 카피(informercial copy)
2. 교육	슬로건과 카피로 지식을 얻고 사회생활에 필요한 기술을 익힘.	카피의 사회화 기능
3. 설득	슬로건과 카피로 사회에 적응하기 위한 적절한 가치를 얻고, 행위·역할을 함.	설득 메시지로서 카피
4. 오락	슬로건과 카피의 재미로 긴장 완화, 여가 선용, 복잡한 문제에서 벗어남.	카피 수사학(편), 카피의 오락적 기능

자료: Tan(1985)을 재구성.

channel)를 통해 광고 목표(with what effect)를 이루고자 광고 콘셉트(what to say)를 슬로건과 카피(how to say)에 담아 전달한다.

라스웰은 커뮤니케이션 기능을 환경 감시, 상관관계 조정, 사회적 유산의 전수로 보았다. 광고는 경험의 한계를 넘기에 장소, 시간, 사람의 한계를 넘어서며, 사회 구성원이 환경에 효과적으로 적응할 수 있게 한다. 사회의 생존을 위해 구성원의 가치, 행동, 역할에 대한 합의를 제공하기 때문에 동일한 역할을 수행한다. 라스웰의 세 가지 기능에 찰스 라이트(Charles Wright)는 오락 기능을 추가해 커뮤니케이션의 기능을 네 가지로 정리했다. 또한 알렉시스 탠(Alexis Tan)의 연구(Tan, 1985)를 토대로 '커뮤니케이션의 기능과 카피의 역할'을 〈표 2-1〉과 같이 요약했다. 송신자와 수신자의 목적에 따라 다양한 슬로건이 만들어진다. 송신자의 목적이 정보의 전달이면 슬로건과 헤드라인 분류에서 정보 제공형 헤드라인으로 볼 수 있으며 인포머셜 카피(informercial copy)가 여기에 해당한다. 광고를 통해 사회에 적응하고 학습할 수 있도록 돕는 '광고 활용 교육

(Advertising In Education)'(이희복, 2006b)에서는 카피를 통한 사회화도 가능하다. 또 설득 커뮤니케이션 과정에서 카피는 설득 메시지로서 역할을 한다. 마지막으로 카피 수사학에서 '동음이의어에 의한 익살', 펀(pun)이 슬로건과 카피에 나타난 경우 오락적 특성을 잘 보여준다.

● ● ○

슬로건과 SMCR 모델

벌로의 SMCR 모델은 기존 커뮤니케이션 이론을 보완해 의사소통의 요인을 송신자(source), 메시지(message), 채널(channel), 수신자(receiver)로 나누어 설명했다. 송신자 요인을 구성하는 요소에는 발신자의 의사소통 기능, 태도, 지식, 사회 시스템, 문화 등이 있으며, 메시지 요인은 내용, 요소, 처리 방식, 구조, 부호 등을 포함했다. 커뮤니케이션 소통을 구성하는 채널에는 시각, 청각, 촉각, 후각, 미각의 다섯 가지 감각이 있다. 수신자 요인을 구성하는 요소로는 수용자의 의사소통 기능, 태도, 지식, 사회 시스템, 문화가 있다. SMCR 모델에서 송신자와 수신자가 메시지를 지각할 수 있는 모든 감각 기제를 의사소통의 채널 속에 포함시키고, 커뮤니케이션을 구성하는 각 요인의 상호작용의 특성을 강조하고 있다. 벌로의 SMCR 모델에 대해 에닝거(D. Ehninger), 그론벡(B. E. Gronbeck)과 먼로(A. H. Monroe)는 "매우 단순하고 가장 영향력 있는 메시지 중심의 모델"이라고 했는데(Ehninger, Gronbeck and Monroe, 1960), 이는 기본적으로 섀넌(C. E. Shannon)과 위버(W. Weaver)의 모델을 수정한 것으로 제2차 세계대전 이후에 사회현상을 설명하는 데 유용한 의미가 있다

표 2-2 벌로의 SMCR 모델

송신자	기호화 →	메시지	→	채널	해독 →	수신자
소통 기술		내용		청각		소통 기술
태도		요소		시각		태도
지식		처리 방식		촉각		지식
사회 시스템		구조		후각		사회 시스템
문화		부호		미각		문화

자료: Berlo(1960).

(Shannon and Weaver, 1949). '송신자'는 구두, 서면, 전자 그리고 다른 종류의 '상징' 메시지의 발전을 탄력적으로 포함한다. '메시지'는 생각의 전달을 강조하는 중앙에 있는 요소다. 이 모델은 수신자가 타깃으로, 커뮤니케이션에서 중요한 위치를 차지한다는 것을 강조한다. 카피라이터에서 소비자에 이르는 커뮤니케이션 과정을 벌로의 SMCR 이론으로 옮겨보면 〈표 2-2〉와 같다.

커뮤니케이션을 위해서는 송신자, 수신자, 메시지, 송신자와 수신자 사이의 의사소통 채널이 있어야 한다. 이러한 네 가지 요인 외에도 공통의 경험(field of experience), 의사소통의 효과, 의사소통의 맥락 등이 필요하다(Whitman and Boase, 1983). 송신자와 수신자는 의사소통 과정에서 상호작용을 하며 양면적인 역할을 한다. 의사소통 과정에서 발신자는 수신자의 역할을 해야 하고, 수신자는 발신자의 역할을 한다. 의사소통은 빈 공간에서 이루어지는 것이 아니라 공통의 경험에서 채널을 통해 이루어진다. 생활공간은 한 개인의 경험의 합이다. 송신자와 수신자가 공유하는 경험이 많으면 많을수록 의사소통의 충실도는 높아진다. 일정한 효과가 없는 의

수사적 표현(수사 언어)

메시지 형식/ 세부 항목

송신자	메시지	채널	수신자	효과
S	M	C	R	E

그림 2-2 맥과이어의 '수사 언어와 SMCRE 모델'

자료: McGuire(2000: 109~114)를 참고해 구성함.

사소통은 진정한 의미의 의사소통이 아니다.

SMCR 모델과 수사학, 카피라이팅 사이에 다리를 놓은 사람은 맥과이어다(McGuire, 2000). 그는 광고 수사학의 이론적 배경을 제시하면서 오늘날을 그리스 시대, 로마 공화정, 르네상스 수사학에 이은 "소비자와 광고의 세기"이며 "소비자 중심 시대"로 규정했다. 연구 주제로 소비자 연구, 설득, 수사적 언어 등 세 가지 관점에서 접근했다. 또한 설득 커뮤니케이션과 관련된 주제로 유머 광고, 논쟁 광고, 수사적 언어를 제시했다. 더 많은 연구가 필요한 주제가 바로 수사적 언어의 설득 효과라고 주장했다.

맥과이어는 벌로의 SMCR 모델(Berlo, 1960)을 보완하고, 효과의 측면을 강조했다(McGuire, 2000). 그는 SMCR에 효과(effect, E)를 추가해 SMCRE 모델로 수정했다. 이에 따라 수사적 표현을 〈그림 2-2〉과 같이 설명하면서 송신자, 메시지, 채널, 수신자, 효과(who says it, what is said, via which medium, to whom, aimed at changing what)와 대응시켰다. 수사적 표현은 설득 커뮤니케이션 과정에서 전달 메시지의 효과를 높이기 위해 사용되는데, 맥과이어는 SMCRE 과정에서 주의, 이해, 태도 등의 광고효과가 발생한다고 주장했다. 수사적 표현은

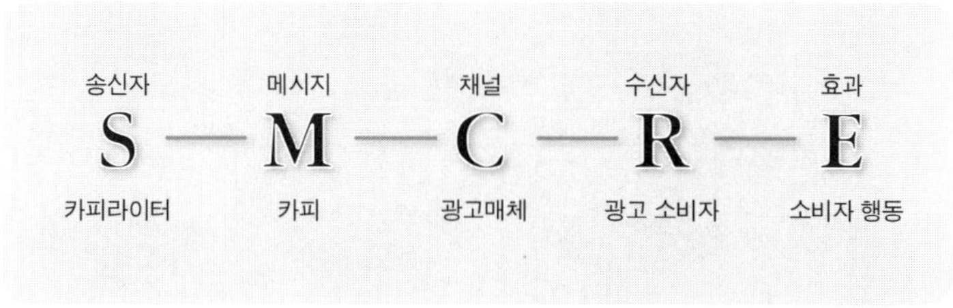

그림 2-3 SMCRE 이론으로 본 카피의 흐름

메시지에 해당하며 메시지의 형식에 따라 주장, 함축·생략, 명령,
극단, 스타일 등 다섯 가지로 나누고 강도, 복잡성, 유머, 문채(文彩)
등 네 가지 세부 항목으로 구분했다. 수사 언어와 SMCRE 모델은
광고 커뮤니케이션, 특히 슬로건과 카피라이팅 과정을 설명하기
에 적합한 제안이었다.

이를 카피라이팅에 세부적으로 적용한 것이 〈그림 2-3〉이다.
송신자를 카피라이터로 보고, 메시지는 카피, 채널을 광고매체, 수
신자를 광고 소비자, 효과를 소비자 행동 과정으로 한 차원 높게
보았다. 카피라이터가 송신자(source)로서 다양한 정보를 설득 메시
지로 작성하는 카피라이팅[기호화(encoding)]을 하면 메시지(message)가
되어 가용 매체(channel)에 실리게 된다. 소비자인 수신자(receiver)는
이 카피를 접한[해독(decoding)] 후에 인지 또는 구매 등 소비자 행동
이라는 효과(effect)를 보이며, 반복해서 다양한 피드백을 카피라이
터에게 전달한다(이희복, 2005a).

● ● ●

슬로건과 카피의 커뮤니케이션 과정

이현우의 『광고언어』(1998)에서는 언어학 이론과 커뮤니케이션

57

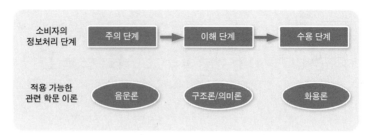

그림 2-4 광고의 언어적 기법과 효과에 대한 이론적 틀

자료: 이현우(1998: 141).

이론을 광고효과와 관련해 하나의 그림으로 설명하고 있다. 소비자 정보처리 단계와 언어학의 적용 가능한 이론을 연결해 〈그림 2-4〉와 같이 정리했는데, 주의 단계-이해 단계-수용 단계는 칼 호블랜드(Karl Hovland) 등의 메시지에 대한 내부적 정보처리 단계를 인용했고, 언어학적 이론은 음운론, 구조·의미론, 화용론 순서로 적용 가능한 어문학 이론을 단계별로 제시했다(Hovland et al., 1953).

음운론은 소비자들의 주의를 끌기에 유용한 방법으로, 소비자의 정보처리 단계 중 주의 단계에 해당하며, 구조론과 의미론은 언어의 구조와 수사학적 지식을 활용해 이해에 도움을 준다. 화용론은 문화와 상황에 대한 지식을 바탕으로 행위적 차원에서 해석하고 행동하게 하며, 소비자들이 광고를 받아들이는 수용 단계에 적용이 가능하다(이현우, 1998). 이처럼 광고효과에서 언어는 정보처리의 각 단계별로 다양한 기능을 수행한다.

광고언어인 카피를 광고 전략의 척추(backbone)라고 부르는 이유는 광고와 언어의 밀접한 관계 때문이다. 슬로건을 비롯한 카피는 언어를 통한 메시지 전달은 물론이고, 이미지 중심의 영상 시대에 커뮤니케이션 효과를 높이기 위해 주된 기능을 발휘하고 있다.

슬로건과 카피의 커뮤니케이션 효과

송신자인 카피라이터가 만든 슬로건과 카피는 메시지로 기호화되어 미디어를 통해 수용자인 소비자에게 전달된다. 이때 광고목표인 커뮤니케이션 효과가 나타난다. 기본적으로 소비자의 인지적·감성적·행동적 차원의 태도에 변용을 일으킨다. 예술적 장치로서 슬로건과 카피는 기호학에서 말하는 '텍스트의 즐거움'(Barthes, 1985)을 수용자에게 제공한다. 적당히 모호하면 인지 욕구를 자극하고, 이를 해결하면 보상으로 이어진다는 선행 연구 (Berlyne, 1971; Eco, 1979; McQuarrie and Mick, 1992; Peracchio and Levy, 1994)는 광고 표현 방법으로서 카피와 비주얼을 활용한 공명●의 유용성에 대한 이론적 배경이 된다.

언어는 물건이나 삶의 한 영역, 사회적 내포임을 확실히 지칭하고 재현하며, 동시에 어떤 것을 직접적으로 얘기하기 때문에 이중 의미(double meaning)가 있다. 공명은 동음이의어에 의한 카피와 비주얼과의 상호작용을 통해 기호-대상(sign-object)으로 언어의 두 차원을 지칭했다. 이 과정에서 〈그림 2-5〉처럼 기호학에서의 기표와 기의는 제시된 카피와 비주얼을 통해 겉으로 표현된 외의(外意)와 원래 전하고자 했던 뜻인 내의(內意)로 전환된다. 기호학에서 말하는 기표와 기의의 관계는 공명에도 동일하게 적용해볼 수 있다(McQuarrie and Mick, 1993).

● 공명(resonance)은 동음이의어의 익살에 의한 카피와 비주얼의 상호작용을 활용한 카피 수사학의 한 방법이다(이희복, 2005).

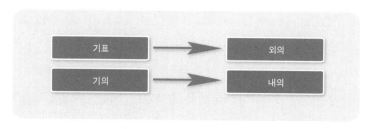

그림 2-5 기표-기의와 외의-내의 관계

일반적으로 카피의 커뮤니케이션 효과는 광고가 수용자의 인지 과정에 미치는 영향의 정도로 측정된다. 광고 송신자가 수용자들에게 광고 메시지를 전달해 수용자에게서 얻은 여러 가지 반응 중 광고 송신자가 의도했던 반응을 효과로 본다. 송신자가 광고 활동을 통해 달성하고자 하는 목적은 광고목표와 관계가 있다. 즉, 광고가 본래 의도했던 목표를 성공적으로 달성한 것이 광고효과다. 일반적으로 광고 커뮤니케이션에서는 잠재적 소비자인 수신자에게 〈그림 2-6〉과 같이 '인지-이해-확신-행동'을 거치며 수용된다.

광고 상품이나 서비스에 관한 정보를 얻고, 다음 단계에서는 상품이나 서비스에 대한 소비자의 호의적 태도를, 마지막 단계에서는 구매 행동을 유발하는 전략을 사용한다. 효과적인 커뮤니케이션 과정을 위해 사용하는 커뮤니케이션의 효과는 인지적·감성적·행동적 차원의 태도를 포함해 무수히 많은 차원으로 생각할 수 있지만, 측정 가능한 최종 결과를 살펴보면 주의, 이해, 태도에 이르는 과정을 커뮤니케이션 효과에 포함할 수 있다〈그림 2-6〉.

펀에 대한 연구에서 공통적으로 등장하는 동음이의의 익살은 펀의 기본적인 전제 조건이다. 그러나 펀의 유형에는 동음이의뿐

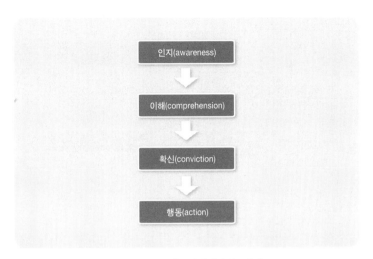

그림 2-6 광고 커뮤니케이션의 4단계

자료: 콜리(1998: 72).

만 아니라 동어이의, 일필쌍서(一筆雙書), 공명이라는 서로 다른 분류
를 제시해 좀 더 구체적으로 살펴볼 필요가 있다. 카피의 수사적
표현은 매우 다양하고 복잡해 보이지만, 일정한 규칙이 있어 표현
의 규칙성과 복잡성으로 살펴보면 이해하기 쉽다. 수사적 표현은
표현의 형태에 따라 규칙과 불규칙에 의해 수사적 장식과 수사적
비유로 구분된다. 또 각각의 수사적 작용과 복잡성의 정도에 따라
규칙성은 반복과 반전, 복잡성은 대체와 불안정화로 다시 분류되
어 제시되었다. 펀의 경우에도 동음이의의 익살 외에도 다양한 차
원이 존재하며, 이를 구분할 필요가 있다. 동음이의의 익살을 활
용한 공명의 경우 광고의 태도를 좋게 하지만, 부분적으로 이해를
어렵게 하기도 한다. 장점인 동시에 단점이 될 수 있기 때문에 카
피를 쓸 때 매우 조심스럽게 적용해야 한다.

  광고 목표가 정보 전달인 경우에는 이해가 중요하기 때문에 공

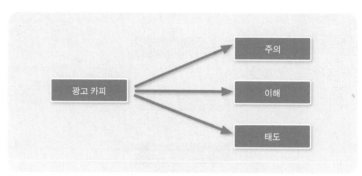

그림 2-7 공명의 3단계 커뮤니케이션 효과

명의 사용이 오히려 부담스러울 수 있다. 따라서 카피라이터와 광고 제작자는 매우 조심스럽게 판단해야 한다(이희복, 2005a). 카피 수사학이 어떤 커뮤니케이션 효과를 거두게 될지는 광고 목표, 소비자, 콘셉트, 매체를 잘 살펴 선택해야 한다. 슬로건과 카피는 설득을 전제로 한 광고 커뮤니케이션의 핵심 메시지이기 때문이다.

●●●

송신자로서 카피라이터

송신자로서 슬로건과 카피를 작성하는 카피라이터는 독립적이지 못하다. 전략의 핵심을 담당하고 광고의 메시지를 구성하는 컨셉추얼리스트(conceptualist)이자 스토리텔러(storyteller)이지만, 광고 제작 프로세스와 관련해 제작물을 혼자서 완성할 수 없다. 카피라이터는 기본적으로 누구보다 독립적으로 일을 한다. 그러나 협업을 통해서만 캠페인을 완성할 수 있다. 아무리 좋은 슬로건과 카피라 하더라도 디자이너와 PD의 손을 거치지 않고는 광고물을 완성할 수 없고, 매체에 실릴 수도 없다. 일반적으로 광고 회사에서 카피라이터가 아트워크를 직접 담당하는 경우는 드물다. 물론 슬로건의 텍스트를 완성해 제시할 수 있지만, 매체에 실리기 위해서는 크리에이티브가 최종 원고로 만들어져야 한다.

아트워크는 크게 인쇄 광고를 담당하는 그래픽 디자이너(GD)와 TV-CM 등의 전파 광고를 담당하는 PD(또는 CM 플래너)가 각각의 영역을 담당하고 있으며, 인터넷과 소셜미디어에서도 이와 유사한 아티스트가 함께 팀을 이루어 협업을 한다. 카피라이터는 이들과 협력 관계를 맺으며 함께 작업을 한다. 물론 크리에이티브 디렉터(CD)가 팀장의 역할을 담당하지만, 팀원 중 시니어가 이를 대신하기도 한다. 효과적인 크리에이티브를 위해 서로에 대한 이해 없이는 팀워크를 발휘할 수 없다. 아이디어에서 최종 제작물의 완성까지 콘셉트 공유 등의 의사소통은 물론이고, 일관성을 유지하기 위해 카피라이터는 각 영역을 잘 알아야 한다. 예를 들면 슬로건이나 카피가 전달될 인쇄 광고와 TV-CM의 제작 과정을 이해해야 한다. 아트에 대한 이해는 카피라이터에게 요구되는 기본적인 능력이다. 사례와 내용을 잘 살펴보고 실제로 활용할 수 있도록 하는 시각적 훈련도 필요하다.

물론 디자이너 역시 전문적인 일러스트레이터, 포토그래퍼, 컴퓨터 그래픽 디자이너의 도움을 받는다. 새로운 아트워크 기법이 등장하면 세분화된 작업은 전문가가 맡는다. 섬네일과 러프 과정을 거쳐 시안이 결정되면 원고를 만드는데, 이 과정에서 인쇄 광고를 담당하는 디자이너와 카피라이터의 협업에 의해 광고물이 탄생한다. '비주얼이 먼저냐, 카피가 먼저냐'와 같은 갈등보다는 '카피와 아트의 행복한 결혼'과 같이 시너지 효과를 거둘 수 있도록 협력하는 열린 마음이 필요하다. 아이디어를 발전시키려는 노력이 중요하다.

TV-CM의 경우도 인쇄 광고와 같다. 단, 지면이라는 공간적 한계가 방송이라는 시간적 한계로 바뀐다는 것이 다르다. PD는 섬네일과 스토리보드 단계를 거치면서 시안이 확정되면 외부 프로덕션과 함께 제작 과정을 논의하게 된다. 촬영을 앞두고 사전제작 회의(pre production meeting: PPM)를 거쳐 촬영, 현상, 편집, 녹음 등 포스트 작업, 그리고 최종적으로 광고주 시사를 거치게 된다. 이 과정 전반에 카피라이터는 깊숙이 관여해 일을 진행한다. 방송 광고의 경우는 2009년 6월부터 사전심의 위헌판결로 심의는 없어졌지만 불특정 다수를 대상으로 하는 방송매체의 특성상 광고 내용에 대한 자율적인 책임이 더욱 커져 현재는 방송협회에서 심의를 한다. 다만 이 경우에도 광고를 제작하는 카피라이터와 관련 광고인의 주의가 여전히 필요하다. 슬로건의 경우도 TV와 인쇄 광고는 물론이고, 온라인과 소셜미디어, 옥외광고, 이벤트와 프로모션 등 IMC(integrated marketing communication: 이하 IMC) 차원에서 전후방으로 활용되기 때문에 사회 통념에 반하거나 일반인이 수용하기 어려운 형식과 내용은 피하는 것이 좋다. 일반 헤드라인이나 카피와 달리 슬로건은 그 자체로도 완전한 하나의 메시지를 전달할 수 있기 때문이다.

카피라이터의 조건

슬로건을 만드는 카피라이터를 '언어의 마술사', '광고 제작의 꽃'으로 부른다. 그러나 이런 수식만큼 카피라이터가 하는 역할은 화려하지 않다. 카피라이터는 카피를 쓰는 사람이라기보다 광고 콘셉트를 찾아내는 능력이 있는 사람이어야 한다. 말을 잘하는 사

우에조 노리오가 말하는 카피라이터의 조건

1. 폭넓은 교양을 갖추어야 한다.

2. 세상의 움직임에 민감해야 한다.

3. 광고 이론을 잘 알아야 한다.

4. 광고계 동향을 파악해야 한다.

5. 광고 전략을 세울 수 있어야 한다.

6. 아이디어 발상이 풍부해야 한다.

7. 날카로운 감각을 가지고 있어야 한다.

8. 카피를 써야 한다.

9. 아트를 보는 눈이 있어야 한다.

10. 비즈니스 감각이 있어야 한다.

11. 인간관계가 좋아야 한다.

12. 말솜씨가 좋아야 한다.

13. 인내력이 있어야 한다.

14. 인간성이 풍부해야 한다.

15. 건강해야 한다.

람은 아나운서, 글을 잘 쓰는 사람은 작가를 하면 된다. 말을 잘하거나 글을 잘 쓰는 사람보다 콘셉트를 잘 찾는 것이 카피라이터의 첫 번째 자격이다. 기자처럼 취재하고 형사처럼 탐문하면서 분석과 사고를 거듭하다 보면 좋은 슬로건과 카피를 발견하게 된다. 카피라이터는 커뮤니케이션에 대한 이해와 마케팅에 대한 해박한 지식, 세상을 보는 눈과 사람들에 대한 따뜻한 가슴이 있는 사람이어야 한다. 팀원들과 화합할 수 있는 파트너십까지 있다면 좋은 카피라이터로 성장할 수 있다. 세계적인 광고 회사 일본의 덴츠(電通)에서 카피라이터와 크리에이티브 디렉터를 역임한 우에조 노리오 교수가 꼽은 "카피라이터의 조건"을 보면 이런 이야기가 잘 나와 있다(우에조 노리오, 1991). 카피라이터의 조건을 좋은 슬로건을 쓰기 위한 조건으로 바꾸어 읽어도 좋다.

그러나 카피라이터가 완벽한 인간이 되어야 하는 것은 아니다. 카피라이터는 광고 회사의 다양한 사람들 중 가장 외롭게 일한다. 가장 먼저 컴퓨터를 켜고 가장 나중에 컴퓨터를 꺼야 한다. 다른 직능보다 먼저 콘셉트를 생각하고 전략과 캠페인 전반에 대한 고민을 시작해야 한다. GD와 PD 등의 아티스트와 기획을 담당한 AE(account executive) 사이에서 전략과 크리에이티브를 연결해야 한다. 주된 역할은 단순히 헤드라인과 바디카피, 슬로건만 쓰는 것이 아니라 광고 전략의 핵심인 크리에이티브에 깊숙이 관여하고 캠페인 아이디어나 광고 작품의 아이디어를 만들어내는 것, 그리고 다른 스태프들의 아이디어를 좀 더 완성도 높은 아이디어로 발전시키는 것이 카피라이터의 소임이다. 카피라이터이자 광고인으로 명성을 날린 데이비드 오길비(David Ogilvy)는 저서 『광고불변의 법칙(Ogilvy on advertising)』에서 카피라이터는 광고 회사에서 눈에 띄지 않지만 가장 중요한 일을 하는 사람이라고 하면서 카피라이터의 덕목을 제시했다.

좋은 슬로건과 카피를 쓰고 싶은 카피라이터라면 이런 능력이 있는지 되돌아보고, 카피라이터를 꿈꾼다면 이런 자질을 높이도록 노력해야 한다.

이상에서 논의된 수사적 장식과 수사적 비유를 안다고 해서 좋은 슬로건이 만들어지는 것은 아니다. 그저 수사적 표현을 아는 데 그쳐서는 안 된다. 수사적 표현을 잘 이해하고 커뮤니케이션 관련 요인과 카피라이터의 자질을 잘 파악해 활용하려는 노력이 필요하며, 이를 새로운 슬로건과 카피를 쓰기 위한 가이드라인으로 활용해야 한다. 광고에 있는 슬로건을 보고 자기 나름대로 다시 써보는 것도 좋은 훈련이 된다.

● ● ○

카피라이팅 채널로서 광고매체

인쇄 광고 카피

신문, 잡지와 같은 인쇄 광고는 가장 전통적이며 활용 가치가 우수한 매체다. 특히 신문 카피는 설득 효과가 가장 높다. 매체의 영향력에 따라 광고의 효과도 함께 올라간다. 신문광고에서 헤드라인은 더욱 중요하다. 헤드라인만 읽는 헤드라인 독자가 많기 때문에 카피라이터는 인쇄 광고의 헤드라인에 심혈을 기울여야 한다. 또 방송 광고 카피보다 비주얼과 조화를 이루어야 시너지 효과를 얻을 수 있다. 인쇄 광고 카피를 작성할 때 참고할 만한 '5I의 룰'이 있는데, Idea-Information-Interest-Impact-Impulsion, 즉 아이디어에서 출발해, 정보를 담으며, 재미있고, 힘이 있어, 소비자의 행동을 자극해야 한다는 것이다. 인쇄 광고는 방송 광고와는 달리 시간이 아닌 공간 매체이므로 카피와 아트를 적절하게 레이아웃해야 한다. 잡지 광고의 경우는 인쇄 품질이 좋기 때문에 슬로건과 카피를 돋보이게 구성해야 하며, 잡지의 성격에 맞춰 카피를 작성해야 한다.

그림 2-8 후시딘 인쇄 광고

TV 광고 카피

온라인과 모바일, 소셜미디어가 도입되고, 본격적인 영상의 시대를 맞아 광고의 많은 부분을 스마트폰이 차지하게 되었다. 그러나 TV 광고는 여전히 시각과 청각을 동시에 소구하기 때문에 감정

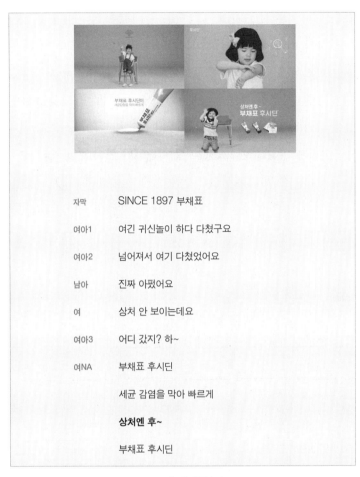

자막	SINCE 1897 부채표
여아1	여긴 귀신놀이 하다 다쳤구요
여아2	넘어져서 여기 다쳤었어요
남아	진짜 아팠어요
여	상처 안 보이는데요
여아3	어디 갔지? 하~
여NA	부채표 후시딘
	세균 감염을 막아 빠르게
	상처엔 후~
	부채표 후시딘

그림 2-9 후시딘 TV 광고

이입이 빠르다. 동일한 시간에 가장 많은 사람에게 가장 강력하게 전달할 수 있어 광고주들이 선호한다. TV 광고는 15, 20, 30초로 나눌 수 있으며 강한 비주얼에 의존하므로 카피는 비주얼과의 상호작용을 통해 시청자에게 다가간다. 일반적인 TV 카피는 도입부의 카피, 슬로건, 로고로 구성되며, 때로는 트레일러(trailer) 형식으로 광고 뒷부분에 재인지(remind)를 위한 카피를 첨부하기도 한다.

TV에서 카피는 크게 읽히는 카피(자막, 로고)와 들리는 카피(멘트, 송, 로고)로 나뉘는데, 자막과 카피의 불일치는 시청자를 혼동시킬 수 있으므로 일치시키는 것이 좋다. TV와 라디오의 경우는 저속한 표현, 근거 없는 표현, 과장된 카피, 외래어나 문법에 맞지 않는 표현 등은 심의 과정에서 제재의 대상이 되므로, 카피를 작성하기 전에 반드시 방송이 가능한 수준인지를 확인해야 한다. 슬로건의 경우에도 너무 길거나 외래어나 외국어에 의존하게 되면 독이성(readability)이 떨어져 정확한 메시지 전달이 어려울 수 있으므로 콘셉트와 목표공중에 맞게 작성해야 한다.

라디오 광고 카피

라디오 광고는 R-CM(radio commercial message)이라고도 하는데, 20초라는 한정된 시간 안에 말이나 소리에 의존해야 한다는 특징이 있다. 이 때문에 글보다는 말이 효과적이며, 인쇄 광고의 아이 캐치(eye catch)처럼 이어 캐치(ear catch), 즉 청각을 집중시킬 요소를 광고에 포함해야 한다. CM을 노래로 만드는 CM송(commercial song), 브랜드만을 노래로 만드는 로고송(logo song), 슬로건을 노래로 만드는 송트(Song+Ment: SONGT) 등을 징글(jingle)이라고 하는데, 징글은 라디오 광고에 귀를 기울이게 하여 장기 기억으로 옮기는 역할을 한다. 또 소리에만 의존하는 단점이 있지만, 반대로 청취자가 상상하게 하는 장점도 있다.

이 밖에도 배경음악을 활용하거나, 시즐(sizzle)을 높이기 위해 사운드 효과를 사용하거나, 외국인 성우를 캐스팅하는 것도 같은 이유다. 이미지와 비주얼의 시대지만 R-CM은 타깃의 세분화가 가능하고 라이프사이클에 접근한 매체다. 고가의 신문광고나 TV 광고

만 고집할 게 아니라, 광고효과에 관심 있는 광고주라면 라디오 매체에 관심을 가져볼 만하다〈그림 2-10〉참고).

여	상처엔 후시딘 제공 오늘의 상처 정보입니다
	윤수영 씨가 큰 맘 먹고 비싼 머리를 했는데요
	밥이나 달라는 남편의 얘기에 상처 받으셨구요
	네티즌 유현석 씨는 미니홈피를 새 단장했는데
	방문자가 한 명도 없어 완전 상처받으셨답니다
	지금까지
	상처엔 후~
	후시딘이 전해드렸습니다
NA	동화약품

그림 2-10 후시딘 라디오광고 카피

디지털 플랫폼 광고 카피

오늘날 스마트미디어와 소셜미디어 등 디지털을 플랫폼으로 하는 광고에서 카피는 인쇄 광고, 방송 광고와는 다른 맥락에서 메시지를 전달하게 되었다. 서비스의 유형과 스크린, 광고 형식과 기능 등에 따라 전혀 다른 형식과 내용의 변화가 있기 때문이다.

예를 들어 디스플레이의 형식이 텍스트, 이미지, 동영상인지에 따라 카피의 역할이 달라진다. 또한 키워드 검색이나 새로운 유형의 광고, 또는 광고가 모바일과 지역을 기반으로 전달되는 경우에도 이를 카피의 구성에 반영해야 한다. 카피가 배너와 검색 등 초기 온라인 광고에서 비교적 높은 조회 수 등으로 소비자의 반응을 이끌 수 있었다면, 디지털 플랫폼 광고에서 카피의 역할은 이전과는 달라져야 한다. 소셜미디어의 특성을 활용하고, 모바일과 스크린의 화면 크기 등 노출 환경을 적절히 고려해야 한다. 좀 더 세분화된 고객 정보를 토대로 맞춤형 광고 카피, 광고 시점에 맞는 전략적인 광고 카피가 필요해졌다. 사진, 이미지, 동영상을 플랫폼으로 한 SNS에서 카피의 역할은 검색이나 배너 광고에서와 달리 메시지를 보완하면서도 의미를 완성할 수 있어야 한다.

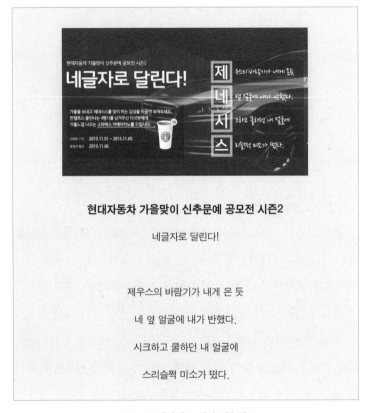

현대자동차 가을맞이 신추문예 공모전 시즌2

네글자로 달린다!

제우스의 바람기가 내게 온 듯

네 옆 얼굴에 내가 반했다.

시크하고 쿨하던 내 얼굴에

스리슬쩍 미소가 떴다.

그림 2-11 제네시스 페이스북 광고

"길을 아는 사람들"

대우증권 슬로건의 뒷이야기

눈 덮인 들길 걸어갈 제 행여 그 걸음 아무렇게나 하지 말세라. 오늘 남긴 내 발자국이 마침내 뒷사람의 길이 되리니……

고승의 선문답이나 가르침 같은 선시(禪詩)*가 카피로 인용된 대우증권의 기업 PR 광고 '눈길' 편이 사람들의 눈길을 끌며 화제가 되었다. '눈길' 편의 카피는 백범 김구 선생이 1948년 4월 19일 분단으로 치닫는 조국을 하나로 돌려놓으려고 남북협상을 위해 38선을 넘으며 읊었던 서산대사의 선시를 인용한 것이다. 백범 선생이 후학들에게 민족 통일의 큰 길을 제시했듯이 대우증권 역시 새 천 년을 맞이해 투자의 큰 길을 제시하겠다는 의지를 광고에 담았다. 이 광고는 크게 외치지 않으면서도 한국 금융을 이끌어온 선구자로서의 자신감을 강하게 나타내고 있다. 슬로건으로 "길을 아는 사람들"을 제시했는데,

---

* 이 글은 한국광고총연합회 광고정보 광고매거진 http://m.ad.co.kr/journal/column/show.do?ukey=250641&oid=@385437│3│1을 참고해 구성했다.
• 이 시는 조선 시대 이양연(李亮淵, 1771~1853, 호는 임연(臨淵)]의 작품이라는 설이 있다. 안대회(2013)는 서산대사의 문집 『청허집(淸虛集)』에는 없고, 이양연의 시집 『임연당별집(臨淵堂別集)』에 실려 있으며, 『대동시선(大東詩選)』에도 이양연의 작품으로 올라와 있다고 주장한다. 『대동시선』은 1918년 장지연(張志淵)이 편찬한 12권짜리 역대 한시(漢詩) 선집(選集)으로, 고조선부터 한말까지 2000여 명의 각체시(各體詩)를 선집해 만든 것으로, 한시 선집 중 가장 규모가 방대하다. 신문관(新文館)에서 신활자로 출판되었다(안대회, "가슴으로 읽는 한시", ≪조선일보≫ 2013년 2월 19일 자).

이 슬로건은 업계와 세계가 인정하는 최고의 맨파워가 바로 대우증권이 투자의 큰 길을 제시할 수 있는 원동력이라는 점을 표현하고 있다. "길을 아는 사람들"은 슬로건이면서 향후 전개된 캠페인의 이름이 되기도 했다.

이 광고는 시청자들 사이에서 큰 반향을 불러일으켰는데, 광고를 본 사람들은 "의연하고 힘이 있다"라고 한입으로 칭찬했다. 시가 너무 좋다며 이 시를 쓴 카피라이터가 누군지 문의하는 전화가 광고를 기획한 오리콤 쪽으로 하루에도 수십 통씩 걸려왔다. 담당자가 카피라이터는 서산대사고 백범 김구가 읊은 시라고 알려주면, 모두 이렇게 의미 깊은 선시를 잘 몰랐다며 부끄럽다는 반응을 보였다. 또한 모 장관은 이임식에서 서산대사의 이 시를 읊으며 직원들에게 한국 경제의 앞날을 위해 소명 의식을 가져줄 것을 요청해 화제가 되기도 했다. 내레이터로는 라디오 등에서 백범 김구 선생 역을 맡아 활동해온 원로 성우 김현직 씨를 특별히 섭외해 더욱 사실감을 높였다. 증권계의 맏형으로, 지나온 시간이 길이 되고 역사가 되었던 대우증권의 광고는 최고의 선진 금융기관으로 거듭나는 대우증권의 의지를 제대로 표현하고 있다. 다음은 김구의 애송시이자 서산대사가 남긴 선시의 원문이다.

踏雪野中去	답설야중거	눈 덮인 들길 걸어갈 제
不須湖亂行	불수호란행	행여 그 걸음 아무렇게나 하지 말세라
今日俄行跡	금일아행적	오늘 남긴 내 발자국이
燧作後人程	수작후인정	마침내 뒷사람의 길이 되리니

대부분의 증권사 광고가 말 많고 화려하며 첨단, 시스템, 수익률, 서비스 등을 이야기하는 것과 달리 대우증권의 광고는 좀 더 자신 있고 여유로운 커뮤니케이션을 지향함으로써 고객에게 편안함, 믿음, 신뢰감을 심어주었다. 광고 시청자들의 마음을 끌고 있는 '눈길' 편은 "길을 아는 사람들"이라는 슬로건과 함께 많은 감동을 주었다.

when it hits you. You're ready for IBM. Better ideas. Driven by yo
Now... ''We love to see you smile' Where do you want to go today
and live the magic. We bring good things to lif
recting people.
Did somebody say McDonalds? Life tastes good

to go today?

3장
슬로건의 이해

● ● ○ ○

슬로건의 정의

슬로건에 대해『두산백과』에서는 "대중은 피암시성이 강해 정서적으로 단순한 표어에 효과를 나타낸다"라고 하면서 "슬로건은 정치행동으로부터 상업광고까지 널리 사용되며 대중의 태도가 동요적이고 미확정적일 때 호소력이 크다"라고 했다.

광고에서 슬로건의 중요성은 새삼 강조할 필요가 없다. 광고회사가 경쟁 프레젠테이션을 할 때면 사용할 수 있는 자원을 모두 동원해 자사 최고의 전략과 크리에이티브를 광고주에게 제안한다. 그러나 수많은 분석 보고서, 광고 크리에이티브 제작물, 미디어 플래닝, 다양한 분석 자료 등 양과 질에서 훌륭한 제안이 있어도 슬로건이 제대로 준비되지 않으면 프레젠테이션의 성공을 장담하기 어렵다. 실제 캠페인에서는 물론이고, 경쟁 프레젠테이션에서도 슬로건의 중요성은 회사의 명운을 좌우할 정도로 중요하다. 그만큼 카피라이터의 어깨가 무거워질 수밖에 없다. 헤드라인과 바디카피도 물론 중요하지만, 슬로건과는 비교할 수 없다.

슬로건이란 본래 군인들이 전투 직전에 목소리를 모아 힘껏 외치는 함성을 일컬었다. 스코틀랜드 고어인 'slaugh(군인)'와 'gairm(함성)'이 합쳐진 단어로, 이후 발음하기 쉽게 변해 슬로건(slogan)이 되었다. 현대 영어에서 '한 무리'를 뜻하는 'slew'와 '시끄럽게 떠든다'는 뜻의 'garrulous'와 같은 어원이다. 그래서 '군인의 복창 소리(army yell)'라는 뜻이 내포되어 있다(박영준, 2001). 조승연 오리진보카 대표가 2013년 10월 5일 자 ≪조선일보≫에 기고한 글을 보면 'slogan'의 유래를 알 수 있다. 슬로건의 유래에 대해서는 다양한 의견이 있으나 대체로 서로마제국 멸망 후 켈트족이 영국 땅으로 이주하여 북부 스코틀랜드에 정착해 살면서 남쪽의 앵글로색슨족과 대결하게 되었다. 영화 〈브레이브 하트〉에서 멜 깁슨(Mel Gibson)이 영국군과 대결한 '스털링 다리 전투'는 당시 켈트족 전사들의 영웅전을 잘 보여준다. 용맹스러운 켈트족 전사들은 출전하기 전에 목소리를 합해 고향 이름, 마을의 영웅 이름 등을 외쳐 사기를 진작하고 단결을 도모했다고 한다. 이때 군인들이 함께 외치던 함성을 '슬로건'이라고 했다. 그 후 1700년대 유럽에 계몽주의 시대가 열리자 유럽인들은 시위 등을 통해 자신의 주장을 널리 알렸고 이는 오늘날의 슬로건으로 이어졌다(조승연, 2013).

류은주는 『모발학사전』에 "슬로건에는 '때의 목소리'라는 뜻이 있듯이, 광고의 경우 보는 사람들이 주의(主意)를 끌어 인상을 깊게 하는 데 쓰인다. 짧은 문구형이나 대구형으로 리듬을 주어 기억하기 좋아서 '문장적 상표'로 되풀이해 사용함으로써 광고주의 언어적 표시가 된다"라고 썼다.

오늘날의 '마케팅 전쟁'에 슬로건이 등장한 것은 사람들을 움직이기 위한 수단으로 활용하기 위해서다. 슬로건은 생각이나 주장이 표현된 짧은 문구로 정치 슬로건은 대개 목적이나 신념이 부각되지만, 비즈니스 슬로건은 제품이나 서비스의 성능과 혜택이 강조된다(콘, 2009). 슬로건은 짧은 어휘로 상황을 전달하는 메시지인데, 광고의 맥락에서 보면 브랜드의 개성을 설명하는 짧고 강력한 카피다(김병희, 2014). 따라서 전쟁과 같은 시장에서 브랜드가 확고한 위치를 차지하려고 싸울 때 총과 칼 대신 홍망성쇠를 다투는 '소리 없는 전쟁'에서의 무기가 바로 슬로건이다(류진한, 2015). 슬로건은 정보를 보내는 쪽에서 무엇을 호소할까(콘셉트)를 함축적으로

드러내면서 대표성을 지닌 메시지로 브랜드 네임의 의미 전달력을 돕고 쉽게 기억하도록 하는 기능이 포함되어야 한다(우에조 노리오, 1991; 최은섭, 2010).

전략적인 차원에서 좋은 광고 슬로건은 시의 원리를 응용해 환기 효과를 창출한다. 시인은 개인적 사건을 있는 그대로 서술하기보다 원형성 원리에 기초해 일반화·보편화 과정을 거쳐 시 세계를 표상한다. 카피라이터가 쓰는 광고 슬로건 역시 시적 운율을 중시한다는 점에서 대중의 환기 효과를 창출한다(김병희, 2014). 우에조 (1991)는 기업이 다각화하면 기업 이미지의 통일이 매우 중요해지는데, 하나의 슬로건으로 기업의 이념과 기업 활동을 강조함으로써 통일성 있게 기업의 이미지를 만들어갈 수 있다고 강조했다. 시나 노랫말처럼 슬로건도 소비자의 기억에 한번 자리 잡으면 쉽게 사라지지 않고 평생 따라다니며 하나의 코드로 자리매김한다. 소비자가 공감하고 기억하는 슬로건은 브랜드가 사라져도 절대로 죽지 않는다(최은섭, 2010).

슬로건은 어떤 대상을 향해 반복적으로 호소함으로써 친밀감과 호의를 얻고, 그로써 기업 활동을 원활히 할 것을 목적으로 삼는다(우에조 노리오, 1991). 조직과 공중의 관계 관리에서 위로부터 아래로의 일방통행이 아닌 양자 관계의 긴밀함을 위해 슬로건의 활용이 더욱 필요하다고 강조했다. 김병희는 좋은 슬로건은 원금에 이자가 붙듯 시간이 지날수록 브랜드 가치를 높여준다는 점에서 은행예금과 같다고 했다. 그는 브랜드의 특성에 알맞은 좋은 슬로건을 만드는 것은 카피라이터의 몫이며, 슬로건은 일회용으로는 의미가 없고 오랫동안 사용되며 브랜드 자산을 구축하는 데 기여해야 한다고 강조했다(김병희, 2014). 이처럼 잘 만들어진 슬로건은 그야말로 천천히(slow) 적을 제압하는 무기(gun)가 되어 경쟁사를 공격하기도 하고, 자사 제품을 방어하기도 하면서 캠페인을 승리로 이끈다. 기업의 커뮤니케이션 활동에서 첨병 역할을 하면서, 마케팅과 광고 등에 입체적으로 사용된다.

이 밖에도 많은 사람들이 슬로건에 대해 다음과 같이 이야기하고 있다.

밥 베리 (Bob Berry)	최고의 슬로건은 위대한 헤드라인이다. 적절한 슬로건이나 광고의 내용을 아주 훌륭하게 정리한 결론에는 그것이 배치되어야 할 올바른 위치가 있다.
이현우	슬로건은 브랜드를 비추는 거울이다.
폴 피시록 (Paul Fishlock)	위대한 슬로건은 제품의 아이디어와 제품이 주는 이득 또는 브랜드 정체성을 요약할 수 있다. 소비자의 머릿속에 오랫동안 기억되고 행동에 영향을 준다.
브루스 빌스틴 (Bruce Bilstein)	슬로건을 광고마다 쓰는 것은 억지스러운 일이다. 슬로건이 노움을 주지 못하고 방해가 될 수 있다. 광고의 다른 요소가 전달하지 못하는 내용을 보충하고 소비자의 혜택을 말해야 한다. 슬로건은 여전히 메시지를 강화하는 강력한 수단이다.
김경석	슬로건은 생산자나 서비스 제공자가 광고에 반복적으로 사용하는 간결한 문구나 문장이다.
그레이엄 워숍 (Graham Wauchob)	브랜드를 힘 있고 차별화해 설명할 수 있을 때 슬로건을 사용하라. 유용한 목적과 연관성이 없는, 듣는 즉시 잊히는 슬로건이 많다.
김병희	슬로건은 짧은 어휘로 상황을 전달하는 메시지로서 브랜드 개성을 설명하는 짧고 강력한 카피다.
골드 스미스 (Gold Smith)	많은 슬로건은 광고주 자신을 향해 말한다. 하지만 슬로건은 광고주나 광고 회사가 아닌 광고를 보는 사람들의 행동에 영향을 주어야 한다.
류진한	슬로건은 카피의 핵이다.

● ● ○

슬로건과 유사한 개념

슬로건이라는 개념과 비슷한 용어가 광고, 홍보 현장이나 문헌에 등장한다. 캐치프레이즈, 표어, 태그라인, 파워라인 등이 그것이다. 실제 큰 차이가 없어 중복해 사용하기도 한다. 각 용어가 서로 다른 맥락에서 사용되고 사용하는 사람들의 이해가 다르므로 명확한 구분이 어렵기 때문이다. 서로 상이한 문맥에서 쓰이는 의미와 사용상의 차이를 살펴보면 슬로건과의 차이점을 알 수 있을 것이다.

캐치프레이즈

캐치프레이즈(catch phrase)는 선거 또는 광고 등에서 사람들을 선동하기 위해 사용하는 문구나 표어로, 광고 슬로건(advertising slogan)과 같은 뜻으로 사용하기도 한다. 주로 상품광고에서 어떠한 것을 알릴 때 쓰는 문구와 문장을 말하며, 상품의 인상을 결정하는 중요한 요인이 된다. 캐치프레이즈는 카피라이터가 만든다.

표어

표어(標語, catchword) 역시 슬로건과 혼용해서 사용된다. 위키피디아에는 "대중이 집단행동을 할 때 자신들의 요구와 행동을 간결하게 나타낼 때 쓰는 구호나 좌우명이다. 사회운동이나 시위 같은 데서 사용하는 대중의 요구를 집약시킨 표현이며, 선거운동에서 정치인이나 정당이 자신의 주장을 간결하게 표현할 때 쓴다. 때로는 상업광고나 캠페인을 위해 쓰이기도 한다"라고 설명되어 있다.

태그라인

태그라인(tagline)은 상품의 광고와 홍보에 활용되며 기업이 독점적으로 소유하는 공식적인 슬로건이다. 브랜드로 체험할 수 있는 브랜드 약속과, 제품 및 서비스의 장점을 알리기 위해 사용된다.

모토

모토(motto)는 가족과 같은 작은 공동체에서부터 회사, 정부 기관 등 커다란 집단에 이르기까지 공동체의 원칙, 주장, 신조 등을 호소력 있게 표현하려고 만든 짧은 문구다. 표어와 유사하며 격언, 속담, 상품 홍보를 위한 슬로건과는 성격이 다르지만, 슬로건과 구분 없이 사용된다(콘, 2009).

파워라인

파워라인(powerline)은 듣거나 보는 즉시 매료되어 오래 기억되는 짧은 한마디 말이다. 마케팅에서 브랜드 약속이 잘 드러나고, 고객의 마음을 사로잡는 슬로건이나 태그라인 등의 광고 문구가 파워라인이며 일등 브랜드가 되기 위해 필요한 조건이다(콘, 2009). 파워라인은 슬로건, 캐치프레이즈, 표어, 태그라인, 모토가 추구해야할 궁극의 목표다(Jim Aitchison, 2007).

캠페인 헤드라인

캠페인 헤드라인은 인쇄 광고 등 캠페인의 광고 상단과 하단, 양옆 등에서 비주얼의 일부처럼 유기적으로 사용하는 헤드라인을 말한다. 콘셉트와 카피 포맷 등 형식을 일치시킴으로써 정체성이 있는 하나의 캠페인으로 보이게 한다.

표 3-1 슬로건과 유사 개념 비교

비교	슬로건 (slogan)	캐치프레이즈 (catch prase)	표어 (catchword)	태그라인 (tagline)	모토 (motto)	파워라인 (powerline)
특징	캠페인	방향성, 운동성	운율 활용 (16자)	제품과 서비스 장점	공동체의 미션/비전	브랜드의 약속
범위	전방위	대회(행사)	공보	광고	홍보	마케팅 커뮤니케이션
목표공중	공중	청중	국민	소비자	구성원	고객
비교	대표적·일반적 용어	주목성 강조	슬로건, 모토와 유사	슬로건과 유사	슬로건, 표어와 유사	슬로건 등의 결과론

캐치프레이즈, 표어, 태그라인, 모토, 파워라인 등 유사한 개념들과의 공통점으로 슬로건이란 "구매 행동을 촉진시킬 목적으로 주장이나 생각 또는 상품의 특성을 장기간 반복해 사용하는 간결하면서도 힘 있는 말이나 문장"이라고 네이버 지식백과에서 설명한다. 슬로건과 유사한 개념들의 특징, 범위, 목표공중 등을 비교해보면 〈표 3-1〉과 같다.

첫째, 슬로건의 특징은 캠페인을 중심으로 가장 큰 개념을 담고 있으며 전방위로 활용된다. 슬로건의 목표공중은 '공중'이며 설득을 위해 주장과 생각을 담는다.

둘째, 캐치프레이즈는 방향성과 운동성이 특징이다. 일정한 대회나 행사에 사용되며, 관심 있는 청중을 대상으로 주목성을 강조한 문장을 활용한다.

셋째, 표어는 캐치워드로 16자 내외의 운율을 활용해 일반 국민에게 알리는 역할을 한다. 슬로건이나 모토와도 유사하다.

넷째, 태그라인은 제품과 서비스의 장점을 소비자에게 알리는 데, 광고에서 주로 활용하며 슬로건과 같이 쓰이기도 한다.

다섯째, 모토는 공동체의 미션과 비전을 설명한다. 홍보에 주로 쓰이며 구성원을 대상으로 하는 특징이 있고, 슬로건이나 표어와 유사하다.

여섯째, 파워라인은 브랜드의 약속을 담고 있으며, 마케팅 커뮤니케이션에서 고객을 대상으로 한다. 슬로건을 비롯한 유사 개념이 궁극적으로 얻고자 하는 목표가 파워라인이라고 할 수 있다.

● ● ●

슬로건과 헤드라인의 비교

슬로건과 헤드라인의 기능적 차이점은 무엇일까? 슬로건과 헤드라인의 차이는 〈표 3-2〉와 같다.

첫째, 역할을 살펴보면 슬로건은 다른 요인의 도움 없이 의미 전달이 가능해 '독립'되지만, 헤드라인은 비주얼이나 광고의 맥락에 '종속'되어 있다.

둘째, 사용 빈도를 살펴보면 슬로건은 오랜 시간 반복해서 '다회(여러 번)' 사용되지만, 헤드라인은 한 편의 광고 안에서 '일회(한 번)'만 사용된다.

셋째, 형식을 살펴보면 슬로건은 홀로 쓰이면서 '완전'한 의미를 전달하는 반면, 헤드라인은 뜻을 전달하기 때문에 '불완전'하다.

넷째, 목적을 살펴보면 슬로건은 메시지의 '이해'를 추구하지만, 헤드라인은 '주목'이 우선이다.

다섯째, 위치와 레이아웃을 살펴보면 슬로건은 '자유로운' 반면, 헤드라인은 광고 공간에 '제한적'이다.

표 3-2 슬로건과 헤드라인의 비교

비교	슬로건	헤드라인
역할	독립	종속
사용	다회	일회
형식	완전	불완전
목적	이해	주목
위치(레이아웃)	자유	제한
미디어	영향받지 않음	영향받음
수식	브랜드	광고 표현
발상	논리적	감성적
순서	선행	후행
전략	하향식(샤워)	상향식(분수)
단계	콘셉트	크리에이티브
관점	거시적	미시적
IMC	통합적	개별적
중심	캠페인	광고물
시간	장기간	단기간

자료: 이희복(2008: 39)을 수정 · 보완함.

여섯째, 미디어를 살펴보면 슬로건은 영향을 받지 않지만, 헤드라인은 미디어의 성격에 영향을 받는다.

일곱째, 수식을 살펴보면 슬로건은 '브랜드'를 꾸며주지만, 헤드라인은 '광고 표현'의 완성도를 더욱 중요시한다.

여덟째, 발상을 살펴보면 슬로건은 전략에 의해 '논리적'으로 전개되지만, 헤드라인은 '감성적'이다.

아홉째, 작업의 순서를 살펴보면 슬로건은 '선행'하는 반면, '헤드라인'은 후행한다.

열째, 전략을 살펴보면 슬로건은 '하향식(top down)'인 데 비해, 헤드라인은 '상향식(bottom up)'이다.

열한째, 단계를 살펴보면 슬로건은 '콘셉트' 단계에서, 헤드라인은 '크리에이티브' 단계에서 만들어진다.

열둘째, 관점을 살펴보면 슬로건은 '거시적'인 데 반해, 헤드라인은 '미시적'이다.

열셋째, IMC의 맥락에서 살펴보면 슬로건은 '통합적'이지만, 헤드라인은 '개별적'이다.

열넷째, 중심을 어디에 두는지를 살펴보면 슬로건은 '캠페인'에 있지만, 헤드라인은 개별 '광고물'에 있다.

열다섯째, 시간을 살펴보면 슬로건은 '장기간' 사용되지만, 헤드라인은 '단기간' 쓰인다.

이상과 같이 슬로건과 헤드라인은 차이가 있다.

슬로건과 헤드라인을 비교·구분하는 것은 이해와 활용을 위해 의미가 있지만, 구분 자체보다는 역할을 제대로 아는 것이 더 중요하다. 어떤 헤드라인이 효과를 발휘하거나 깊은 울림을 남긴다면, 추후에 그 헤드라인이 얼마든지 슬로건의 지위를 얻을 수 있기 때문이다. 광고 창작 현장에서는 처음에는 슬로건이 없는 상태에서 헤드라인으로 쓰이다가 반응이 좋아져 나중에 슬로건이 되는 경우가 많다. 따라서 헤드라인과 슬로건을 성격이 전혀 다른 대립적 개념으로 보지 말고 상호 보완적인 관계로 이해해야 한다.

슬로건의 유형

내용에 따른 분류

우에조 노리오는 슬로건의 종류를 기업 슬로건, 캠페인 슬로건, 상품 슬로건 등 세 가지로 나누었다. 다루어지는 내용에 따라 제품의 질이나 편리성, 역사와 전통, 기업의 미래 비전, 기업의 규모와 국제성, 기술 수준, 기업 이념, 인간의 흥미, 대중의 감정, 대중행동 요구, 기업의 사회적 가치, 기타 등 11가지로 보았다(우에조 노리오, 1991). 최근의 기준과는 다소 거리가 있는 부분도 있지만, 슬로건의 이해를 위해 한번 살펴보자.

• 제품의 품질이나 편리	
하이트 맥주	물이 좋아 더 맛있는 맥주
맥심 모카골드	세상 어디에도 없는 맛

• 역사와 전통을 강조	
두산	역사 속의 전통 100년, 미래 속의 도전 100년
KT(Korea Telecom)	대한민국 통신 130년

• 기업의 미래 비전	
도시바	In touch with tomorrow
KT	새로운 만남을 위해 kt가 간다

• 기업의 규모와 국제성	
휘센	세계를 휩쓴
KEB 하나은행	세계적인 대한민국 1등 은행

• 기술 수준

미스터피자	100% 손으로 만든
모짜렐라 인 더 버거	자연 치즈로 만든

• 기업 이념

대우건설	It's Possible
하나금융그룹	손님의 기쁨, 그 하나를 위하여

• 인간의 흥미

삼성전자	또 하나의 가족
시디즈	의자가 인생을 바꾼다

• 대중의 감정에 호소

아시아나	그녀의 이름은
SAMSUNG Gear S2 GALAXY NOTE 5	선물하기 좋은 계절입니다

• 대중행동 요구

코웨이 룰루비데	닦지 말고 씻으세요
보건복지부	흡연은 질병입니다, 치료는 금연입니다

• 기업의 사회적 가치

홈플러스	생활에 플러스가 됩니다
스피킹맥스	영어마비엔 스피킹맥스지

• 기타

처음처럼	흔들어라
아이폰 6s+	달라진 것은 단 하나, 전부입니다!

● ● ●

기능에 따른 분류

먼저 슬로건은 기능에 따라 기업 슬로건, 브랜드 슬로건, 캠페인 슬로건으로 나뉜다. 이는 슬로건이 수식하는 내용이 무엇이냐에 따라 구분되며, 이를 통해 슬로건의 목표가 무엇인지 쉽게 알 수 있다.

슬로건의 기능에 따른 분류를 기아자동차의 'K5 하이브리드 탄생'이라는 신문광고를 통해 살펴보자〈그림 3-1〉 참조). 이 광고를 보면 오른쪽 하단 기아자동차 로고마크 밑에 "The Power to Surprise"라는 슬로건이 있다. 기아자동차는 기업명이므로 "The Power to Surprise"는 기업 슬로건이 된다. 왼쪽 아래 K5 hybrid 앞에 "Next Innovation"은 브랜드인 K5 hybrid를 수식하므로 브랜드 슬로건이다. 왼쪽 윗부분의 "창조경제와 함께 도약하는 대한민국! 기아자동차가 함께 하겠습니다"를 기업이나 브랜드를 수식하는 슬로건이

그림 3-1 기아자동차 K5 하이브리드 광고

표 3-3 기아자동차 K5 하이브리드 슬로건

슬로건 사례	기업 슬로건	브랜드 슬로건	캠페인 슬로건
기아자동차 K5 하이브리드 신문광고	The Power to Surprise KIA	Next Innovation K5 hybrid	창조경제와 함께 도약하는 대한민국! 기아자동차가 함께 하겠습니다.

아닌 정부의 창조경제 정책에 기업이 함께하겠다는 캠페인으로 본
다면 이는 캠페인 슬로건이라 할 수 있다. 기아자동차 K5하이브리
드 광고의 경우 최첨단 기술이 접목된 자동차라는 점을 부각하기
위해 기업과 브랜드 슬로건을 영문으로 표현했다〈표 3-3〉 참조).

기업 슬로건

기업 슬로건은 기업의 이념이나 정신을 소비자에게 알리기 위
해 사용된다. 예전에는 일방적인 커뮤니케이션이었다면, 근래에
는 쉽고 편안한 소비자의 용어로 바뀌고 있다. 내부분의 기업 슬
로건은 기업 로고마크와 함께 쓰인다. 기업명과 브랜드명이 같은
경우 마케팅 커뮤니케이션 전략에 따라 하나의 슬로건을 쓰는 경
우도 있어 구분이 쉽지 않다. 캠페인 슬로건이 잘 알려져 성공한
후 기업 슬로건 자리로 옮겨오는 사례도 있어 맥락에 따라 다르게
구분할 수 있다.

대한항공	**Excellence in Flight KOREAN AIR**
시몬스 침대	**흔들리지 않는 편안함**
일룸	**당신의 생각을 생각합니다**

브랜드 슬로건

개별 제품의 특징과 장점을 표현하거나 타 제품과 차별하기 위해 사용한다. 브랜드의 전략적 관리가 중요해지면서 브랜드 슬로건이 많아지고 있다. 브랜드 슬로건의 경우는 제품의 특징과 관련된 내용을 쉽고 빠르게 소구한다.

신세계	신세계적 쇼핑포털 SSG.COM
기아자동차	Soft Charisma ALL NEW K7
SK브로드밴드	당신을 위한 콘텐츠 연구소 Btv

캠페인 슬로건

캠페인이란 일정한 기간 동안 사용 가능한 모든 매체를 통해 하나의 주제를 집중적으로 소구하는 것을 말하는데, 여기서 일관성 있는 주장을 담은 카피가 캠페인 슬로건이다. 일정한 시기에 제한적으로 사용되며 수용자에게 집중적으로 소구된다(각 슬로건은 순서대로 '행운버거 캠페인', '디지털 현대카드 캠페인', '기가와이파이 캠페인'에 활용되었다).

맥도날드	새해에 행운행운하세요! MC DONALD'S 행운버거
현대카드	이렇게 쉽게 말뿐이 아닌 손안의 디지털, 디지털 현대카드
KT	바야흐로 기가시대 이제 당신이 누릴 차례, KT 기가시대 GiGA WiFi

수사적 방법에 따른 분류

슬로건의 유형은 언어학의 수사적 방법으로 접근할 수 있다(이현우, 1998). 슬로건의 유형은 브랜드 표현, 표기 문자, 구성 형식, 대구와 대조, 두운과 각운, 직유와 은유, 대상 표현, 전달 의미, 메시지 성격, 정보 제공으로 분류된다(박영준, 2001; 김병희, 2014). 각 슬로건의 유형을 좀 더 구체적으로 설명하면 〈표 3-4〉과 같다.

표 3-4 수사적 방법에 따른 분류

수사적 방법	내용
브랜드 표현	슬로건 안의 기업 브랜드 포함(유, 무)
표기 문자	슬로건의 표기(한글, 한자, 영문)
구성 형식	슬로건 문장의 구성 형태 (단어, 단독 구문, 생략 구문, 연결구, 문장, 복합 문장)
규칙성	슬로건의 규칙성에 따라(대구, 대조)
운율	슬로건의 운율(두운, 각운)
비유	슬로건의 수식(직유, 은유)
대상	슬로건 소구의 대상(1인칭, 2인칭, 3인칭)
의미	슬로건이 전달하는 의미(단순 우위, 비교 우위, 최상 우위)
성격	슬로건 메시지의 성격 (배타적·우호적·미래적 이미지 제고)
정보	슬로건의 정보(전문성, 특징·장점, 특이 정보, 단순 정보)

좋은 슬로건을 위한 가이드라인

우에조는 좋은 슬로건은 법칙에 의해 만들어지는 것이 아니라 다양한 미디어에서 장기간 상용되어 기업의 이미지와 철학을 전달하기 위해 "읽기 쉽고, 말하기 쉽고, 듣기 쉽고, 느끼기 쉬운" 슬로건을 만들어야 한다고 했다. 그는 좋은 슬로건의 특징으로 "간결성, 명확성, 적절성, 독창성, 흥미성, 기억성"을 제시했다(우에조 노리오, 1991).

최은섭은 효과적인 슬로건 만들기 7가지 법칙을 제시했는데 다음과 같다(최은섭, 2010).

첫째, 헤드라인으로 시작하라. 처음에는 헤드라인으로 시작되었지만 나중에 브랜드 슬로건, 캠페인 슬로건으로 자리를 옮기는 경우가 있어 헤드라인에서 검증된 것을 슬로건으로 활용할 수 있다고 했다.

둘째, 제품에서 출발하라. 제품의 콘셉트를 구체적으로 설명할 수 있으면 좋은 슬로건이 된다.

셋째, 누구에게 말하는지가 중요하다. 소구 대상의 정체성과 라이프스타일을 말해주면 효과적이다.

넷째, 이미지도 메시지다. 브랜드 슬로건에 개성이 나타나야 하지만, 단어의 의미뿐 아니라 구성 방법을 고려해 전체 이미지를 표현해야 한다.

다섯째, 운율을 맞추라. 운율을 맞추면 관여도가 낮아도 회상을 높일 수 있다.

여섯째, 브랜드를 포함하라. 브랜드를 쉽게 알릴 수 있고 운율을 살릴 수 있다.

일곱째, 기업 슬로건은 알맹이가 필요하다. 기업이 하고 있는 내용을 찾아 차별화한다.

오랫동안 슬로건을 만들어온 현업 전문가들도 슬로건 하나를 완성하는 데 고민과 힘든 과정을 거친다. 지금까지의 논의와 이론을 바탕으로 효과적인 슬로건을 만들기 위한 체크리스트를 제시해본다.

너무 길지 않은가?	짧아야 한다
너무 복잡하지 않은가?	문장의 의미가 명확해야 한다
문장이 적절한가?	문구의 짜임새가 적절해야 한다
독특한 무엇이 있는가?	독창적이어야 한다
관심을 끌 만한가?	재미가 있어야 한다
너무 어렵지 않은가?	기억하기 쉬워야 한다

"Passion. Connected."

2018 평창 동계 올림픽대회 슬로건 '열정'

강원도는 2011년 평창 동계 올림픽 유치 당시 새로운 성장과 잠재력의 유산을 추구해 새로운 지평을 열겠다는 의미로 "New Horizons"를 비전으로 제시했다. 개최 D-1000인 2015년 5월 16일 평창 동계 올림픽조직위원회는 새로운 슬로건 "Passion. Connected.(하나된 열정)"를 발표했다. 슬로건이란 대회의 콘셉트를 담고, 준비와 개최 과정에 널리 사용되어 전 세계에 홍보되며, 대회 이후에도 오래도록 평창 동계 올림픽 브랜드로 남고 인구에 회자되는 중요한 구호다.

슬로건을 분석하면 작업에 참여한 많은 전문가, 특히 카피라이터들의

---

* 필자의 "평창겨울올림픽을 강원도의 힘(Him)으로"(≪강원도민일보≫, 2015년 5월 29일 자)와 "재밌는 '동계올림픽 빌보드': 역대 슬로건"(≪강원도민일보≫, 2015년 12월 17일 자)을 참고해 구성했다.

수고가 엿보인다. 평창(Pyeong Chang)의 머리글자를 따서 다양한 P, 즉 열정(passion)에서, 사람(people), 가능성(possibility), 평화(peace), 지역(place) 등 지속 가능한 유산을 대회와 연결(connected)하고자 했다. 게다가 평창(平昌)이라는 이름대로 평화(Peace)와 창성(Prosperity)까지 나타낸다니 다양한 의미를 담을 수 있어 전방위로 홍보할 수 있다.

평창 동계 올림픽 개최는 3번의 도전 끝에 얻은 결과이기에, 그리고 강원도와 강원도민의 꿈과 희망을 이루고자 하는 간절한 바람이 있었기에 이제 "하나된 열정"은 세계와 통하게 되었다.

평창 동계 올림픽을 앞두고 강원도 브랜드를 알리고 강원도의 유무형 자산을 콘텐츠로 공급하는 치밀한 커뮤니케이션과 미디어 전략이 요구된다. 17일간의 대회 기간뿐 아니라 대회 기간 전후로 전 세계의 카메라가 강원도에 집중된다. 중계방송뿐 아니라 그 사이사이에 강원도의 맨얼굴이 노출될 것이다. 자연스럽게 멋진 모습이 연출될 수 있도록 IOC를 위한 방송 지원과 콘텐츠 공급을 빈틈없이 준비하고 VIP와 세계적인 오피니언 리더를 적극 활용할 수 있는 대응 계획이 있어야 한다. 기존에 제안되었던 평화올림픽, 환경올림픽, 문화올림픽, 관광올림픽은 물론이고, 콘텐츠올림픽, 나아가서 브랜드올림픽을 목표로 해야 한다.

올림픽유산위원회가 올림픽 사후를 관리하게 된 것은 매우 바람직하다. 다만, 유산위원회에 못지않게 브랜드의 체계를 구축하고 관리할 조직이 시급하다. 평창, 강릉, 정선은 직접 경기가 열리는 지역이다. 메인 스타디움과 경기장이 있는 평창의 이름이 동계올림픽의 개최 도시로 알려지지만, 빙상경기와 활강경기가 열리는 강릉과 정선의 비중도 무시할 수 없다. 아울러 지역 전체를 대표하는 강원도, 원주, 그 인접 도시에 대한 종합적인 홍보 계획도 필요하다. 각 도시 브랜드 간의 역할을 관리하기 위한 브랜드 전략이 필요하다.

성공적인 올림픽을 위해 '평창 동계 올림픽을 강원도의 힘(HIM)'으로라는 전략을 제안하고자 한다. 평창 동계 올림픽 준비와 개최, 그리고 사후에 유산을 활용해 Health(건강), IT(정보 통신), MICE(마이스 산업)를 강원도의 전략 산업으로 육성하자는 것이다. Health는 '청정 강원'의 바탕이 된다. 특히 평창, 강릉, 정선 등 지역적 특성을 반영해 강원 전체가 건강한 대한민국의 대표로 도약할 기회다. 육체, 정신, 생활의 건강을 위해 원주의 의료기기 산업, 의료관광 산업, 스마트 헬스케어 등 건강 관련 기관과 시설을 유치해 연계가 가능하다. IT는 최근 네이버가 춘천에 세운 강원창조경제혁신센터가 주목된다. 이와 비슷하게 평창에 국내외의 세계적인 IT기업 연구소, 스포츠 과학연구소를 올림픽 시설로 유치할 수 있다. 빅데이터와 연결해 효과를 극대화할 수 있을 것으로 기대된다. MICE 산업도 지켜볼 만하다. 기업의 회의, 포상 관광, 컨벤션과 전시 서비스산업의 요람으로 높은 부가가치가 기대된다. 이제 다시 "하나된 열정"으로 올림픽을 준비하고 이후까지 대비하자. '평창 동계 올림픽을 강원도의 힘(HIM)'으로 만들고, 그 힘이 강원도의 자산이 되도록 지혜를 모아야 할 때다.

올림픽처럼 단기간에 치러지는 세계적인 스포츠 이벤트에 국민은 물론이고 국내외의 참여와 관심을 유도하기 위해 슬로건이 활용된다. 특히 우리나라에서 처음으로 열린 서울 올림픽의 슬로건은 "화합과 전진(harmony and Progress)"이었으며 냉전 이후 동서 화합의 장을 연 것으로 평가되었다. 지난 20년 동안의 동계 올림픽 슬로건을 살펴보면 각 대회가 의도한 비전과 미션 등을 살펴볼 수 있다. 15회 캐나다 캘거리 동계 올림픽(1988년)의 슬로건 "Hot, Cool, Yours"부터 23회 평창 동계 올림픽(2018년)의 슬로건 "Passion Connected"까지 목록을 찾아보면 다음과 같다.

역대 동계 올림픽 슬로건

제15회 캐나다 캘거리 동계 올림픽(1988년)

"Sharing the passion(열정을 나누자)**"**

제16회 프랑스 알베르빌 동계 올림픽(1992년)

"Make the volunteers the professionals and the professionals volunteers(자원봉사자는 전문가처럼, 전문가는 자원봉사자처럼)**,
It's Beautiful that the World Plays**(세계가 함께하는 것은 아름다워라)**",
"The Pride is Alive**(자긍심은 살아 있다)**"**

제17회 노르웨이 릴레함메르 동계 올림픽(1996년)

"From the heart-together with love(진심으로 사랑과 함께)**"**

제18회 일본 나가노 동계 올림픽(1998년)

"From around the world to flower as one(전 세계가 하나의 꽃으로)**,
Let's Celebrate Together**(함께 경축하자)**"**

제19회 미국 솔트레이크시티 동계 올림픽(2002년)

"Light the fire within(내면의 불꽃을 지피세)**"**[인기 여가수 리앤 라임즈(LeAnn Rimes)가 오케스트라와 함께 동명의 노래를 불러 인기를 끌었다.]

제20회 이탈리아 토리노 동계 올림픽(2006년)

"Passion lives here(열정이 살아 숨 쉰다)**, Passion Lives in Torino**(열정이 살아 숨 쉬는 곳, 토리노)**, As Ever Burning Flame**(영원히 타오르는 불꽃)**"**

제21회 캐나다 밴쿠버 동계 올림픽(2010년)

"With glowing hearts(타오르는 열정적인 마음으로)**"**[캐나다 국가 「오 캐나다여 (O Canada)」에 나오는 가사의 일부이기도 하다.]

제22회 러시아 소치 동계 올림픽(2014년)

"Hot, Cool, Yours(뜨거움, 차가움, 모두 그대의 것)**"**

제23회 대한민국 평창 동계 올림픽(2018년)

"Passion. Connected.(하나된 열정)**"**

2부

슬로건의
실제

s when it hits you. You're ready for IBM.

Now... "We love to see you smile"   Where do you wan

Come and live the magic.

Connecting people.

Did somebody say McDonalds?   Life tastes g

do you want to go today?

when it hits you. You're ready for IBM. Better ideas. Driven by y
Now... "We love to see you smile' Where do you want to go today
and live the magic. We bring good things to
nnecting people.
Did somebody say McDonalds? Life tastes good

t to go today?

4장
슬로건 브리프

● ● ○

포지셔닝 스테이트먼트

광고와 캠페인을 만들기 위해 브랜드의 상황 분석과 문제 인식, 정보 탐색과 기획, 아이디어, 전략, 크리에이티브가 필요하다. 상황 분석 이후에 기획과 콘셉트 도출 과정에서 이를 하나의 문장으로 만들어 요약하면 해결할 과제를 정확히 확인할 수 있고, 팀원 간 커뮤니케이션에 도움이 된다. 이를 포지셔닝 스테이트먼트(positioning statement)라고 한다. 캠페인의 기획과 슬로건 작성 과정에서 이를 활용할 수 있는데, 포지셔닝 스테이트먼트는 캠페인이나 광고 전략을 수립하기 전에 브랜드를 이해하기 쉽게 정체성을 설명하고 목표를 명확히 할 수 있다는 장점이 있다. 포지셔닝 스테이트먼트는 브랜드, 목표공중, 차별점, 소구준거, 근거 다섯 가지 요인을 나열해 하나의 문장을 만들면 완성된다.

첫째, 브랜드(brand)는 슬로건이 수식할 기업 브랜드, 제품 브랜드, 캠페인 이름을 쓰면 된다.

둘째, 목표공중(target audience)은 슬로건의 수용자다. 인구통계적인 속성이나 사회심리적인 요인을 요약한다. 또는 라이프스타일이나 가치관을 짧게 적는다. 그 밖에 수용자를 설명할 수 있는 내용이면 된다.

셋째, 차별점(point of difference)은 우리 브랜드와 다른 브랜드와의 차이점이 무엇인지를 밝힌다. 즉, 차별화 전략 측면의 콘셉트를 말한다. USP(unique selling proposition) 전략, 포지셔닝 전략, 이미지 전략 측면에서의 차별성을 제시한다.

넷째, 소구준거(frame of reference)는 차별화의 범위, 즉 브랜드가 추구하는 제품의 범주를 말한다. 수용자가 인식했으면 하는 범위다.

다섯째, 근거(support)는 차별성과 소구준거 등 포지셔닝 스테이트먼트의 주장이 어떻게 가능한지 근거를 밝힌다.

이상의 틀을 이해하고 머릿속에 넣고 있으면 브랜드, 캠페인, 광고를 빠르게 이해할 수 있고, 관련 문제를 해결하기 위한 출발점으로 삼을 수 있다. 슬로건의 기획과 제작 과정에서도 포지셔닝 스테이트먼트는 유용하게 사용할 수 있다.

포지셔닝 스테이트먼트의 내용과 작성 방법은 〈그림 4-1〉과 같다. ①~⑤번까지 빈 괄호의 내용을 채우면 된다. 포지셔닝 스테이트먼트 작성을 연습할 때는 광고를 보고 ①~⑤번의 내용을 적어 보면 된다. 각 항목에 정답은 없으며, 머리에 떠오르는 것을 자유

포지셔닝 스테이트먼트
① 브랜드(brand)
② 목표공중(target audience)
③ 차별점(point of difference)
④ 소구준거(frame of reference)
⑤ 근거(support)

(①   )는   브랜드

(②   )에게   목표공중

(③   )를 제공하는   차별점

(④   )이다   소구준거

왜냐하면, (⑤   )이기 때문이다. 근거

그림 4-1 포지셔닝 스테이트먼트의 내용과 작성 방법

롭게 채워 완성하면 슬로건 작성을 훈련할 수 있다. 〈그림 4-2〉 하이카 광고의 경우, 어머니의 정성과 사랑으로 성장한 성년 운전자를 현대해상의 하이카 자동차보험이 "사고 시에도 끝까지, 사고 후에도 끝까지" 지켜준다는 내용이다. 이 광고의 슬로건은 "마음이 합니다. 현대해상"이다.

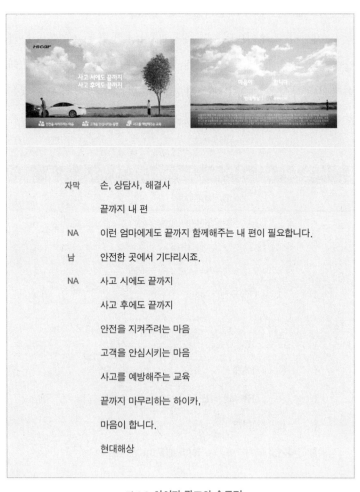

자막	손, 상담사, 해결사
	끝까지 내 편
NA	이런 엄마에게도 끝까지 함께해주는 내 편이 필요합니다.
남	안전한 곳에서 기다리시죠.
NA	사고 시에도 끝까지
	사고 후에도 끝까지
	안전을 지켜주려는 마음
	고객을 안심시키는 마음
	사고를 예방해주는 교육
	끝까지 마무리하는 하이카,
	마음이 합니다.
	현대해상

그림 4-2 하이카 광고와 슬로건

〈그림 4-3〉은 하이카 광고의 포지셔닝 스테이트먼트의 예다.

"(현대해상의 하이카)는

(중년의 어머니)에게

(안전과 안심)을 제공하는

(자동차보험)이다.

왜냐하면 (어머니의 사랑을 잘 알기) 때문이다."

그림 4-3 하이카 광고 포지셔닝 스테이트먼트의 예

● ● ●

브리프

포지셔닝 스테이트먼트는 광고, 캠페인, 브랜드를 쉽고 빨리 이해하도록 도와주는 양식, 문장, 방법론이다. 짧은 문장 하나로 브랜드를 완벽히 알 수 없지만, 기본적인 상황 분석과 문제 인식에는 도움을 준다. 브리프(brief)는 한 페이지짜리 포지셔닝으로 요약되지만, 포지셔닝 스테이트먼트를 바탕으로 전략을 도출하도록 돕는다. 브리프 역시 하나의 양식이자 전략의 방법론이다.

광고 회사 사치&사치(Saachi & Saachi) 사내에서 본격적으로 사용한 브리프 모델의 시작은 한 장의 브리프를 완성하는 것이었다. 브리프의 특징은 말 그대로 '요약'과 '압축'이다. 많은 정보에서 가장 중요한 것을 선택해 단순화한다. '무엇을 말할 것인가?(What to say?)'를 결정하는 콘셉트는 단일한 제안(single minded)이어야 한다고 주장한다. 복잡한 것보다도 단순한 메시지가 기억에 잘 남고 태도를 좋게 하기 때문이다. 로저 리브스(Roser Reeves)도 '독특한 판매 제안(Unique Selling Proposition: USP)'을 강조하고 있다. 단일한 제안(Single Minded Proposition: SMP)은 브리프 모델의 중요한 부분으로 콘셉트를 설명한다. 브리프는 복잡해서는 안 된다. 하나의 메시지만 일관성 있게 지속하고, 반복적으로 제시해야 한다.

브리프 모델은 광고 전략 중 가장 간단하고 명료하며 압축된 내용을 담은 기획서 위주의 모델이다. 브리프란 광고 전략 기획서의 요약이라는 의미다. 광고 회사의 AE가 광고주에게 광고 전략 기획을 브리핑하기 위해 작성한 원고라는 의미다. 일차적으로 브리프 모델은 실질적인 광고물 제작 이전에 팀원을 기획서 양식에 따라 소통할 수 있게 훈련하고 조직하도록 하기 위한 것이다. 또한 제작 시 필요한 필수 항목에 합의하고 광고주의 승인을 도출하기 위한 것이다. 브리프는 콘셉트를 공유하는 내부 문서로 표준화된 커뮤니케이션 수단으로 활용할 수 있다. 마지막으로는 광고물을 평가하는 체크리스트 역할을 한다.

브리프 모델은 브랜드 브리프, 크리에이티브 브리프, 미디어 브리프로 구성된다. 업무 흐름상 브랜드 브리프는 브랜드의 이해를 돕고 거시적인 관점을 갖게 한다. 그다음으로 광고 기획과 제작 단계에서 필수적이며 가장 중요한 크리에이티브 브리프 단계가 있다. 마지막으로 이렇게 만들어진 광고를 적절한 시간과 장소에 집행하기 위한 미디어 브리프가 있다. 보통 '브리프' 또는 '광고 브리프'라고 하면 '크리에이티브 브리프'로 이해하면 된다.

CREATIVE BRIEF

CLIENT	BRAND	SWO NO.
		DATE

CAMPAIGN REQUIREMENT
Campaign, on off ad., no. of ads.

THE TARGET AUDIENCE
Demo graphics, lifestyle, product usage/attitudes

WHAT IS THIS ADVERTISING INTENDED TO ACHIEVE?

THE SINGLE MINDED PROPOSITION

SUBSTANTIATION FOR THE PROPOSITION

MANDATORY INCLUSIONS
Stockist, logos, phone numbers etc.

DESIRED BRAND IMAGE
Friend, sophisticated, contemporary etc.

TIMING OF CREATIVE WORK To Account Group To Client	GROUP ACCOUNT DIRECTOR SIGNATURE

(Saatchi & Saatchi Creative Brief)

그림 4-4 영문 크리에이티브 브리프(사치&사치)

작성자   Planning   _____
                     Creative   _____
                     Account   _____
                     Media   _____

크리에이티브 브리프

Date: _____   Client: _____   Brand: _____

1. 우리는 왜 커뮤니케이션을 해야 하는가? 광고 배경

2. 커뮤니케이션으로 얻게 되는 것의 기대치는 무엇인가? 광고 목표

3. 누구의 행동에 영향을 주고자 하는가? 목표공중

4. 타깃이 우리 브랜드에 대해 분명하게 인식해야 하는 '단 하나'는 무엇인가? 콘셉트_SMP

5. 어떻게 그것이 먹혀 들어갈 수 있나? 소구 근거

6. 우리가 만약 시장점유율을 올린다면 누가 그것을 잃는가? 경쟁자

7. 우리 브랜드의 메시지 색깔은? 계속 유지해야 할 브랜드 자산은? tone/manner_광고

   분위기

8. 그 외에 참고해야 할 중요한 사항이 있는가? 기타 요구 사항

9. 힌트 한마디 Tip

그림 4-5 우리말 브리프

광고 회사에서 사용하는 브리프는 각 회사와 기획을 담당하는 AE마다 조금씩 다르다. 그러나 〈그림 4-5〉의 내용을 토대로 가감해 사용한다.

순서대로 살펴보도록 하자. 광고주는 서비스나 제품에 대해 광고 회사의 대행을 요청하고 나서 오리엔테이션(orientation)을 통해 광고할 제품의 마케팅 전반을 광고 회사에 설명해준다. 광고 회사의 AE는 설명을 듣고 난 후 광고주의 제품에 대해 소비자의 시각

에서 정보를 수집하고 필요에 따라서는 조사를 통해 전략적으로 광고를 기획한다.

AE는 광고주의 입장에서 광고의 기획 방향을 설정하고 브리프를 작성한다. 초안 작업이 끝나면 매체 및 크리에이티브 팀과 협의한 후 브리프를 완성한다. AE가 브리프 초안을 작성하고 크리에이티브 팀과 회의 과정을 거쳐 수정한다. 회사에 따라서는 회의 전과 후에 기획 팀장이나 본부장, 크리에이티브 디렉터의 승인을 거쳐 완성되기도 한다. 완성된 브리프는 의사결정권자인 광고주의 의견을 반영해 최종적으로 브리프를 완성한 뒤 매체 및 크리에이티브 팀에 설명하고 해당 팀에 배포한다.

브리프의 주요 내용

국문 브리프를 중심으로 살펴보면 우선 날짜와 광고주, 브랜드를 기재한다. 관련 부서와 참여한 팀원을 기록할 수도 있다. 브리프의 주요 내용은 1번부터 9번까지 질문에 대해 답을 채우는 것인데 하나씩 살펴보면 다음과 같다.

❶ **광고 배경**: 광고와 캠페인의 기획을 위해 기회와 위협 요인을 살펴본다. 광고를 하게 된 배경을 이해하고 광고를 해야만 하는 이유를 설명한다. 많은 자료와 정보에서 중요한 내용을 정리하고 핵심이 되는 문제점을 도출한다.

❷ **광고 목표**: 광고 목표는 마케팅 목표와 다르다. 광고와 캠페인 이후 달성해야 할 목표를 적는다. 광고 목표는 측정 가능한 커뮤니케이션 목표로 한다. 예를 들면 인지도, 선호도, 태도와 관련된 내용이다. 커뮤니케이션의 문제점과 기회를 활용해 얻게 될 광고의 기대 효과를 밝힌다.

❸ **목표공중**: 목표공중은 광고와 캠페인의 수용자다. 타깃과 브랜드와의 관계를 고려해 목표공중이 어떻게 생각하고 행동하는지를 기술한다. 브리프를 읽는 사람이 머릿속에서 특정한 한 사람을 떠올릴 수 있어야 한다. 인구통계학적인 방법, 사회심리적 접근, 라이프스타일, 가치관 등으로 목표공중을 설정할 수 있다.

❹ **콘셉트**: '무엇을 말할 것인가?(What to say?)'의 문제다. 경쟁 브랜드 대신 우리 브랜드에 대해 확신에 차서 선택하도록 하는 '단일한 제안(SMP)'을 기술한다. 소비자 제안도 여기에 포함된다. 브리프에서 가장 핵심적인 부분이다. 크리에이티브의 힘이 작업 방향이나 각도를 제시해야 한다(김훈철, 1988).

- 가장 중요한 한 가지만을 약속해야 한다. 이 한 가지 약속은 거부할 수 없는 것이어야 한다.

- 단일 소구는 단일 아이디어를 의미하는 것이 아니다. 두 가지 이상의 약속도 하나의 약속으로 묶으면 단일 소구 약속이 된다.

- SMP는 모든 사람을 위한 모든 것이 아니라 전략적 선택을 의미하며, 이러한 전략적 선택은 버릴 것은 과감히 버려야 한다는 뜻이다. 이것은 시장에서 승리할 수 있는 곳에만 집중해 구체적인 약속을 제시하는 것이다.

- 언제나 물리적인 속성만이 소비자와의 약속이 될 수 없다. 즉, 제품의 특성에 따라 심리적인 속성이나 제품의 이미지 자체가 바로 소비자 약속으로 제시될 수 있다. 이러한 것은 소비자의 감정에 소구할 경우 바람직한 상표 이미지 자체가 소비자와 하는 약속의 근거가 된다.

❺ **소구 근거**: '무엇이 소비자를 믿고 확신할 수 있게 하는가'에 대해 구체적으로 밝힌다. 제작 팀이 수용해 아이디어를 내고 크리에이티브를 만들 수 있도록 정확히 표현되어야 한다. 카피의 신뢰성을 위해서도 반드시 필요하다.

- 소비자 제안의 뒷받침: 소비자에게 제안할 콘셉트가 결정되면 그것을 입증할 만한 자세한 증거를 제시해야 한다.

❻ **경쟁자**: 광고를 통해 목표를 달성할 때 직간접으로 영향을 받는 상대다. 보통은 같은 시장 안에 존재하기 때문에 시장점유율을 주고받는 직접적인 경쟁 상대를 일컫는다. 그러나 인식상이나 잠재적인 경쟁 관계도 간접적인 경쟁자가 된다.

❼ **광고 분위기**: 광고 분위기는 광고의 톤 앤드 매너(tone and manner)를 말한다. 목표공중이 브랜드를 연상할 수 있는 기존의 영상과 느낌, 소리 등을 활용할 것인지, 새롭게 만들 것인지를 고려해야 한다. 같은 기업, 같은 캠페인에서는 같은 톤 앤드 매너를 유지해야 한다.

- 바람직한 브랜드 이미지: 광고로 만들어야 할 브랜드에 대한 이미지다.

❽ **기타 요구 사항**: 제작 팀이 꼭 참고해야 할 다른 정보나 자료 또는 광고주나 기획 팀의 요구 사항이 있다면 참고하도록 제시해야 한다.

- 필수적으로 포함할 사항: 광고에 꼭 들어가야 할 내용을 정리해둔다(전화번호, 로고 등). 광고 제작 과정에서 반드시 들어가야 할 메시지와 요소를 기재한다.
- 크리에이티브 작업 시점: 실제로 크리에이티브 작업에 들어가는 시간은 캠페인의 경우 최소 3주 정도는 주어야 한다.

❾ **힌트**: 제작에 도움이 될 만한 힌트나 아이디어를 적는다.

● ○ ○ ○

브리프 사용의 이점

브리프를 작성하면 일곱 가지의 이점을 얻을 수 있다.

첫째, 광고 기획의 방향(광고 목표, 광고 목표 소비자 등)을 광고주와 광고 회사가 서로 명확히 합의함으로써 통일된 광고 전략을 수립할 수 있다.

둘째, 광고 제작에 소요되는 시간을 단축함으로써 제작 담당자가 충분히 시간을 활용하며 아이디어를 낼 수 있으므로 질 좋은 광고가 나올 수 있다.

셋째, 필요 없는 제작을 하지 않으므로 제작비가 절감된다.

넷째, 광고매체와 크리에이티브의 정확한 지침이 있어 심도 깊게 연구할 수 있다.

다섯째, 광고 회사의 광고 기획자로부터 신뢰성을 인정받을 수 있어 광고의 제작과 관리가 용이해진다.

여섯째, 불필요한 광고주의 간섭에서 해방될 수 있다.

일곱째, 최종 광고 결재 시 브리프를 기준으로 광고물을 평가할 수 있어 새로운 의견에 빨리 합의할 수 있고, 본래의 기획 방향과 동일하게 광고를 집행해 광고 목표를 달성할 수 있다.

브리프 사례

다음은 커피 브랜드 TOP의 브리프 사례다. 앞의 브리프 양식과는 세부 항목에서 차이가 있으나 유사한 점도 찾을 수 있다. 서로 비교하면서 살펴보자.

그림 4-6 맥심 T.O.P

❶ **광고의 목적**: 계절 또는 남녀 사이의 광고에서 평범함보다는 무언가 특별한 것을 커피와 연계시켜 강조하고 있다. 예를 들면 TOP가 없는 쓸쓸한 가을, TOP가 없는 키스 등을 강조하면서 연인 사이에 특별한 것을 원할 때는 항상 TOP가 함께한다는 점을 강조한다.

❷ **표적 소비자**: 감성적인 사랑을 꿈꾸는 많은 연인들이다.

❸ **핵심 편익**: 커피 전문점에서 뽑는 에스프레소와 동일한 맛을 그대로 살렸다.

❹ **근거**: 맥심 에스프레소 커피 추출액은 동서식품만의 노하우인 가압 추출 방식으로 뽑아냈고, 해발 1800m 이상의 고지에서 재배한 최고급 원두로 단맛, 신맛, 감칠맛뿐 아니라 향이 뛰어나고 카페인 함량이 적어 진하고 부드러운 커피를 즐길 수 있다. 맥심은 이런 고급 원두만을 100% 사용했다.

❺ **광고 시기**: 제품의 광고 이미지를 감안해 쓸쓸함을 타는 가을이나 따뜻한 커피를 마시고 싶은 겨울을 광고 집행 시기로 정했다. 특히 top 광고를 보면 가을 분위기를 연출한 것이 대부분이다.

❻ **소비자의 기대 반응**: 마치 TOP 광고의 원빈이나 신민아가 된 듯 착각해, 연인과 좀 더 진한 사랑을 나눌 수 있을 것 같은 기대감을 품게 된다.

"New Thinking New Possibilities"

현대자동차 슬로건의 가능성

현대자동차는 2011년 미국 디트로이트 모터쇼에서 새로운 브랜드 콘셉트로 '모던 프리미엄(Modern Premium)'을 발표했다. 이 시대의 고객이 기대하는 것 이상의 새로운 경험과 가치를 현대자동차만의 독창적인 방법으로 더 많은 고객에게 제공하겠다는 의미를 담고 있다. 시대와 고객이 원하는 기대를 뛰어넘는 현대자동차만의 프리미엄적인 경험과 가치를 전달해 고객이 자부심과 감동을 느끼게 하겠다는 의지다.

또한 브랜드 슬로건으로 "New Thinking New Possibilities(새로운 생각. 새로운 가능성)"을 발표해 끊임없는 새로운 생각으로 사람과 세상을 이롭게 만들겠다는 새로운 가치 창출의 의지를 밝혔다. 현대자동차는 2012년부터 이와 같은 브랜드 이미지를 소비자들에게 전달하기 위해 다양한 감성과 경험을 공유하는 삶의 공간(life space)으로서의 현대자동차 이야기를 담은 글로벌 브랜드 'Live brilliant' 캠페인을 전개했다.

브랜드 슬로건으로 "New Thinking New Possibilities"가 등장하게 된 배경을 한 인터뷰에서 확인할 수 있다. 현대자동차와 기아자동차의 광고를 담당한 회사 이노션월드와이드의 제러미 크레이전(Jeremy Craigen) 부사장은 언론과의 인터뷰에서 "현대차와 기아차는 뛰어난 디자인과 기술력에 비해 글로벌 인지도가 낮은 편"이며, "두 브랜드의 포지셔닝을 완벽하게 확립하

---

* 이 글은 위키피디아와 "세계인 공감할 현대차만의 스토리 나온다"(≪중앙일보≫, 2015년 12월 15일 자)를 참고해 구성했다.

는 게 가장 중요시 생각하는 이슈"라고 밝혔다. 그는 "그룹 창업주인 정주영 명예회장의 일대기를 읽고 나서 '해봤어?'라는 도전 정신이 현대자동차의 슬로건인 "새로운 생각. 새로운 가능성(New Thinking. New Possibilities)"의 뿌리라는 것을 이해하게 되었다"라고 말했다. "제조 기업들도 창의력 없이는 성공할 수 없"으며, "새로운 생각으로 무에서 유를 창조한 정주영 회장의 도전 마인드야말로 매우 창의적"이라는 것이다. 광고와 마케팅의 단서도 도전에서 찾았다. "현대차의 브랜드 정서는 '도전과 인간성'이고 올바른 방향으로 가고 있다고 생각한다"면서 "세계 소비자들이 공감할 수 있는 현대자동차만의 '휴먼 스토리'가 나오도록 할 것"이라고 밝혔다. "최첨단 기술이라도 대중의 공감대를 이끌어낼 수 있는 인본주의적 접근으로 시너지를 낼 때 마케팅 효과가 극대화된다"라고 강조했다.

s when it hits you. You're ready for IBM.

Now... ''We love to see you smile'   Where do you wan

Come and live the magic.

Connecting people,

Did somebody say McDonalds?   Life tastes g

do you want to go today?

when it hits you. You're ready for IBM. Better ideas. Driven by y
Now... "We love to see you smile' Where do you want to go today
and live the magic. We bring good things to li
necting people
Did somebody say McDonalds? Life tastes good

to go today?

5장
슬로건 아이디어

● ● ●

아이디어란 무엇인가?

아이디어를 정의해 아이디어에 대한 이해를 돕고, 발상에도 도
움을 주고자 한다. 아이디어란 무엇일까? 유명 광고인 제임스 웹 영
(James Webb Young)은 저서 『아이디어 발상법(A Technique for Producing
Ideas)』에서 아이디어를 "낡은 요소의 새로운 조합(new combination)"이
라고 했다. 비법이나 거창한 의미가 있는 게 아니라 아주 평범함 속
에 비범함이 숨어 있다는 의미다. '새로운 조합'이란 해 아래 새로운
것이 없고 그렇기 때문에 해 아래 모든 것은 재창조된 것일 수밖에
없다는 진리를 말한 것이다. 아이디어는 특별한 사람들만 내는 것이
아니라 누구나 조금만 노력하면 생각해낼 수 있다. 연습만 한다면
아이디어를 만들고 활용하는 데 어려움이 없다. 그러나 최윤식은 사
람들이 아이디어에 대해 몇 가지 오해를 하고 있다고 지적한다.

첫째, 아이디어를 찾으려면 강태공이 아니라 기자나 수사 반장
이 되어야 한다. 당연한 이야기 같지만 카피라이터는 낚싯대를 걸
쳐놓고 아이디어가 잡히기만 기다리는 강태공이 되어서는 안 된
다. 호랑이를 잡으러 호랑이 굴로 들어가는 사냥꾼이나 기자처럼
직접 발로 뛰어야 한다. 수사 반장이 단서를 찾아 문제를 해결하
듯 끊임없이 탐문해야 아이디어를 얻을 수 있다. 좋은 슬로건 아
이디어는 책상 위가 아니라 길 위에서 나온다.

둘째, 아이디어는 무(無)에서 유(有)를 창조하는 게 아니라 유(有)
에서 새로운 유를 창조하는 것이다. 슬로건 제작 과정 역시 작가
의 상상력과 직관이 빚어내는 예술이 아니라 소비자의 문제를 해
결하는 과정이다. 이것은 소비자 욕구와 제품 사이에서 드라마를

찾는 과정이므로, 과거의 원칙이나 공식에만 집착하면 좋은 슬로 건을 만들 수 없다.

셋째, 빅 아이디어는 헤드라인이나 비주얼이 아닌 파는 방법을 발견하는 것이다. 슬로건을 만들 때 아이디어 발상은 그럴듯한 한 마디나 기막힌 문장을 생각해내는 것이 아니다(최윤식, 2003).

광고가 설득의 예술이라면, 카피는 설득의 문학이다. 빅 아이 디어는 말장난이 아니므로 카피라이터는 슬로건을 만들기 전에 설득의 논리를 개발해야 한다.

슬로건 아이디어

앞에서 아이디어는 기자나 수사 반장처럼 발로 뛰고, 유에서 새 로운 유를 창조하며, 파는 방법을 발견하는 것이라고 했다. 그렇다 면 슬로건 아이디어를 얻기 위해 어떻게 정보를 수집해야 하는가?

슬로건 아이디어를 얻기 위해서는 첫째, 제품에 대한 정보를 알아야 한다. 상품의 특징과 이용 정도, 지명도, 가격과 유통 경로, 역사와 기업 내에서의 위치, 브랜드 이미지 등도 확인해야 한다.

둘째, 시장에 대한 정보도 알아야 한다. 경쟁사와 상품의 강점 과 약점, 경쟁 상황, 시장점유율 등을 살펴봐야 한다.

셋째, 소비자 정보를 알아야 한다. 소비자의 인구통계학적인 정보, 구입 정도, 구매 행동 과정, 소비자의 만족 여부 등을 파악해 야 한다.

넷째, 시대적 흐름과 사회·정치·경제·문화적 흐름, 환경과의 연관성을 살펴야 한다.

다섯째, 광고에 영향을 미치는 요인을 살펴야 한다. 여타 프로 모션과 연관성을 확인해야 한다.

여섯째, 기업에 대한 정보를 자세히 알아야 한다.

이 밖에도 제품에 내재한 드라마 찾기, 소비자의 숨겨진 욕망 찾기, 미디어 안에서 힌트 찾기 등도 슬로건 아이디어 개발에 도움이 된다. 이상의 아이디어 찾기 과정을 정리하면 〈표 5-1〉과 같다. 제품 개발자와 마케터에 의해 제품 아이디어로부터 제품과 브랜드가 만들어지고, 광고 담당자는 브랜드의 콘셉트를, 카피라이터는 아이디어 발상으로 브랜드 슬로건을 만든다. 요약하면 제품의 속성(attribute)은 소비자 혜택(benefit)으로 설명될 수 있다. 슬로건 아이디어의 발상과 슬로건 제작 과정은 예술보다는 과학, 감성보다 이성적인 접근이 필요하다.

표 5-1 제품 개발, 브랜드 아이덴티티, 브랜드 슬로건 접근 방법

목표	담당자	사고 과정	주요 내용
제품 개발	제품 개발자	제품 아이디어	생산: 소재의 선택, 성능과 품질의 결정, 서비스의 결정, 스타일의 결정, 컬러의 결정
브랜드 아이덴티티	광고 담당자	브랜드 콘셉트	마케팅: 마케팅 믹스 전략, 타깃 전략, 포지셔닝 전략, 상품 판매 계획 전술의 결정, 가격 전술, 판매 전술, 광고, SP 전술 결정
브랜드 슬로건	카피라이터	아이디어 발상	캠페인: 패키지의 결정, 이름 짓기, 카피 발상 및 표현, 디자인 표현, 레이아웃 결정

● ● ●

아이디어 발상법

체크리스트 발상법

아이디어 발상법 중 하나인 브레인스토밍(brainstorming)의 창시

자 알렉스 오즈본(Alex Osborn)이 고안한 9가지 체크리스트 발상법은
질문을 통해 쉽게 발상을 전환할 수 있도록 만들어졌다.

❶ 다른 용도를 생각한다

변경하지 않고 새로운 용도로 쓸 수 없을까, 개선이나 개량으로 쓸 수 있
는 방법은 없는지 생각해본다.

❷ 다른 아이디어를 빌려본다

이것과 비슷한 다른 것은 없는가, 뭔가 다른 아이디어를 반영할 수 없는
가? 따라 할 수 있는 방법을 생각해본다.

❸ 바꾸어본다

의미, 색, 움직임, 소리, 향기, 양식, 모양 등을 바꾸어 생각해본다.

❹ 확대해본다

더 크고, 강하고, 높고, 길고, 두껍게 해본다. 시간, 빈도, 부가가치, 재료
를 더 늘린다.

❺ 줄여본다

더 작게, 가볍게, 낮게, 짧게 줄여본다.

❻ 대체한다

다른 것으로 대체해본다. 소재와 접근 방법을 달리해본다.

❼ 교체한다

요소를 바꾸거나 레이아웃, 순서를 바꾸어본다.

❽ 뒤집어본다

뒤집어 생각해본다. 상하좌우를 바꾸거나 역할을 바꾸어본다.

❾ 결합한다

합쳐보고 섞어본다. 단위와 목적의 결합을 생각해본다.

오즈본은 창의성과 칭찬의 관계를 이렇게 설명했다. "창의성은 민감한 꽃과 같아, 칭찬은 창의성을 꽃피우지만 비난은 창의성의 싹을 자른다. 노력이 진심으로 평가될 때 사람들은 더 좋은 아이디어를 만들어낸다." 칭찬의 가장 큰 매력은 '변화'의 원동력이라는 것이다.

수평적 사고

영국의 생태심리학자 에드워드 드보노(Edward Debono)는 인간의 사고방식에는 수직적 사고와 수평적 사고, 이 두 가지가 있다고 했다. 수직적 사고는 어느 기성 개념 안에서의 수직적 발전이며, 수평적 사고는 기성의 지식에 의존하지 않고 시점을 바꿈으로써 해답을 이끌어내는 사고법이라는 것이다. 수직적 사고가 기존의 지식과 경험에 비추어 논리적으로 옳고 그름을 판단하는 사고라면, 수평적 사고는 이미 형성된 인식 패턴을 깨뜨리고 새로운 인식과 개념을 끄집어내 변화를 찾는 사고를 말한다.

수직적 사고는 전통적인 사고로 논리적이다. 하나의 사고가 연속적으로 한 정보에서 다음 정보로 발전하기 때문에 수직적이라고 한다. 일반인들은 학교교육을 통해 수직적 사고에 익숙해져 있어서 이 사고의 틀에 갇혀 있다. "눈이 녹으면 어떻게 되죠?"라는 질문에 '물'이라고 답하는 사람과 '봄'이라고 답하는 사람이 있다면, 전자는 수직적 사고, 후자는 수평적 사고의 소유자라고 할 수 있다(최윤식, 2003). 둘은 상호 보완 관계이며 수평적 사고의 원칙은 ① 창조적 활동에 크게 장해가 되는 기성 개념을 발견해 제거한다, ② 여러 사물 관찰법을 탐구한다, ③ 새로운 아이디어를 만들어내는 경우에는 쓸모없는 수직적 사고에서 탈피한다.

때때로 좋은 아이디어는 뭔가에 집중하는 상황에서 탈피할 때 생겨난다. 스스로의 제약에서 벗어나 새로워질 때 크리에이티브가 생겨날 수 있음을 수평적 사고에서 배울 수 있다.

브레인스토밍

브레인스토밍은 자유연상법에 속하는데, 개발자 오즈본은 이 기법을 '조직적인 아이디어 창출법'으로 처음 사용했다. 현재 세계에서 가장 많이 사용되는 기법 중 하나로 광고 회사 등 소프트한 조직을 위해 개발되었다.

브레인스토밍의 4가지 원칙

브레인스토밍을 위한 기본 원칙 4가지는 다음과 같다. 첫째, 다른 사람의 발언을 비판하지 않는다. 자연스럽고 편안한 회의가 되도록 내용을 지적하지 않는다. 둘째, 자유분방한 발언을 환영한다. 말이 되지 않는 내용도 적극 환영한다. 셋째, 질보다 양을 중요시한다. 아이디어의 수를 늘리기 위해 발언을 평가하지 않는다. 넷째, 다른 사람의 아이디어에 무임승차한다. 상승효과를 낼 수 있도록 서로의 아이디어를 발전시킨다.

브레인스토밍을 잘하기 위한 7가지 비결

브레인스토밍을 잘하기 위한 7가지 비결은 첫째, 초점을 명확히 한다. 분위기가 조성되면 본격적인 브레인스토밍을 위해 주제를 상기한다. 둘째, 놀이하는 기분으로 참가한다. 일이 아니라 편안한 대화가 되도록 한다. 셋째, 아이디어의 수를 헤아린다. 많은 수의 아이디어가 나올 수 있도록 한다. 넷째, 힘을 축적해 도약한다. 집중력을 발휘해 아이디어를 발전시킨다. 다섯째, 장소는 기억을 일깨운다. 회의에 적합하고 편안한 장소와 분위기를 준비한다. 여섯째, 정신의 근육을 긴장시킨다. 일곱째, 신체를 사용한다. 보드, 회의 테이블뿐 아니라 비언어적인 커뮤니케이션으로서 신체 언어를 활용한다.

브레인스토밍을 할 때 주의할 점

브레인스토밍에서 몇 가지 주의할 점으로는 첫째, 다른 사람의 발언과 의견에 전적으로 편승해야 한다. 둘째, 아이디어가 좋은지 평가하지 않는다. 셋째, 타인의 의견이 하찮을지라도 칭찬한다. 넷째, '기브 앤드 테이크(Give & Take)' 원칙에 맞게 모든 참가자에게 기회를 준다. 다섯째, 다른 사람의 아이디어를 발판 삼아 자신의 아이디어를 덧붙인다. 여섯째, 서로의 차이를 즐기면서 회의한다. 일곱째, 자신이 논의의 주역이 되겠다는 의지로 적극 참여한다.

만다라트

만다라트는(Mandal-Art)는 1987년 일본의 디자이너 이마이즈미 히로아키(今泉浩晃)가 개발한 발상법이다. 목적을 달성하는 기술이라는 뜻으로 manda+la+art가 결합된 용어다. manda+la는 목적을 달성한다는 뜻이고, mandal+art는 목적을 달성하는 기술, 즉 그 툴을 의미한다. 아홉 개의 사각형으로 나뉘어 있는 커다란 정사각형이 만다라트인데, 머릿속의 생각이 일직선이 아니라 사방팔방, 거미줄 모양으로 퍼져나가는 것에서 착상한 것이다. 이렇듯 머리의 움직임을 그대로 따라 하는 생각의 도구가 만다라트다.

만다라트의 장점은 첫째, 머릿속에 있는 정보와 아이디어를 간단한 힌트와 포맷을 통해 밖으로 끌어낸다는 점이다. 둘째, 참여하는 인원이 늘어나면 늘어날수록 그만큼 많은 아이디어가 나온

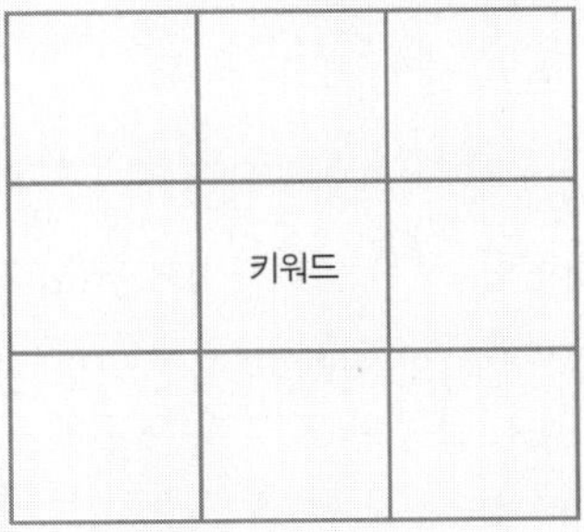

그림 5-1 만다라트 정사각형

다. 셋째, 아이디어의 재료가 한 테이블에 있기 때문에 하나하나 생각할 필요 없이 발상이 가능하다. 넷째, 나선형 구조로 움직이므로 머리 구조에 가장 적합하며, 다섯째, 펼쳐진 아이디어들로 새로운 아이디어를 조합할 수 있다.

일본에서는 관련 서적이 여러 차례 출판되어 선풍적인 인기를 끌었다. 생각을 확장하고 목표를 잘게 쪼개 체계화하는 효과가 있다고 해서, 이른바 '소망을 이뤄주는 마법의 상자'라고도 한다. 만다라트의 효과는 머릿속에 있는 정보와 아이디어의 힌트를 간단한 포맷을 통해 놀랄 만큼 다양하게 끌어낸다는 것이다. 모인 인원이 불어날수록 정리할 수 없을 만큼 많은 아이디어가 나올 수 있다. 아이디어의 재료가 하나의 테이블에 있기 때문에 일일이 생각할 필요 없이 쉽게 아이디어가 나온다. 나선형 구조이므로 움직이는 머리 구조에 가장 적합한 생각의 도구다. 펼쳐져 있는 아이디어를 통해 다채로운 아이디어 조합의 묘미를 느낄 수 있다.

발상의 순서는 첫째, 아홉 개로 나눈 정사각형을 그린다. 둘째, 중앙에 첫 번째 아이디어를 적는다. 셋째, 첫 번째로 적은 아이디어 주변에 여덟 개의 연상 아이디어를 적는다. 넷째, 1부터 8번 아이디어를 다른 정사각형에 옮겨 적는다. 다섯째, 8개의 아이디어를 주제로 다시 생각과 아이디어를 적는다.

가령 일본의 프로야구 투수 오타니 쇼헤이(大谷翔平)는 고등학교 1학년 때 장래희망을 만다라트로 표현한 적이 있다. 일본 최강의 괴물 투수가 된 그는 만다라트로 아이디어의 발상은 물론이고 본인의 비전과 목표를 정해 실천했다.

오타니는 하나마키히가시(花卷東) 고등학교 야구부 시절 목표를 만다라트에 적으라는 감독의 지시를 받고 만다라트를 작성한다. 그는 고등학교 1학년 때 '8구단 드래프트의 1순위가 되겠다'는 목표를 세웠다. 그리고 이를 이루는 데 필요한 아이디어 여덟 개를 정했다. 오타니는 체력, 구위, 스피드, 변화구 등 투수로서 갖추어야 할 조건뿐만 아니라 인성, 정신력, 운까지도 아이디어로 떠올렸다. 결국 드래프트 1순위라는 목표에 도달하기 위해 총 72개의 세부적인 아이디어를 실천해 목표를 이뤘다.

발상 5단계

앞서 아이디어를 정의했던 제임스 웹 영의 발상 5단계는 가장 대표적인 아이디어 발상법 중 하나다. 각각을 잘 이해하고 발상 과정에 활용하면 광고 아이디어는 물론이고 슬로건이나 카피를 작성할 때도 좋은 결과를 얻을 수 있다.

1단계 자료 수집(Ingestion)

먼저 도움이 될 모든 것을 수집한다. 자기 자신의 마음속에서 시작해 모든 서류와 자료를 찾아 모으는 단계다.

2단계 소화 단계(Digestion)

모든 정보를 검토해 서로 관련이 있거나 해결해야 할 문제를 생각해본다. 말 그대로 섭취된 내용을 잘 소화해서 내 것으로 만드는 단계다.

3단계 숙성 단계(Incubation)

문제를 잊어버리고 다른 일을 한다. 집중에서 벗어나 무의식 상태에서 자유롭게 휴식 시간을 갖는다. 암탉이 알을 품는 것처럼 인내가 필요한 시간이다.

4단계 유레카 단계(Illumination_Eureka)

어느 순간에 아르키메데스(Archimedes)가 외쳤던 것처럼 번쩍하고 머릿속을 스치는 생각이 떠오를 때가 있다. 이것은 전혀 예기치 못했던 시간과 장소에서 경험하게 된다.

5단계 아이디어 정리 및 개발 단계(Verification)

좋은 아이디어는 콘셉트와 잘 맞아야 한다. 당장 좋아 보인다고 모두 빅 아이디어라고 할 수 없다. 다른 관점에서 타인의 눈으로 한 번 더 아이디어를 검증할 필요가 있다.

이 5단계를 반복해 익숙해지면 매우 짧은 시간에, 효과적으로 아이디어를 발상할 수 있게 된다.

아이디어란 새로운 결합이며, 새로운 결합을 만드는 능력은 관계성을 찾는 능력에서 키워진다고 말한다. 체계적으로 생각의 자료를 모으지 않고 영감이 떠오르기를 기다리는 것은 어리석은 일이다. 그다음은 자료를 충분히 검토해야 한다. 그런 다음, 그 주제를 완전히 잊는 것이다. 아이디어는 무의식 속에서, 그야말로 갑자기 엉뚱한 상황에서 떠오른다. 광고인은 마치 한 마리의 젖소라고 볼 수 있다. 젖소가 풀을 먹어야 우유를 만들어내듯 광고인도 머릿속에 든 것이 있어야 아이디어를 짜낼 수 있다는 말이다. 열심히 풀을 먹어대는 소가 튼튼하고 새끼도 잘 낳으며 우유를 많이 생산하듯, 모름지기 광고인도 지식 앞에서는 탐욕스러운 사람이 되어야 한다(영, 1991).

슬로건 발상에 적용

체크리스트 발상법, 수평적 사고나 브레인스토밍, 만다라트, 발상 5단계와 같은 아이디어 발상법을 잘 알고 있으면 과연 슬로건이 잘 써지는 것일까? 그렇지 않다. 발상법은 하나의 모델을 제시할 뿐 답을 주지는 않는다. 본인에게 적합하고 과제에 적합한 방법을 선택해 제한된 시간과 여건 속에서 효율적으로 활용해야 한다. 발상 5단계를 예로 들어보자.

첫째, 자료 수집 단계

회의를 마치고 손에 크리에이티브 브리프가 쥐어져 있다면 맨 처음 해야 할 것은 무엇인가?

정보를 수집하는 것이다. 정보는 '불확실성을 줄여주는 것'으로 다양한 경로를 통해 정보를 탐색해야 한다. 이 경우 본인만의 아이디어 노트가 있다면 좋을 것이다. 기자의 취재 수첩처럼, 시사 상식에서 아이디어 스케치까지 평소에 중요한 내용은 기록한다.

많은 자료를 온라인 검색으로 얻을 수 있다. 전문 자료 역시 단행본이나 보고서로 공개된 2차 자료를 도서관에서 얻을 수 있다. 기업, 경쟁사, 과거의 광고, 소비자와 미디어를 입체적으로 살펴보고 추가 정보를 탐색해야 한다. 평소에 좋은 슬로건을 메모해놓거나 자료를 정리해놓았다면 자료 수집에 도움이 된다.

둘째, 소화 단계

자료가 충분히 모아졌다면 이를 잘 분석해야 한다. 맛있게 차려진 음식을 잘 먹고 내 것으로 만들어야 한다. 어렵게 얻은 정보를 쌓아놓기만 하는 것이 아니라, 자료와 정보를 제대로 살펴 통찰력을 갖고 시사점을 찾아야 한다. 자료만 쌓아놓고 한 번도 제대로 살피지 못한다면 없는 것만 못하다. 취사선택을 통해 옥석을 가려 제대로 이해해야 활용이 가능하다.

셋째, 숙성 단계

김치도 익는 시간이 필요하듯 좋은 카피, 좋은 슬로건의 발상도 시간이 필요하다. 열심히 준비했다면 잠시 뜨거워진 머리를 식힐 필요가 있다. 잠시 문제에서 벗어나 시간을 보낸다. 외출을 하거나 관련 없는 일로 잠시 시간을 보낸다. 적절한 시간 안에 숙성 단계를 마쳐야 한다.

넷째, 유레카

아르키메데스가 "나는 발견했다!"라고 외쳤던 순간처럼 번뜩하고 아이디어가 떠오르는 순간이 있다. 이때를 놓치지 말고 메모하고 기록해야 한다. 메모지와 필기구를 항상 휴대하는 습관이 필요하다. 스마트폰 카메라로 즉시 사진을 찍거나 음성이나 소리를 녹음하고 메모장을 이용해 수시로 저장하는 것도 좋은 방법이다.

다섯째, 검증 단계

4번째 단계에서 얻은 아이디어는 반드시 리뷰(review) 단계를 통해 검증해야 한다. 적절한 아이디어인지, 실현 가능하고 경쟁력 있는 슬로건인지를 팀원과 크리에이티브 디렉터에게 확인하는 과정을 거쳐야 한다. 종종 아이디어를 위한 아이디어가 보이는 것은 검증 단계를 제대로 거치지 않았기 때문이다.

시인의 발상법

황인원이 지은 『감성의 끝에 서라』(21세기북스, 2014)에 소개된 아이디어 발상법으로, 그는 시인의 눈으로 세상을 새롭게 바라보아 사물의 마음을 이해하라고 권한다. 대상의 진정한 가치를 알려면 자세히 보고 오래 보아야 한다면서 시인의 '공감' 능력을 강조한다. 예를 들어 나태주 시인은 「풀꽃 2」에서 다음과 같이 한 포기 풀과 대화를 시도했다.

> 이름을 알고 나면 이웃이 되고
> 색깔을 알고 나면 친구가 되고
> 모양까지 알고 나면 연인이 된다
>
> ......
>
> 「풀꽃 2」(나태주, 2013)

시인이 시를 쓰는 것처럼 융합으로 새로움을 찾는 방법이다. 아이디어를 얻기 위해 시인처럼 되려면 사색, 관찰, 질문, 통찰이 필요하다고 주장한다. 구체적으로는 오감법(五感法), 오관법(五觀法), 오연법(五聯法), 오역법(五逆法) 네 가지를 제시했다.

첫째, 오감법의 핵심은 공감 능력이다. 감성의 눈으로 남들이 보지 못한 이면을 보는 법이다.

둘째, 오관법은 시인의 눈으로 관찰하기다. 관찰의 눈뜨기로 사물을 사람으로 간주해 사물의 마음을 보는 의인화법이다.

셋째, 오연법은 서로 다른 두 개념을 연결한다. 연결과 융합의 눈뜨기로 가능한 한 유사점을 발견하는 법이다.

넷째, 오역법은 거꾸로 생각해보기다. 역발상에 의한 아이디어 발상법으로 문제를 해결한다.

오감법에 의한 발상으로는 포스코와 롯데칠성의 슬로건을 들 수 있다. 포스코의 "소리 없이 세상을 움직인다"라는 슬로건은 우리 사회의 보이지 않는 곳에서 철이 하는 역할과 가치를 설명한다. 롯데칠성 '2% 부족할 때'의 "사랑은 언제나 목마르다"는 사랑의 낭만적인 모습의 이면에 있는 아픔을 슬로건에 담았다.

소리 없이 세상을 움직인다	포스코
사랑은 언제나 목마르다	롯데칠성 2% 부족할 때

오관법에 의한 발상으로는 삼성전자와 LG의 슬로건이 있다. 삼성전자의 "난 당신의 스마트 TV니까"는 첨단 스마트 TV의 자부심을 분명히 드러냈다. "사랑해요. LG"는 기업을 사람과 교감할 수 있는 인격체로 의인화해 표현했다.

난 당신의 스마트 TV니까	삼성전자 스마트TV
사랑해요. LG	LG그룹

오연법에 의한 발상으로는 대한항공과 삼성전자의 슬로건이 있다. 대한항공의 "우리의 날개"는 하늘을 나는 비행기와 대한민국을 대표하는 국적기를 날개로 연결해 표현했다. 삼성 마이마이

의 "좋은 소리에는 군살이 없다"는 오디오 사용자의 마음을 읽어 잡음 없이 맑고 깨끗한 음질을 군살 없는 인체와 연관시켰다.

우리의 날개	대한항공
좋은 소리에는 군살이 없다	삼성전자 마이마이

오역법은 역발상에 의한 아이디어 발상법으로 슬로건을 비롯해 광고 카피에 자주 등장한다. 에이스침대와 해태음료의 슬로건이 대표적이다. 성공 캠페인으로 자주 소개되는 두 슬로건은 역발상에 의해 만들어졌다. 에이스침대의 "침대는 가구가 아닙니다"는 침대가 가구라는 소비자의 보편적 인식을 뒤집어 가구가 아니라는 재포지셔닝을 시도했다. 써니텐은 과즙 음료이므로 침전물이 생기는 문제점을 "흔들어주세요"라는 슬로건으로 해결했다.

침대는 가구가 아닙니다	에이스침대
흔들어주세요	해태음료 써니텐

아이디어 발상은 슬로건을 비롯한 광고 제작과 카피 작성을 위해 반드시 필요한 과정이다. 각 방법에 익숙해질 수 있도록 노력이 필요하다. 생활 속에서 좋은 슬로건을 보면 이를 옮겨 적어보고 내 것으로 바꾸어보는 것도 도움이 된다. 나라면 다른 어떤 아이디어를 낼 것인가? 슬로건을 보면서 스스로에게 질문하는 것도 좋은 공부 방법이다.

Creative PEOPLE . . .

1. easily bored
2. risk takers
3. color outside the lines
4. think with their heart
5. make lots of mistakes
6. hate the rules
7. work independently
8. change their mind alot
9. have a reputation for
   eccentricity
10. dream big

www.Facebook.com/oliveruedesign

그림 5-2 창의적인 사람의 특징

1. 지루함을 못 참는다.

2. 위험을 무릅쓴다.

3. 남다른 생각을 한다.

4. 가슴으로 생각한다.

5. 실수가 많다.

6. 규칙을 거부한다.

7. 혼자서도 잘해낸다.

8. 소비자를 설득한다.

9. 비정상이라는 소리를 듣는다.

10. 꿈이 크다.

"사람, 사랑"

삼성생명 슬로건의 휴머니즘

　　삼성생명은 고객 사랑에 정성을 다해 글로벌 일류 기업으로 도약하겠다는 의지로 "사람, 사랑 삼성생명"이라는 슬로건을 내걸었다. 창립 54주년 기념식에서 '보험은 사랑이다'라는 의미로 슬로건을 선포한 것이다. "사람, 사랑"은 보험의 본질은 사랑이라는 뜻으로, 어려울 때 이웃들과 아픔을 나누는 상부상조 정신에서 출발한 보험의 의미를 되새기자는 뜻이었다. 예를 들어 종신보험은 가장이 없을 때 남겨진 가족에 대한 사랑에서 시작되며, 질병보험, 재해보험 등은 자기 자신에 대한 사랑에서 출발한다는 것이다.

　　이 슬로건에는 고객에게 사랑을 전하는 기업으로 거듭나겠다는 삼성생명의 비전이 담겨져 있다. 국가고객만족도지수(NCSI) 7연패 등 그동안에도 고객으로부터 크게 인정을 받았지만, 고객 사랑의 정신으로 한 단계 성장하겠다는 의지를 표명했다. 사랑하는 가족과 이웃을 대하는 마음으로 모든 고객을 사랑과 정성으로 대한다면 삼성생명은 글로벌 일류 기업으로 도약할 수 있다는 각오가 담긴 슬로건이다.

　　이밖에도 삼성생명은 브랜드 론칭 시점에 맞춰 모든 임직원과 컨설턴트가 참여하는 '자원봉사대축제'를 진행했다. 이 축제에서는 도시와 농촌 간의 도농 상생을 실천하는 농촌 봉사활동이 집중적으로 전개되었다. 슬로건은 TV 광고를 통해서도 브랜드 인지도 확산에 활용된다. 삼성생명은 박태환이 출연한 '박태환의 사랑 이야기' 편 광고를 내보낼 때 "제가 사랑 이야기 하나 해드릴까요?"라는 티저 광고로 호기심을 불러일으킨 뒤, 박태환의 과거 사진을 보여주는 '가족사진' 편을 통해 가족에 대한 사랑을 표현했다.

* 이 글은 "삼성생명, 보험은 사랑 새 브랜드 선포"(≪머니투데이≫, 2011년 5월 4일 자)를 참고해 구성했다.

6장

슬로건 전략

● ● ●

슬로건 전략

잘 쓰기 위해서는 "글쓰기의 3多(다)"와 같이 많이 읽고(多讀) 많이 생각(多商量)하고 많이 써(多作)보는 연습이 필요하다. 슬로건 하나를 만들려면 1000개의 아이디어를 떠올리고 거기에서 100개의 습작을 뽑고, 다시 10개의 시안이 만들어지면 마지막으로 1개의 슬로건이 선택되어 실제로 사용된다. "카피라이팅의 1111"은 그만큼 많은 양의 생각과 읽기, 쓰기를 요구한다. 슬로건을 만들 때는 양과 질에서 부단한 노력이 필요하다. 슬로건 역시 카피의 한 부분이므로, 카피라이팅의 ABC, 카피 플랫폼, 카피 포맷에 대해 알아보는 것도 도움이 된다.

카피라이팅의 ABC

영어 알파벳의 기초를 흔히 ABC라고 하는 것처럼 카피라이팅에도 ABC가 있다. 카피가 가져야 할 기본적인 속성을 말하는 것으로 A는 attention(주목)이다. 슬로건과 카피에서도 수용자의 주목을 이끌어내는 것이 중요하다. 기념사진을 촬영할 때 사진사가 "여기를 보세요, 하나 둘 셋" 하는 것처럼 카피는 사람들의 눈과 귀를 끌수 있어야 비로소 제 역할을 할 수 있다. 눈과 귀를 이끌어 사람들에게 읽히지 않고 들리지 않는다면 카피라고 할 수 없다. 카피는 단순히 문장이나 소리에 머물러서는 안 된다. 하루에도 수많은 슬로건과 광고 메시지를 접하기 때문에 주목의 문제는 카피가 맡아야 할 가장 중요한 역할이다. 또 다른 A는 accordance(조화)다. 카피와 콘셉트의 조화, 카피와 비주얼의 적절한 상호작용은 주목뿐만 아니라, 사람들의 기억을 높이는 데 사용되어 광고효과를 높일 수 있다.

B는 benefit(혜택)다. 주목한 이후에는 약속을 해야 한다. 구체적으로 무엇을 주어야 한다. 혜택은 이익 또는 심리적 보상이 될 수도 있는데, 이로써 소비자 만족을 확실히 제공해야 한다. 소비자에 대한 약속을 반드시 담고 있어야 한다. 사람들은 쉽게 마음을 움직이지 않는다. 그렇지만 본인의 지갑과 관련된 얘기라면 귀담아 듣는다. 또 다른 B는 brevity(간결성)다. 간결하면 정보처리가 쉽고 빠르게 이뤄진다.

C는 creativity(창의성)다. 사람들의 관심을 이끌 수 있는 적절하고 독창적이며 힘 있는 아이디어가 필요하다. 아무리 좋은 카피라고 해도 콘셉트와 아이디어가 잘 맞아야 창의적인 카피가 된다. 이 때문에 창의성의 문제는 광고의 성패를 좌우할 중요한 요인이므로 카피 작성 시에 반드시 살펴봐야 한다. 또 다른 C는 clarity(명료성)다. 모호하지 않고 명확해야 한다.

카피 플랫폼

카피 발상의 기본이라 할 수 있는 카피 플랫폼(Platform)은 광고의 목적이나 기획에 따라 카피라이터가 작성해야 하는 표다. 제품이 주는 이점을 제품의 특징으로 증명한, 카피의 '대차대조표'다. 다시 말해 환승을 위해 버스 정류장에 있는 지하철 승강장과 같다. 기본적인 제품 속성에서 출발해 소비자의 혜택으로 바꿔 타는 것이다. 마케팅과 커뮤니케이션 경쟁이 치열하지 않았던 과거에는 자사 제품의 장점만 전달해도 충분했지만, 제품 품질로 차별화하기 어려운 최근에는 구체적인 이익을 제시해야 효과적이다.

예를 들어 화장품 광고에서 제품이 멜라닌 케어로 투명도가 증가하고 2톤업 해서 잡티 걱정 없이 깨끗하게 피부를 관리하는 에센스가 소비자에게 주는 '제품의 특장점'은 '피부 개선'이지만, 이것보다는 환한 피부 미인으로 보여 '사람들의 부러움'을 산다는 것이 '소비자 이익'으로 전달되어야 한다. 따라서 카피를 잘 쓰기 위해서는 이런 플랫폼을 잘 활용해야 한다〈표 6-1〉 참고).

표 6-1 카피 플랫폼

attribute (속성)	⇨	benefit (혜택)
제품 특장점	⇨	소비자 이익
멜라닌 케어로 피부 투명도 증가 (깨끗한 피부)	⇨	사용 화장품에 대한 주위의 질문 (사람들의 부러움)

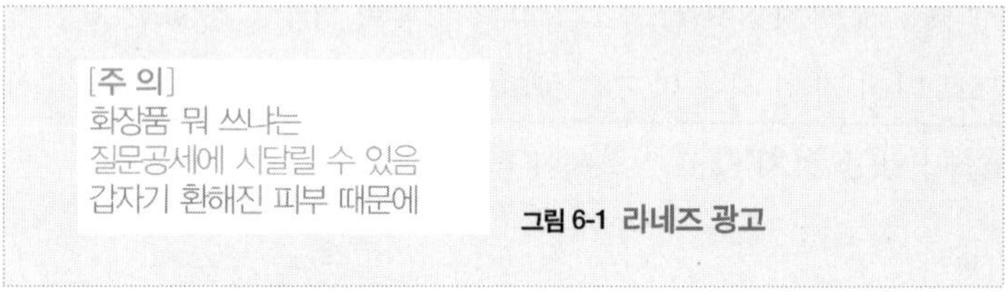

[주 의]
화장품 뭐 쓰냐는
질문공세에 시달릴 수 있음
갑자기 환해진 피부 때문에

그림 6-1 라네즈 광고

카피 포맷

캠페인 안에서 슬로건과 카피가 일정한 형식을 유지해야만 하나의 캠페인으로 인지된다. 카피 포맷(format)은 하나의 흐름을 이루는 광고캠페인, 또는 시리즈 광고에서 기준이 되는 카피의 전체적인 틀이나 구조를 정하고 이를 적용하는 것이다. 하나의 패턴을 마련해두면 한정된 예산으로 더 효율적인 광고 집행을 할 수 있다. 일정한 형식을 유지하는 것은 광고의 일관성 차원에서 소비자에게 효과적으로 전달된다는 장점이 있다. 이것은 카피만의 문제

그림 6-2 지퍼락 용기 캠페인 잡지 광고

가 아니라 비주얼이나 컬러, 기타 디자인 요소의 아이덴티티와도 관계가 있다. 캠페인 안에서 카피 포맷은 꼭 지켜져야 한다.

지퍼락 용기의 잡지 광고에는 "지퍼락이니까"라는 헤드라인을 일관되게 사용했으며, 바디카피도 "다시 써도 깔끔하게", "전자렌지에도 안전하게", "꽉 잠겨서 확실하게", "냉동실에도 거뜬하게" 등과 같이 일정한 형식을 유지하고 있다. 이처럼 카피의 일정한 형식을 카피 포맷이라고 한다. 지퍼락의 사례처럼 비주얼과 레이아웃의 아이덴티티와 함께 카피 포맷은 캠페인의 기본 가이드라인이다.

● ● ●

오길비의 글쓰기

슬로건은 이렇듯 카피라이팅의 ABC, 카피 플랫폼, 카피 포맷을 이해한 상태에서 만들어야 한다. 역할은 다르지만 카피라이팅과 같은 원리와 방법으로 접근해야 한다. 좋은 슬로건을 쓰기 위해서는 좋은 콘셉트의 발견과 아이디어, 카피 작성 능력이 필요하다. 오길비앤매더(Ogilvy & Mather)의 설립자이자 카피라이터로 성공했던 오길비•는 『어느 광고인의 고백(Confessions of an Advertising Man)』에서 "더 좋은 광고를 만들고 오길비앤매더에서 성공하기 위해서는 발상과 제작 능력이 뛰어나야 합니다. 좋은 제작 능력은 타고나는 것이 아니라 노력을 통해 얻을 수 있습니다"라면서 다음과 같이 카피라이팅 방법을 이야기했다.

첫째, 글쓰기에 관한 책을 읽는다.

둘째, 대화하듯 쓴다. 자연스럽게 쓴다.

셋째, 간결한 단어, 문장, 단락을 사용한다.

넷째, 어려운 전문 용어를 절대 쓰지 않는다. 바보들의 전형적인 특성이다.

다섯째, 어떤 주제든 2페이지 이상 쓰지 않는다.

여섯째, 인용구를 체크한다.

일곱째, 작성한 직후에 보내지 말 것! 확인과 수정이 필요하다.

여덟째, 중요한 글이면 다른 사람의 교정을 받는다.

아홉째, 보내기 전에 주요 메시지가 분명한 것인지 확인한다.

열째, 실천을 원하면, 글을 쓰지 않고 직접 말한다(김동규, 2014).

• 세계 최대의 광고 회사 중 하나인 오길비앤매더의 창업주로 독창적인 광고카피와 브랜드 이미지 전략으로 잘 알려져 있다. 영국에서 태어나 어린 시절 경제적인 어려움 속에 성장했으며, 옥스퍼드 대학교를 중퇴한 후 요리사와 외판원으로 사회생활을 시작했다. 제2차 세계대전 중 영국 정보부에서 근무했으며, 이후 미국으로 건너가 갤럽에서 광고 조사의 중요성을 경험하고 1964년 오길비앤매더를 창업했다. 뛰어난 카피라이터인 그는 광고회사 사장을 역임하면서 헤서웨이셔처, 롤스로이스 자동차 등의 성공 캠페인을 남겼다. 저서로 『어느 광고인의 고백』, 『오길비의 광고학』 등이 있다.

파워라인 7가지 원칙

스티브 콘은 「파워라인을 활용하는 7가지 원칙」이라는 글에서 브랜드를 확장하고 고객을 사로잡는 카피라이팅에 대해 설명하고 있다. 사람들은 살면서 접한 슬로건에 평생 동안 커다란 영향을 받으며, 마음과 가슴에 특별한 의미로 남긴다는 것이다(콘, 2009). 맥주나 음료 광고의 징글, 영화와 광고, 정치의 슬로건은 기억에서 쉽게 사라지지 않는다. 이처럼 슬로건의 힘은 대단하다. 고객에게 브랜드의 핵심 메시지를 전달해줄 슬로건을 작성하기 위해 다음의 일곱 가지 항목을 기획의 가이드라인으로 참고하면 좋을 것이다. '파워라인을 활용하는 7가지 원칙'을 본떠 '슬로건 작성의 7가지 원칙'으로 정리했다.

❶ 슬로건을 쉽게 바꾸지 않는다.
❷ 슬로건 작성의 가이드라인을 안다.
   - 의미가 분명하고 경쟁 제품과 차별화되어야 한다.
   - 진실한 내용으로 사내 직원들도 동의할 수 있어야 한다.
   - 개성이 있고, 재미있어야 한다.
   - 모든 매체광고에 함께 쓰일 수 있어야 한다.
   - 세월이 지나도 생활 속에서 쉽게 떠올릴 수 있어야 한다.
❸ 핵심을 드러낸다.
❹ 영화와 책 마케팅을 참고한다.
❺ 광고 모델과 캐릭터를 활용한다.
❻ 소리를 활용한다.
❼ 슬로건을 활용해 마케팅 커뮤니케이션을 한다.

●●●

브랜드 슬로건 전략

슬로건을 전략적으로 개발하는 방법에는 제품으로의 접근과 브랜드로의 접근이 있다. 첫째는 해당 제품의 욕구가 어떤 범주에 속하는지 보여줌으로써 제품 범주의 멤버십을 알리는 방법이고, 둘째는 브랜드가 제공하는 혜택을 강조해 차별화하는 방법이다. 제품 욕구가 브랜드 회상 전략을 선택한다면, 브랜드 혜택은 브랜드 포지셔닝 전략을 추구한다. 제품 욕구가 신제품 출시와 시장 선도자의 브랜드 재활성화 상황에 적합한 반면, 브랜드 혜택은 기억이 잘 된 브랜드, 브랜드 이미지가 중요한 경우에 알맞다. 제품 욕구 슬로건으로는 "음악이 필요한 순간, 멜론"을 예로 들 수 있으며, 브랜드 혜택 슬로건으로는 "깨끗한 맥주, 하이트" 등을 이야기할 수 있다.

표 6-2 제품 욕구와 브랜드 혜택 슬로건 개발

제품 욕구	브랜드 혜택
해당 브랜드가 어떤 제품 범주에 속하는지를 보여줌으로써 멤버십을 형성	해당 브랜드가 경쟁 브랜드에 비해 어떤 혜택이 있는지를 강조해서 차별화
브랜드 회상 전략	브랜드 포지셔닝 전략
누구에게 적합한가? - 신제품을 출시하는 경우 - 브랜드 회상이 중요한 경우 - 시장의 리더가 브랜드를 재활성화하는 경우	누구에게 적합한가? - 이미 보유한 회상이 높은 브랜드인 경우 - 브랜드 이미지가 중요한 경우 - 시장의 추종자로 차별화하는 경우
The most famous piano, Steinway Best selling Luxury Car, 렉서스 음악이 필요한 순간, 멜론	Your safety is our promise, 넥센타이어 Just for the taste of it, Diet Coke 깨끗한 맥주, 하이트

자료: 안광호 · 한상만 · 전성률(2013: 223).

"LifeWear"

유니클로 슬로건의 편리함

글로벌 캐주얼 브랜드 유니클로가 새로운 브랜드 슬로건 "라이프웨어 (LifeWear)"를 발표했다. 이전까지는 "made for all"을 캠페인에 활용해왔으나 새로운 슬로건의 발표를 계기로 전 세계인의 생활을 바꾸는 일상복을 제공하겠다고 선언했다. "라이프웨어"는 평범하게 입어도 멋이 느껴지고 입으면 입을수록 마음에 드는 일상복이라는 간단한 뜻을 담고 있다.

"평범하게 입어도 그 사람의 스타일이 느껴지는 옷, 편안하게 입어도 그 사람의 멋이 느껴지는 옷, 입는 순간 직감적으로 '잘 어울린다'고 생각되는 옷, 입으면 입을수록 '이 옷이야'라고 생각되는 옷"이 라이프웨어라는 것이다. 유니클로는 진정으로 좋은 옷은 단순히 유행을 이끌 뿐 아니라 생활을 바꿀 수 있어야 한다고 말한다.

다양한 사람들이 원하고 누가 입어도 절묘하게 몸에 잘 맞으며, 입으면 편안하고, 뛰어나면서도 보편적인 디자인이어야 한다. 그래서 일상에서 다른 생필품을 구매할 때처럼 고민하지 않고 바로 살 수 있으며, 구매 후에는 후회가 없어야 한다. 이것이 유니클로가 생각하는 미래의 옷이며 궁극의 일상복, 즉 '라이프웨어'다. 유니클로는 라이프웨어의 가치를 반영하고 한 사람, 한 사람의 개성을 완성하는 고품질의 상품을 합리적인 가격으로 제공하고 있다.

* 이 글은 "토종 SPA, 국내외서 유니클로 아성 넘본다"(《파이낸셜뉴스》, 2016년 2월 22일자)를 참고해 구성했다.

생산유통일괄(Specialty store retailer of Private label Apparel Brand: SPA) 브랜드 유니클로의 가장 큰 경쟁력으로, 패션 전문가들은 가성비(가격대비 품질)를 꼽는다. 저렴한 가격에 훌륭한 소재의 제품을 내놓는다는 점에서 "라이프웨어"는 더욱 힘을 얻을 전망이다. 뛰어난 소재의 제품을 합리적인 가격에 내놓을 수 있는 것은 일본의 첨단 소재 회사 도레이와 손잡고 기능성 의류를 개발하기 때문이다. 도레이는 유니클로에 단독 개발 팀을 구성해 유니클로만을 위한 소재를 개발하고 있다. '후리스(fleece)', '히트텍' 등 유니클로의 히트 상품은 모두 도레이와 협력한 산물이다. 유니클로는 남성들에게 어필하는 기본 아이템뿐 아니라 최근에는 여성을 공략하기 위해 패션성을 가미한, 유명 디자이너와의 컬래버레이션 아이템을 늘리고 있다. 과거에는 단순한 그래픽을 가미한 컬래버레이션 제품이 많았지만, 디자이너와의 협업이 늘면서 유니클로의 디자인도 진화하고 있다.

when it hits you. You're ready for IBM Better ideas. Driven by y
Now... "We love to see you smile' Where do you want to go today
and live the magic. We bring good things to li
necting people, Did somebody say McDonalds? Life tastes good
to go today?

7장
슬로건의 포지셔닝

● ● ○

포지셔닝

포지셔닝은 매우 중요한 키워드로 떠오르고 있으며, 일반 기업과 기관, 정부와 개인에 이르기까지 다양한 분야에 적용되고 있다. 캠페인과 슬로건이 넘쳐나는 상황에서 어떻게 브랜드를 전략적으로 포지셔닝할지 고민이 커진다. 시장에서 유통되는 제품과 서비스의 양이 증가하고 있고, 제조업과 서비스업의 규모도 커졌다. 아울러 미디어와 광고 수단이 성장하면서 품질이 좋은 제품이라도 잘 팔린다고 장담할 수 없는 상황에 놓이게 되었다.

어떻게 하면 목표집단에게 브랜드와 관련된 연상을 하도록 만들 것인가? 경쟁 브랜드와의 차별화 방안은 무엇인가 등 질문이 계속된다. 브랜드의 전략적 포지셔닝은 브랜드의 정체성, 목표집단의 적절성, 경쟁자의 차별성 등 세 가지 측면에서 가능하다. 이를 BTC(brand, target, consumer) 모델이라고 하는데 브랜드, 목표집단, 경쟁자를 전략적으로 관리하면 포지셔닝 기회가 생기고, 자사 브랜드가 목표집단에 약속한 포지셔닝을 취하면 경쟁 브랜드와 차별화할 수 있게 된다.

먼저 포지셔닝 브랜드의 목표집단을 분석하고, 그다음으로 포지셔닝 브랜드의 외부 환경을 분석한다. 외부 목표집단 분석은 경쟁 브랜드와 관련이 있다. 시장에서 경쟁자의 활동은 대부분 브랜드 포지셔닝을 선택하는 과정이다. 정확한 포지셔닝을 위해 경쟁상황과 경쟁자의 포지셔닝을 살펴봐야 한다.

포지셔닝의 방법

경쟁자의 포지셔닝 맵을 만들기 위해서는 '14가지 포지셔닝 접근 방법(〈표 7-1〉 참조)'을 알아야 한다. 포지셔닝 방법은 브랜드 포지셔닝의 토대로서, 중요한 요인을 선택하는 과정이다. 예컨대 보통은 소비자가 제품의 장점이나 가격에 주목하도록 유도한다. 브랜드 커뮤니케이션은 다른 측면에서 스트레스가 되는데, 여전히 물음표인 제품의 차별화를 어디서부터 시작해야 할지 알기 어렵기 때문이다. 따라서 14가지 포지셔닝 유형에서 하나를 선택해야 한다. 포지셔닝 방법을 알기 위해서는 불분명한 경쟁자를 완벽히 분석하고, 시장에서 경쟁자의 차별화 전략이 무엇인지를 파악해야 한다.

〈그림 7-1〉은 조직, 제품, 마케팅 변인 중심, 수용자 네 가지 유형의 포지셔닝 접근을 보여준다. 〈표 7-1〉은 각 유형에 알맞은 14가지 방법을 설명하고 있다.

표 7-1 네 가지 유형으로 나눈 14가지 포지셔닝 접근 방법

조직	제품	마케팅 변인	수용자
기업 역량 기업 정신 직원	제품 원형 제품 특징 이성적 혜택	가격 유통 디자인 브랜드 인지도	목표집단 상황 감성적 혜택 가치

그림 7-1 네 가지 유형의 포지셔닝 접근

147

조직

기업 브랜드 또는 제품 브랜드를 포지셔닝할 때는 기업의 특징에 초점을 맞춰야 한다. 이 방법으로 기업 역량, 기업 정신, 직원에 초점을 맞춘 세 가지의 실무적인 포지셔닝이 가능하다. 기업 역량(corporate ability)을 중심으로 포지셔닝할 때는 조직의 핵심 잠재력이 강조된다. 기업이 경쟁사와는 달리, 목표집단에 확실하고 특별한 제품과 서비스를 제공할 능력이 있는 경우에 쓸 수 있는 방법이다. 이 방법은 브랜드 포지셔닝에서는 자주 쓰이지 않는다. 가령 네덜란드 암스테르담의 스키폴 공항(Schiphol Airport)은 비행기를 탑승하는 곳 이상의 공간이라는 포지셔닝으로 주목받았다. 스키폴 공항의 슬로건 "다른 어디로(Where else)"는 공항과 함께 휴식, 예술품 감상, 쇼핑, 맛있는 음식 등 다양한 가능성을 설명하고 있다.

브랜드는 '기업의 사명' 또는 '기업의 경영 방침'과 같이 조직 중심의 기업 정신(mentality)을 강조함으로써 시장에서 포지셔닝할 수 있게 해준다. 그러나 도전적인 기업 정신이 성공하지 못할 수도 있다.

그 밖의 조직 유형의 포지셔닝 접근으로는 직원(employees)과 관련한 포지셔닝을 들 수 있다. 사우스웨스트 항공이 성공한 주요 원인을 들자면 인사관리 부서의 핵심적인 역할이라고 할 수 있다. 그것은 우정, 온정, 자부심을 토대로 하는 '사우스웨스트 정신'과 '지나치게 긍정적인 서비스'의 헌신적 실천이었다. 직원과 관련된 포지셔닝은 직원의 실천에 성공 여부가 달려 있다.

제품

대부분의 포지셔닝은 제품을 중심에 둔다. 이런 경우 제품이나 서비스가 제공하는 장점에 초점을 맞춘다. 제품은 제품 원형, 제품 특징, 이성적 혜택 등 세 가지 포지셔닝 방법이 가능하다.

제품 원형(prototypical) 포지셔닝은 브랜드가 제품의 가장 근본적인 기능이라고 강조한다. 아이팟이나 크리넥스(Kleenex)처럼 해당 제품군의 대명사 같은 브랜드나 시장에서 강력한 포지션을 확보한 브랜드에 적합하다. 자동차 내비게이션 탐탐(Tom Tom)은 사용의 편이함, 스마트함, 완벽함 등을 주장했다. 제품 원형 포지셔닝은 기업 역량 포지셔닝과 혼동이 되기도 한다. 그러나 제품 원형 포지셔닝은 조직의 가장 중요한 역량 중 제품과 관련이 있다.

제품 특징(product features) 포지셔닝은 식품에서 자주 사용된다. 기술 제품은 "잠재력 3천 와트", "천만 픽셀과 10배 줌 광학렌즈", "하이브리드 운전 메커니즘"과 같이 제품의 특정한 강점을 포지셔닝에서 강조한다. 서비스 역시 영업시간(세븐일레븐), 접근 가능성(24시간 영업), 대기 시간(대기 중 준비), 택배 시간(2일 이내 배달) 같은 서비스의 특징을 광고에서 강조한다.

이성적 특징(rational benefit) 포지셔닝은 제품의 혜택을 주장한다. 제품이 가진 특장점만을 강조해서는 안 된다. 예민한 치아를 보호한다고 강조하는 센소다인(Sensodyne) 치약은 어떻게 치아를 보호하는지 제품의 특징을 설명하지는 않는다.

마케팅 변인

조직 중심과 제품 중심뿐 아니라 마케팅 변인 중심으로도 포지셔닝이 가능하다. 마케팅 변인 중심의 포지셔닝 접근 방법은 가격, 유통, 디자인, 브랜드 인지도 등 네 가지를 중심으로 구분한다.

가격(price) 중심의 포지셔닝 접근 방법은 다른 가격대의 제품을 무력화하는 가격을 책정한다. 가격 중심 포지셔닝에 의문이 있는 브랜드라고 해서 항상 저가로 팔아야 한다는 의미는 아니다. 유럽의 대형 가전제품 판매점인 미디어 마켓(Media Market)의 경우 실제로는 저렴하지 않은 가전 소매점이라고 비난받았다.

유통(place) 포지셔닝은 서로 다른 유통 경로를 강조한다. 그러니까 특정 유통 경로로만 구입이 가능하다는 점을 강조한다. 유통 중심 포지셔닝은 유통 구조를 단순화해 브랜드를 강조한다. 예컨대 델 컴퓨터는 2007년에 온라인에서만 제품을 판매했다.

디자인 포지셔닝은 시장에서 브랜드를 차별화할 때 제품과 패키지의 외형을 강조한다. 잘 알려진 사례로는 애플, 다이슨(Dyson), 뱅앤올룹슨(Bang & Olufsen)을 들 수 있다. 브랜드는 미학적인 측면이나 제품 패키지의 기능을 포지셔닝 전술로 활용한다.

또 다른 포지셔닝은 브랜드 인지도(brand name awareness)를 활용하는 것으로, 주된 목표는 브랜드 인지도를 높이는 것이다. 잘 알려진 사례가 뉴욕의 "아이 러브 뉴욕(I love NY)"이라는 슬로건이다. 소비자가 커뮤니케이션으로 인지하고 기억하는 것이 브랜드다. 커뮤니케이션으로 브랜드 자산을 쌓을 수 있다.

수용자 중심

최근에 관심이 집중되는 포지셔닝은 수용자 관련 접근법이다. 이 방법은 목표집단, 상황, 감성적 혜택, 가치 등 네 가지 형식으로 나뉜다. 목표집단(target audience)에 포지셔닝할 때는 실제 제품과 관련 없는 브랜드를 일정한 목표집단에 소구한다.

성공적인 포지셔닝 접근 방법은 상황(situation)에서 시작한다. 이 방법을 이용한 사례로는 네슬레의 "만찬 후 민트, 에프터 에잇(After Eight)"과 "해브 어 브레이크, 해브 어 킷캣(Have a break, have a Kit Kat)"을 슬로건으로 사용하는 킷캣을 들 수 있다.

감성적 혜택(emotional benefit) 중심의 포지셔닝 사례로는 영국에서 링스(Lynx)라는 브랜드로 잘 알려진 엑스(Axe) 데오드란트를 들 수 있다. 엑스는 매혹적인 향으로 젊은 남성을 꾸며주는 제품임을 강조한다. 이 포지셔닝은 이성과 만나는 사교 상황에서 상대를 사로잡는 감성적 혜택을 약속한다. 로레알(L'Oreal)의 "나는 소중하니까"라는 슬로건도 감성적 혜택을 소구한다.

가치 포지셔닝은 목표집단의 마음속 동기에 소구한다. 이것은 안전, 행복, 우정, 신분의 욕구를 자극한다. 가치 포지셔닝은 브랜드가 지닌 상징적인 의미를 강조한다. 이 포지셔닝의 사례로는 볼보를 들 수 있는데, 자동차의 가장 기본적인 가치인 '안전'을 강조한 브랜드다. 노키아는 목표집단을 분석해 매슬로의 욕구 5단계 이론 중 사회적 욕구에 맞춰 "사람을 연결합니다"라는 슬로건을 내세웠다.

이상의 14가지 포지셔닝 접근 방법은 간단한 체크리스트로 설명할 수 있다. 컴퓨터 업체 델은 가격과 유통 두 가지로 포지셔닝했다. 그러나 브랜드 포지셔닝에는 한 가지 접근법만 있는 것이 아니다. 델은 유통에서 중간 단계가 없어 가격이 싸다는 평가를 오랫동안 들어왔다. 이는 가격과 유통 두 가지 포지셔닝을 하나로 융합한 사례로 볼 수 있다.

● ● ○

포지셔닝 관점에서의 시장 개발

생활용품(fast moving consumer goods: FMCGs), 내구재, 서비스, 비영
리 브랜드, B2B(business to business) 등 각 유형의 포지셔닝 방법을
살펴보도록 하자. 우선 각 브랜드 유형을 간략히 소개한다.

생활용품

생활용품은 음식, 음료, 비누와 화장품 같은 욕실용품, 청소용
품, 세제, 비내구성 제품처럼 대량으로 판매되고 빠르게 유통되는
소비 제품을 말한다. 생활용품을 공급하는 다국적 기업으로는 네슬
레, 유니레버, P&G뿐 아니라 사라 리(Sara Lee), 볼턴 그룹(Bolton Group)
등이 있다. 〈표 7-2〉는 생활용품의 포지셔닝 방법을 소개한다.

조직 포지셔닝 접근 방법 중 기업 역량의 사례로는 원에 관리
제품의 선두 브랜드인 큐프리놀(Cuprinol)을 들 수 있다. 큐프리놀은
혁신을 통해 수년간 원에 시장에서 잠재력 있는 기업으로 포지셔
닝해왔다. 기업 정신을 토대로 포지셔닝한 브랜드는 밴 앤드 제리
스(Ben & Jerry's)로, '노동자 커뮤니티에 책임감 있는 회사'라는 의미
의 슬로건을 활용했다. 인베브(Inbev)에서 만든 정통 독일 맥주 허토
그 얀(Hertog Jan)은 자사 직원이 전문적 장인이며 완벽을 추구한다
는 점을 포지셔닝의 중심에 놓았다. TV 광고를 통해 전람회에서
인기를 끄는 허토그 얀을 보여주며 직원 포지셔닝을 강조했다.

제품 포지셔닝 면에서 하이네켄(Heineken)은 제품 원형의 사례를
보여준다. 하이네켄은 1990년대에 "맥주하면 하이네켄"이라는 몇
편의 캠페인 광고를 방영했다. 하이네켄의 "Serving the Planet"

표 7-2 생활용품의 포지셔닝과 슬로건의 예

포지셔닝 방법	브랜드	슬로건
조직		
기업 역량	큐프리놀	누구도 우리처럼 정원을 가꿀 수 없다
기업 정신	밴 앤드 제리스	기업의 사회적 책임과 '펀' 경영
직원	허토그 얀	완벽을 위한 장인의 노력(TV 광고 전람회 편)
제품		
제품 원형	하이네켄	Serving the Planet
	알파 비어	샘물로 담근 맥주
제품 특징	플로라 마가린	지방이 버터보다 80% 적다
이성적 혜택	배니시, 실릿 뱅	얼룩 제거
마케팅 변인		
가격	유로 쇼퍼	슈퍼마켓 제품의 저렴한 분류
유통	비키 스킨케어 제품	약국에서만 판매
디자인	앱솔루트 보드카	병 디자인
브랜드 인지도	하인즈 베이크드 빈스	Beanz Meanz Heinz
수용자		
목표집단	바카디	B-라이브
상황	킷캣	Have a break, have a Kit Kat
감성적 혜택	로레알	나는 소중하니까
가치	웨더스 오리지널	가족의 전통

캠페인도 브랜드의 제품 원형 방법을 이어갔다. 알파 비어(Alfa Bier)
는 1870년부터 가내 수공으로 만드는 맥주이며 네덜란드 건강복
지부 장관이 인정한 샘물로 네덜란드 국내에서 만드는 유일한 맥
주라는 점을 강조했다. 알파 비어의 태그라인은 단순히 '맥주'가
아니라 "에델 필스(Edel Pils: 서브라인 필스너)"였다. 제품 특징의 좋은 사
례로는 버터보다 80%나 지방이 적다는 유니레버의 플로라 마가린
(Flora margarine)을 들 수 있다. 세제 브랜드 배니시(Vanish)의 "배니시

는 옷가지, 카페, 커튼의 지독한 때까지도 빼줍니다. 배니시 옥시액션은 색깔 옷이나 하얀색 옷 모두에 알맞습니다", 실릿 뱅(Cillit Bang)의 "혁신적이고 강력한 세제 공식이 적용된 실릿 뱅이 날마다 집 안 구석구석의 빠지지 않는 때와 묵은 먼지를 몇 초 만에 없애줍니다"는 이성적 혜택을 강조했다.

각각의 마케팅 변인으로 포지셔닝된 브랜드를 살펴보면 다음과 같다.

- **가격**: 유로 쇼퍼(Euro Shopper)는 AMS가 소유한 슈퍼마켓 제품 브랜드면서 아이슬란드의 여러 슈퍼마켓 체인에서 판매된다.
- **유통**: 비키(Vicky)의 스킨케어 제품은 피부 의학적인 실험과 알레르기 실험을 통과한 피부 관리 제품으로 약국에서만 구입이 가능하다.
- **디자인**: 앱솔루트 보드카는 병의 디자인을 미학적으로 강조해 광고한다.
- **브랜드 인지도**: 잘 알려진 슬로건 "빈즈 민즈 하인즈(Beanz Meanz Heinz)"는 주로 베이크드 빈스(강낭콩을 토마토에 삶은)의 브랜드 인지도를 높여준다.

마지막으로 생활용품의 포지셔닝에서 수용자(receiver)는 핵심 목표집단이다. 네슬레는 초콜릿 바 킷캣이 간식으로서 이상적이라는 것을 알리려 했다. 로레알은 감성적 혜택을 소비자에게 전달하면서, 여성과 남성 소비자 모두가 자사의 고급 제품을 구입할 만큼 가치가 있다고 강조했다. 웨더스 오리지널(Werther's Original)은 가족의 가치를 강조했다. 자상하고 친절한 할아버지가 손자와 함께 등장하는 웨더스의 광고는 가족의 전통을 강조한 것이다.

내구재

내구재는 오랫동안 사용하도록 만들어진 것으로 반복적으로 사용되며, 지속적으로 관리하고 수리하면서 장기간 사용한다. 제품 수명 3년을 기준으로 그 이상이면 내구재라고 한다. 자동차, 전자제품, 가구, 장난감, 공구, 주방용품이 대표적인데, 내구재를 살 때 소비자는 누군가로부터 조언을 구하는 경우가 많다. 〈표 7-3〉은 내구재 포지셔닝의 방법을 보여준다.

표 7-3 내구재의 포지셔닝과 슬로건의 예

포지셔닝 방법	브랜드	슬로건
조직		
기업 역량	BMW	BMW는 최고의 운전 경험보다 환경이 더 중요하다고 약속한다.
기업 정신	GSUS	천국에 오신 것을 환영합니다.
직원	깁슨 기타	빛나는 기타 생산자
제품		
제품 원형	폭스바겐	Volkswagen Das Auto
	밀레	Always better(영국), Immner besser(독일, 프랑스)
제품 특징	지옥스	지옥스의 특허받은 흡기 시스템
이성적 혜택	JVC	최고의 경험
마케팅 변인		
가격	다치아	Think big, pay little
유통	델	델 웹 사이트에서 중간 유통 없이 만날 수 있음
디자인	알레시	이탈리아의 디자인
브랜드 인지도	마쓰다	Zoom, Zoom, Zoom
수용자		
목표집단	오닐	서퍼
상황	센소	하루 중 언제라도 좋은 커피
감성적 혜택	디젤	성공적인 삶을 위해, 디젤
가치	마이크로소프트	당신의 꿈을 이루세요

기업 역량에 초점을 둔 조직(organization based) 포지셔닝의 예로는 2008년 시작된 BMW의 효율적이고 역동적인(Efficient Dynamic) 캠페인을 들 수 있다. 이 캠페인은 주행 성능에 집착하지 않고 브레이크와 발전 시스템을 혁신해 연료 소비를 최소화한 BMW의 역량을 강조했다. 의류 업체 GSUS는 "천국에 오신 것을 환영합니다"라는 슬로건에 기업 정신을 담았다. 이 슬로건은 브랜드의 "천국의 놀이터(Heaven's playground)"와 "좋아하는 일을 하고, 입고 싶은 옷을 디자인하라"라는 창업자의 모토에서 착안한 것이다. 직원 포지셔닝의 예로는 깁슨 기타(Gibson Guitar)를 들 수 있다. 깁슨 기타는 빈티지 오리지널 스펙 제품에 대해 "빛나는 기타 생산자"가 최고의 음질과 단단한 몸통으로 역사적인 기타를 재현한다는 의미다. 깁슨 기타를 비롯한 내구재의 포지셔닝은 장인 정신을 강조한다.

제품(product based) 포지셔닝의 제품 원형 방법의 예로는 폭스바겐을 들 수 있다. 2008년 초 폭스바겐은 전 세계 시장에서 "폭스바겐 다스 오토(Volkswagen Das Auto)" 캠페인을 시작했다. 밀레(Miele)는 영국에서 "올웨이즈 베터(Always better)", 독일과 프랑스에서 "임너 베서(Immner besser)"라는 슬로건으로 브랜드를 제품 원형 포지셔닝했다. 지옥스(GEOX)는 개별 제품의 특징을 포지셔닝해 의류와 신발에 적용했다. 흡기 시스템 특허를 통해 자사의 의류와 신발이 '호흡'한다고 강조해 인기를 끌었다. JVC는 "최고의 경험"이라는 슬로건으로 소비자에게 제품의 특장점을 강조했다. 프로젝터 광고를 통해 자사 제품의 대비 기능과 강력한 비디오 처리 능력뿐 아니라 선명한 화면과 영화관에 있는 듯한 느낌을 주는 프로젝터의 성능을 소구했다.

각 마케팅 변인으로 포지셔닝된 브랜드의 사례는 다음과 같다.

- **가격**: 다치아(Dacia)는 슬로건 "Think big, pay little"로 르노(Renault)의 자회사임을 포지셔닝했다.
- **유통**: 델 컴퓨터는 2007년까지 자사 제품을 온라인에서만 판매했다.
- **디자인**: 알레시(Alessi)는 이탈리아 디자이너의 주방용품으로 마케팅했다.
- **브랜드 인지도**: 마쓰다 자동차는 TV 광고에서 구매와 직접적인 관계가 없는 "Zom, Zom, Zom"이라는 CM송을 이용해 인지도를 높였다.

서핑용품 브랜드 오닐(O'Neill)은 주저 없이 브랜드를 목표집단인 서퍼에 맞췄다. 센소(Senseo) 커피는 하루 중 언제라도 신선한 커피를 마실 수 있다는 상황을 약속했다. 디젤은 "성공적인 삶을 위해, 디젤"이라는 슬로건에 목표집단의 (건강하고 아이러니한) 감성적인 혜택을 담았고, 마이크로소프트는 "꿈을 이루세요"라는 슬로건으로 개인의 꿈을 이루는 데 기여하는 소프트웨어라는 가치를 강조했다.

서비스

서비스는 미용, 휴일 예약, 공증(notary), 자동차 대여와 같이 비물질적인 속성이 있다. 서비스는 비물질적 속성을 지녔지만, 피자 배달처럼 실제 제품인 피자와 연동되기도 한다. 물질적 속성과 비물질적 속성의 비율은 유동적이다. 현장에서 소비되는 음식과 음료를 제외하면 팝 콘서트는 물리적 상품이 아니며, 집 담보 대출은 일부분만 물리적 상품이다. 그리고 피자 배달은 물리적 상품을 보완한다(소비자는 피자라는 상품과 함께 배달의 편리성까지 구매하는 것이다).

소매는 서비스 영역에서 구분된다. '소매점'은 소비자가 개인적으로 사용하는 서비스와 제품을 모두 포함한다. 소매점은 슈퍼마켓처럼 물리적 제품뿐 아니라 휴가나 보험 같은 서비스도 취급

표 7-4 서비스의 포지셔닝과 슬로건의 예

포지셔닝 방법	브랜드	슬로건
조직		
기업 역량	TNT	분명히 할 수 있습니다
기업 정신	버진	반항적인
직원	자포스닷컴	서비스의 힘
제품		
제품 원형	웨이트와처스	40년간의 체중감량 경험
제품 특징	헤로즈	세계에서 가장 유명한 명품 백화점
	트립어드바이저	2천만 여행자의 리뷰와 의견
이성적 혜택	이비스 호텔	예산에 맞춘 라운드 더 클락 서비스
	유센드잇닷컴	커다란 파일을 보내세요
마케팅 변인		
가격	라이언에어	저렴한 항공
	포뮬 1 호텔	적게 내고 더 많이 여행하세요
유통	테스코 딜리버리 서비스	일주일 내내 집까지 배달합니다
디자인	구글	단순하고 편리한 '검색 엔진'
브랜드 인지도	US 항공	Fly with US
수용자		
목표집단	풀만	비즈니스 출장자에게 맞춘 최상의 서비스
상황	I4gotyourbirthday.co.uk	당일 카드를 보냄
감성적 혜택	소피텔	프랑스 예술의 즐거움
가치	클럽 메드(Club Med)	행복한 세상
	홀마크 이카드	사랑과 우정의 커뮤니케이션

한다. '소매점'이라는 개념은 서비스를 제공하고 고객을 상대할 책임이 있는 비즈니스 단위의 명칭이지만, 실제로 물리적인 공간이 필요하지 않다. 〈표 7-4〉는 서비스 상품의 포지셔닝 접근 방법의 사례를 보여주고 있다.

조직 포지셔닝 방법의 사례로는 TNT 배송 서비스를 들 수 있다. "분명히 할 수 있습니다(Sure we can)"라는 슬로건을 통해 기업 역량을 보여준다. 기업 정신 포지셔닝 방법을 잘 설명하는 사례로 는 버진(Virgin)을 들 수 있다. 이들은 새로운 방법으로 시장이라는 잠자는 거인을 깨우겠다는 선언했다. 서비스는 직원 중심의 접근 법으로 이해되는데, 예컨대 인적자원이 중요한 컨설팅 분야뿐만 아니라 소매업 분야도 이 전술을 중시한다. 직원 포지셔닝의 사례 로는 신발 구매를 위해 많은 사람이 온라인으로 방문하는, 1999년 창립한 자포스닷컴(zappos.com)을 들 수 있다. 자포스닷컴은 흔들림 없는 고객 서비스 덕에 핸드백, 의류, 전자제품으로 사업 영역을 넓혀갈 수 있었다. 고객 서비스에 대한 관심은 회사가 직원 교육 에 집중하게 만들어 효과적인 서비스를 생산할 수 있게 했다. 자 포스닷컴의 CEO 토니 셰이(Tony Hsieh)는 인터뷰에서 최고의 고객 서비스를 전달하는 자포스닷컴 문화의 우수성을 강조했다.

서비스 제품 포지셔닝(product-based positioning) 방법의 사례로는 40년간 체중 감량 시장을 이끌어온 웨이트와처스(WeightWatchers), 최고급 명품 백화점 헤로즈(Harrods)를 들 수 있다. 이 경우는 제품 원형 방법에 의한 포지셔닝이다. 여행자가 만들고 여행자에게 제 공되는 온라인 기반의 트립어드바이저(TripAdvisor)는 "2천 만 여행자 의 리뷰와 의견"이라는 슬로건으로 제품의 특징을 차별화했다. 아 코르(Accor) 그룹의 계열사 이비스(Ibis) 호텔은 전 세계 769개 호텔에 서 고객의 '예산에 맞춘 라운드 더 클락 서비스'라는 이성적 혜택 을 소구했고, 유센드잇닷컴(yousendit.com)은 인터넷으로 대용량 파 일을 보낼 수 있다는 이성적 혜택을 포지셔닝했다.

● **가격**: 저가 항공사 라이언에어(Ryanair)와 아코르 그룹의 저가 호텔 포뮬 1

(Formule 1)은 불필요한 서비스를 없애 비용을 효율화함으로써 자사 고객에게 가장 저렴한 요금을 제공했다.

- **유통**: 테스코 배달 서비스(Tesco Delivery Service)는 "일주일 내내 집까지 배달합니다"를 내세우며 유통 부문의 전문성과 신뢰를 주장했다.
- **디자인**: 구글은 모든 검색어에 대해 모든 정보를 제공해야 한다는 사실을 알고 사용자에게 편리한 디자인을 만들어 차별화했다. 디자인으로 기능적 차별화를 강조한 것이다.
- **브랜드 인지도**: 이 포지셔닝 접근 방법은 목표집단의 머릿속에 브랜드를 강력히 심는 데 목적이 있다. "Fly with US"는 '우리(us)'와 소릿값이 같다는 점을 활용해 US 항공(US Airways)의 브랜드 인지도를 높이려고 의도한 표현이다.

마지막으로 수용자 포지셔닝(receiver-based positioning) 방법은 서비스 포지셔닝에 사용되었다. 이비스와 포뮬 1이 이성적 혜택과 가격으로 포지셔닝한 것에 비해 풀만(Pullman)은 목표집단을 비즈니스 여행객으로 세분화했다. 아코르 그룹의 다른 고급 호텔 체인 소피텔(Sofitel)은 감성적 혜택인 '프랑스 예술의 즐거움(de vivre)'을 추가했다. 만약 사랑하는 사람에게 생일 축하 카드를 보내는 것을 깜빡 잊었다면 i4gotyourbirthday.co.uk를 이용하면 된다. 영국을 중심으로 생일 당일에 종이 축하 카드를 보내고 받을 수 있다. 홀마크(Hallmark)는 생일 카드 시장에서 일정 수준의 시장점유율을 기록한 회사인데, 종이 축하 카드 못지않게 사랑과 우정의 가치를 강력하게 포지셔닝하는 브랜드다.

B2B

B2B(Business-to-business) 회사는 제품과 서비스를 다른 회사에 제공할 뿐 소비자를 직접 상대하지 않는다. B2B 회사는 여러 측면에서 B2C(Business-to-consumer) 회사와 다르다. B2B 회사는 고객의 수는 적지만, 고객당 매출은 높다. 또한 B2B 회사의 구매 담당 직원은 가격 협상력을 갖춘 전문가다. B2B 회사의 구매 결정은 대부분 꼼꼼한 검토를 거쳐 구매 팀이 결정한다. 대부분의 의사결정이 논리적 주장에 의해 이루어지지만, B2B 시장에서 감성적 주장이 전혀 먹히지 않는 것은 아니다. B2B 시장은 B2C 시장에 비해 구매자와 판매자가 좀 더 지속적으로 관계를 맺는다는 점에서 차이가 있다. 판매자는 고객 관계 관리(customer relation management: CRM)를 강화할 필요가 있으며, 저렴한 가격으로 제공해 구매자가 다른 공급자로 이동하지 않도록 주의해야 한다. 〈표 7-5〉는 다양한 B2B 회사의 포지셔닝 접근 방법을 보여준다.

B2B 기업의 조직 포지셔닝(organization-based positioning) 중 기업 역량 사례로는 슈말바흐루베카(Schmalbach-Lubecca, 독일)와 피치니(Pechiney, 프랑스)가 합병한 금속 패키징 그룹 임프레스(Impress)가 있다. 금속 패키징 솔루션 영역에서 신생 기업으로서 역량을 부각시키고, 다양한 구성원의 역사를 강조해 브랜드를 포지셔닝했다. 생활과학과 물질과학의 거대 기업 DSM은 "무한, DSM"을 슬로건으로 삼아 조직의 개척 정신을 알렸다. DSM은 자사의 기업 정신을 강조한 포지셔닝을 지속적으로 전개했다. 전 세계에서 네 번째로 큰 회계법인으로 꼽히는 프라이스워터하우스쿠퍼스(PriceWaterHouseCoopers: PwC)는 2003년 직원에 초점을 맞춘 슬로건 "연결된 생각(Connected Thinking)"을 소개했다. 이 포지셔닝은 '조직'의 강점으로 고객 업무

표 7-5 B2B 회사의 포지셔닝과 슬로건의 예

포지셔닝 방법	브랜드	슬로건
조직		
기업 역량	임프레스	Metal packaging solution
기업 정신	DSM	무한, DSM
직원	프라이스워터하우스	연결된 생각
	쿠퍼스	
제품		
제품 원형	맥킨지 앤드 컴퍼니	The Firm
제품 특징	DAF 트럭	Build to order
이성적 혜택	네슬레 워터스	물을 위한 올인원 솔루션
	다이렉트	coolers
마케팅 변인		
가격	구글 앱	구글 혁신. 강력한 해결 방안. 낮은 가격
유통	페덱스	세계를 제 시간에
디자인	비트라	최고의 디자이너가 협력해서 만든 가구
브랜드 인지도	더블A	더블A, 2배의 품질
수용자		
목표집단	Océ	프로를 위한 인쇄
상황	오피스 크리스마스	사무실에서 최고의 크리스마스 파티를
	(Office Christmas)	
감성적 혜택	필립스 헬스케어	경계 없는 의료보호
가치	보시	생명을 위한 기술

를 담당할 자사 직원이 최적의 능력으로 글로벌 네트워크로 연결
되어 아이디어, 해결 방안, 전문성을 발휘한다는 의미다.

　매킨지 앤드 컴퍼니(McKinsey & Company)는 제품으로 제품 원형
포지셔닝을 시장에서 개척한 회사다. 이 회사는 슬로건 "챌린징
유어 엠비션(challenging your ambition)"으로 지난 수십 년간 전략적 컨

설팅을 성공적으로 포지셔닝하면서 자사를 알리는 데 성공했다. 가장 잘 알려진 이 회사의 별명이 바로 'The Firm'이다. 북미 파카(PACCAR)의 자회사 DAF 트럭은 '주문생산 방식'을 원칙으로 고객이 원하는 특징의 자동차를 생산하는 특징을 강조했다. 이성적 혜택을 강조한 B2B 회사로는 사무실로 정수기를 배달하는 네슬레 워터스 다이렉트(Nestle Waters Direct)를 들 수 있다. 제품에 대한 혜택으로는 정수기 모델, 아쿠아렐 브랜드, 부품, 편리한 배달, 설치와 서비스 등 최적의 통합 서비스를 제공한다. B2B 회사의 마케팅 변인 포지셔닝(marketing Variable-based positioning)은 다음과 같다.

- **가격**: 구글 앱은 조직의 이메일 호스팅, 정보 공유, 안건 관리 등 다양한 서비스를 저렴한 비용으로 제공한다.
- **유통**: 페덱스의 정시 배달에 대한 뿌리 깊은 열정은 "세계를 제 시간에(The World on Time)"라는 슬로건을 지킬 수 있도록 물류 기술을 발전시켰다.
- **디자인**: 1950년 설립된 비트라(Vitra)는 1957년부터 찰스와 레이 임스(Charles and Ray Eames), 조지 넬슨(George Nelson)의 디자인으로 제작되었다. 이로써 디자이너와의 협업으로 개발하는 가구로 차별화할 수 있었다.
- **브랜드 인지도**: 복사지 시장에서 더블 A는 놀라운 광고로 소비자의 머릿속에 강력한 인지를 남겼다. 자사 종이의 뛰어난 품질을 강조함으로써 목표를 달성했다.

비영리 브랜드

비영리 브랜드는 영리를 추구하지 않는 조직과 활동을 두루 포함한다. 비영리 조직의 목표는 비상업적인 사회적 가치를 위해 개인과 공공의 과제를 수행한다는 것이다. 이러한 가치는 예술과 교육에서부터 정치, 연구, 원조 등 다양한 영역에서 찾을 수 있다. 비영리 기구는 매출을 올리지 않고 활동 기금을 제3자에게 예산으로 주는 경우와 이익이 남더라도 명시적으로 자금을 적립하지 않는 경우 두 가지로 운영된다. 비영리 기구의 예로는 국제사면위원회 (Amnesty International)나 그린피스(Greenpeace) 등을 들 수 있다. 〈표 7-6〉은 비영리 조직의 다양한 포지셔닝 접근 방법을 보여준다.

조직 포지셔닝 사례로는 비영리 기구의 기업 역량을 동서양의 경제적 허브로 포지셔닝한 두바이(Dubai)를 들 수 있다. 두바이라고 하면 호화로운 휴가지부터 연상되기 때문에 기업 역량으로 경제적 허브를 강조할 필요가 있었다. 독일의 노스 라인웨스트팔리아 (North Rhine-Westphalia)는 기업 정신을 중심으로 포지셔닝한 비영리 기구의 사례로 들 수 있다. 노스 라인웨스트팔리아는 주민이 개방적이며 혁신적이어서 비즈니스를 하기에 좋은 지역이라고 강조했다. 잠재적인 직원과 관련해 캠페인을 펼친 사례로는 영국 육군 (British Army)을 들 수 있다. 프로의 정신으로 무장했다는 오랜 평판과 "프로가 되십시오(Join the professionals)"라는 슬로건은 육군이 전문가 집단임을 강조한 포지셔닝이다.

제품 포지셔닝의 사례로는 제품 원형 포지셔닝으로 차별화한 비영리 기구 빈센트 반 고흐 박물관을 들 수 있다. 박물관은 빈센트 반 고흐(Vincent van Gogh)의 작품을 수집했고, 제품의 특징을 브랜드에 포함시켰다. 이 박물관에는 귀스타브 쿠르베(Gustave Courbet), 폴 고갱(Paul Gauguin), 요한 용킨트(Johan Jongkind), 클로드 모네(Claude Monet)의 작품도 전시되어 있지만, 브랜드에는 포함하지 않았다. 1% 재단은 자선을 목적으로 수입의 1%를 기부할 것을 요구했다.

표 7-6 비영리 조직의 포지셔닝과 슬로건의 예

포지셔닝 방법	브랜드	슬로건
조직		
기업 역량	두바이	앞서가는 경제의 중심
기업 정신	노스라인웨스트팔리아	새로운 것을 사랑합니다
직원	영국 육군	프로가 되십시오
제품		
제품 원형	빈센트 반 고흐 박물관	전 세계에서 가장 많은 빈센트 반 고흐의 작품이 있는 곳
제품 특징	1% 재단	자선을 위해 수입의 1%를 기부하세요
이성적 혜택	홍콩	동서양이 하나로 만나는 역동적인 도시
마케팅 변인		
가격	런던 패스	패스 한 장으로 55곳의 명소를 방문하세요
유통	디렉트고브	민원 서비스를 한곳에
디자인	빌바오	현대적
브랜드 인지도	뉴욕	I Love NY
수용자		
목표집단	마마 캐시	여성에 의한, 여성을 위한 세계 여성 기금
상황	에든버러	이상적인 도시 '영감의 수도', 잘 알려진 축제의 도시
감성적 혜택	영국 국세청	세금은 부담이 되어서는 안 됩니다
가치	국제사면위원회	인권을 위한 싸움에 도움을

1%라는 많지도 적지도 않은 금액을 브랜드를 포함해 제품 특징을 성공적으로 포지셔닝한 것이다. 홍콩은 이성적 혜택을 중심으로 동양과 서양의 혼합을 확실하게 포지셔닝했다. 마케팅 변인 포지셔닝에서 다음과 같은 전술을 활용할 수 있다.

● **가격**: 런던 패스(London Pass)는 가격 포지셔닝(price-based positioning)으

로 "패스 한 장으로 55곳의 명소를 방문하세요"라는 약속을 내세웠다. 런던 패스에 성공한 레저패스 그룹(Leisure Pass Group)은 파리와 베를린 등 다른 도시에서도 동일한 패스를 소개했다.

- **유통**: 디렉트고브(DirectGov)는 영국 정부의 공식 홈페이지다. 한곳에서 업무를 잘 파악하고, 업무 흐름을 공개해 이해하도록 하여 민원을 해결 하기 위해 만들어졌다.

- **디자인**: 구겐하임빌바오 미술관은 건축가 프랭크 게리(Frank Gehry)가 설 계했다. 빌바오(Bilbao)는 모던아트를 소개하는 구겐하임빌바오 미술관과 노만 포스터(Norman Foster)가 디자인한 지하철역이 있는 현대적인 도시 로 알려져 있다.

- **브랜드 인지도**: 뉴욕은 도시의 특징과 관계없이, 커뮤니케이션 자체를 강 조했다. "I love NY" 슬로건의 주목성과 명료성은 사람들의 머릿속에 확 실히 각인되었다.

비영리 조직 포지셔닝을 마무리하며 몇 가지 수용자 포지셔닝 을 살펴보자. 마마 캐시(Mama Cash)는 여성이 주도하는 국제 여성 기금을 목표집단으로 하는 자선단체다. 여성과 소녀들의 더 나은 미래를 실현한다는 작지만 혁신적인 프로젝트에서 시작되었다. 스코틀랜드의 수도 에든버러(Edinburgh)는 연상된 상황을 자원으로 삼았다. "이상적인 휴양 도시(Ideal city break)"라는 슬로건을 통해 영 감을 얻을 수 있는 휴양도시로 단기간에 포지셔닝되었다. 감성적 혜택으로 비영리 조직을 포지셔닝한 사례로는 영국 국세청(HM Revenue and Customs)을 들 수 있다. "세금은 부담이 되어서는 안 됩니 다"라는 슬로건으로 세무 환급과 절차가 복잡하지 않음을 알렸다. 비영리 조직의 가치 포지셔닝 사례로는 국제사면위원회를 들 수 있다. 국제사면위원회는 "인권을 위한 싸움에 도움을(Support for our fight for human right)"이라는 슬로건으로 1961년 선포된 세계인권선언의 가치를 표현했다. '세계인권선언'은 자유, 자율, 존엄 등 30개 조항을 포함하고 있다. 국제사면위원회를 지원함으로써 인권을 수호한다는 감성적 혜택을 얻을 수 있다.

"Taste The Feeling"

코카콜라 슬로건의 역사

2016년 6월 〈포브스〉의 발표에 따르면 코카콜라의 브랜드 가치는 580억 5000만 달러(http://www.forbes.com/powerful-brands/list/#tab:rank)로 브랜드 순위 세계 4위, 음료 부문 순위는 세계 1위로 나타났다. 전 세계 200여 개 나라에서 하루 1억 잔 이상이 판매된다고 한다. 코카콜라의 전 회장 로베르토 고이주에타(Roberto Crispulo Goizueta)는 콜라의 경쟁상대를 물로 상정해 시장의 범위를 전체 음료시장으로 확대한 바 있다. 애플 등에 밀려 4위로 평가되었지만 2012년까지는 12년 연속 글로벌 브랜드 1위를 지켜왔었다.

코카콜라는 설립 초기부터 지금까지 여러 개의 슬로건으로 자사 브랜드의 메시지를 전달해왔다. 1886년 "마시자 코카콜라(Drink Coca-Cola)"를 시작으로, 1929년 "상쾌한 이 순간(The Pause That Refreshes)", 1971년 "나는 세상에 코크를 사주고 싶어요(I'd like to buy the world a Coke)", 1982년 "코크, 이것뿐(Coke is it)" 등으로 세계 소비자들의 기억에 남는 슬로건을 남겼다. 1993년부터 7년간 사용된 "언제나 코카콜라(Always Coca-Cola)"는 120편 이상의 광고에 담겨 전 세계로 방영되었다. 130여 년을 이어온 코카콜라의 슬로건에는 변하지 않는 주제가 있다. '언제나(Always)', '상쾌함(Refresh)', '진정한 맛(Real Thing)'을 주요한 콘셉트로 삼아 지켜오고 있다. 코카콜라는 '언제나 함께할 수 있고, 즐겁고 상쾌한 경험을 제공'해준다는 약속을 슬로건에 담아왔다.

130주년을 맞아 역대 코카콜라 캠페인의 슬로건 "Taste the Feeling"은 코카콜라의 짜릿함을 강조하는 슬로건으로 일상생활 속에서 주변 사람들과 함께 코카콜라를 마시며 느끼는 "이 맛, 이 느낌!"을 강조한다. 새 캠페인 슬로건은 2009년에 나온 "행복을 여세요(Open Happiness)"로 3년 만에 선보이는 슬로건이다. 다음은 코카콜라 슬로건의 변천사다. 콜라의 맛은 변하지 않았지만, 슬로건은 시대와 소비자의 입맛에 따라 변해왔음을 확인할 수 있다.

1886년	**Drink Coca-Cola** 마시자 코카콜라
1929년	**The Pause That Refreshes** 상쾌한 이 순간
1969년	**It's The Real Thing** 상쾌한 그 맛, 코카콜라
1979년	**Have A Coke And A Smile** 코카콜라와 함께 웃어요
1982년	**Coke Is It!** 코크, 이것뿐
1993년	**Always Coca-Cola** 언제나 코카콜라
2000년	**Enjoy Coca-Cola** 즐겨요. 코카콜라
2006년	**The Coke Side of Life** 코카콜라처럼 상쾌하게
2009년	**Open Happiness** 행복을 여세요

3부

슬로건의
활용

...'s when it hits you. You're ready for IBM.

Now... "We love to see you smile'   Where do you war

Come and live the magic.

Connecting people.

Did somebody say McDonalds?   Life tastes g

do you want to go today?

when it hits you. You're ready for IBM. Better ideas. Driven by yo
Now... ''We love to see you smile' Where do you want to go today
and live the magic. We bring good things to lif
necting people. Did somebody say McDonalds? Life tastes good
to go today?

8장

도시 슬로건

● ● ●

도시 브랜드 슬로건

플레이스(place)는 의미가 매우 다양한 개념으로 건물, 구역, 도시, 지역, 국가, 국가의 연합 등을 뜻한다. 단순한 물리적 공간이 아니라 인간의 경험과 인식 같은 관념적인 의미도 포함하며 관계와 맥락을 강조한 개념이다. 대부분의 개별 지방정부는 담당 행정구역인 도시와 지역이라는 플레이스를 대상으로 플레이스 브랜딩과 플레이스 마케팅을 전개한다. 플레이스는 '상황, 기회, 처지, 지위'라는 뜻이며, 플레이스의 이해관계자들이 사회·문화·경제적 관계를 형성하고 신념을 공유하면서 정체성과 역사성을 가진 플레이스가 만들어진다. 플레이스의 가장 위에는 국가 브랜드, 그 밑에 지역 브랜드, 다시 그 밑으로 도시가 대상인 도시 브랜드가 있다. 지역 브랜드는 "지방자치단체가 해당 행정구역을 대상으로 다른 지역과 차별화하기 위해 사용하는 이름, 기호, 상징물 또는 이들의 조합"이므로, 관할 정부의 크기에 따라 지역적 수준의 지역 브랜드, 도시적 수준의 도시 브랜드, 농촌 수준의 농촌 브랜드 등 다양한 하위 범주가 가능하다(이소영·이정훈, 2010).

이처럼 플레이스의 마케팅 필요성이 커지면서 자연스럽게 등장한 것이 플레이스 마케팅이다. 전통적인 마케팅 개념을 플레이스에 도입한 것으로, 마케팅 활동의 일부인 플레이스 브랜딩 역시 다른 지역과 차별화된 이미지를 구축하여 자산을 확보하기 위해 적용되었다. 플레이스의 정체성을 바탕으로 경제 활성화와 시민의 삶의 질 향상, 공동체의 번영을 위해 지역의 매력적인 이미지와 가치를 높이기 위해 필로와 키언스는 플레이스 마케팅을 "지방자치단체 또는 지방 기업이 기업가, 관광객, 지역 주민에게 플레이스의 매력을 돋보이게 하려고 이미지를 판촉하는 노력"이라고 보았다(Philo and Kearns, 1993). 플레이스 브랜딩은 로고나 슬로건 이상의 의미가 있으며, 제품 기능 이상의 편익을 정의하고 소비자의 마음속에 자리 잡도록 하는 다양한 노력을 포함한다고 했다.

플레이스 브랜드의 범위는 관광 브랜드, 무역과 투자 브랜드, 메가 이벤트 브랜드, 거주와 교육 이민 브랜드로서, 전술했듯이 건물, 구역, 도시, 지역, 국가, 국가 연합과 같은 개념으로 확장된다. 플레이스 브랜딩은 "인간이 머물고 싶은 곳"을 만드는 작업이다(박상훈 외, 2010). 안홀트는 플레이스 브랜딩을 "타운, 도시, 지역, 국가의 경제·사회·정치적 개발을 위해 브랜드 전략과 다른 마케팅 기술을 활용하는 행위"로 정의했다(Anholt, 2004). 결국 플레이스 브랜딩은 플레이스를 판매하는 노력이며(Lodge, 2006), 플레이스가 약속한 경험을 실행하고 이해하도록 이미지를 만드는 과정이다(Hankinson, 2007). 플레이스에 마케팅과 브랜딩을 도입하는 이유는 궁극적으로 플레이스를 판촉하고 브랜드 자산을 축적하기 위한 노력으로 이해할 수 있다.

세계적인 도시들의 브랜드 점수를 평가해 도시 브랜드 지수(city brand index: CBI)를 발표하는 영국의 브랜드 연구자 사이먼 안홀트는 도시의 경제적 부에 따른 척도가 아니라 문화와 과학의 국제적 지명도, 도시 미관, 교육 기회, 비즈니스 투자 환경 등을 종합해 평가한다(Anholt, 2006). 세계적인 투자가나 기업이 이를 바탕으로 도시의 순위를 매기고 투자와 마케팅 자료로 활용하기 때문에 조사 결과에 담긴 함의를 무시하기 어렵다. 도시 브랜드 지수는 인지도, 물리적 경관과 이미지, 경제 교육의 기회, 도시 생활의 매력, 주민 친절과 개방성, 생활 기반 시설 등 여섯 개의 설문 항목을 세계 주요 도시의 패널에게 설문 조사한 결과를 분석해 발표한다. 결국 도시 브랜드는 경쟁력을 확보하기 위해 경제 여건이나 삶의 질, 시민 의식, 문화 수준 등 다양한 차원을 고려해 중장기적인 브랜드 자산을 구축하려는 관점에서 브랜드 개성, 브랜드 이미지, 브랜드 충성도 등 소프트웨어적 측면을 분석하고 대응할 필요가 있다는 것이다.

플레이스 브랜드로서 도시 브랜딩이 급변하는 글로벌 환경에서 강조되는 또 다른 이유는 국가의 경쟁력을 높이는 것보다 개별 도시의 경쟁력을 높이는 것이 효율적이기 때문이다. 싱가포르, 두바이 같은 도시국가나 글로벌 도시가 등장하고 국가 간의 경계가 모호해지는 상황에서, 외국자본을 유치하기 위해 국가보다 지역과 도시 수준에서 다른 나라 도시와 경쟁이나 협력을 하는 사례가 더욱 많아졌다. 도시와 지역이 플레이스만의 잠재력과 특성을 극대화해야 세계적인 경쟁력을 확보할 수 있다(박상훈 외, 2010).

도시 브랜딩도 국가 브랜딩과 마찬가지로 도시의 이미지와 인지도, 유형과 무형의 가치를 높이는 것이므로, 플레이스 브랜딩 개념에서 가장 중요하게 다루어지고 있다. 마케팅 관점의 제품과 서비스가 도시와 목적지 브랜딩에 적용되면서 플레이스 브랜딩에 대한 학계와 실무의 관심이 커지고 있다(Cai, 2002; Gnoth, 2002; Kavaratzis and Ashworth, 2006; Parkerson and Saunders, 2005; Denton, 1980). 구체적인 연구 주제를 들자면 기업의 브랜딩과 도시 브랜드 사이의 비교 연구(Kavaratzis, 2004; Trueman, Klemm and Giroud, 2004), 플레이스 브랜드로서 도시 브랜드 연구(Ashworth et al., 2007; Brown, 2011; Hosany et al., 2006; Seppo, 2003; Vaidya et al., 2009), 기업의 엄브렐러 브랜딩과 도시 브랜드(Gnoth, 2002; Papadopoulos and Heslop, 2002), 플레이스 브랜딩과 포지셔닝의 효과(Gilmore, 2002), 이미지 구축과 재구축(Curtis, 2001; Hall, 1999), 차별화된 정체성과 브랜드 요소의 활용의 중요성(Cai, 2002; Morgan, Pritchard and Pride, 2004), 소비자와 감성적 연결의 역할(Gilmore, 2002; Hall, 1999) 등이 있다.

지역과 도시 브랜드 등 플레이스 브랜딩 연구는 비교적 최근에 연구되기 시작한 분야다. 따라서 실증적인 연구가 부족한 형편이 다(Caldwell and Freire, 2004). 예컨대 도시 브랜딩 과정에서 슬로건의 개발은 브랜딩의 핵심이 되는 브랜드 비전과 목표, 이미지 포지셔닝 등 마케팅 커뮤니케이션에서 가장 중요한 과정임에도 관련 연구를 찾아보기 어렵다. 카바라치스는 도시 브랜딩 과정에서 컨설턴트의 제안이나 이론과 실무 측면에서 접근의 차이를 분석한 세부적인 연구가 필요하다고 주장했다(Kavaratzis, 2004). 또한 핸킨슨도 이러한 접근이 이론적·실무적 발전을 불러올 것이라고 했다 (Hankinson, 2009).

브랜드 자산이 이미지의 총합이라고 한다면 도시 브랜딩에서 다양한 브랜드 접촉점을 관리해야 하며 슬로건을 중심으로 한 인지도 확보와 감성적 소구, 지역과 관련한 캠페인 전개는 기본적인 전제가 된다. 아울러 잠재 고객에게 노출되는 모든 정보의 출처를 관리해 광고, PR, 판촉, 구매, 사내 커뮤니케이션 등 전체 커뮤니케이션을 관리하는 IMC에서 주장하는 하나의 브랜드 메시지를 지속적이고 일관되게 전개하기 위한 슬로건 개발과 운용도 중요하다. 예컨대 하나의 브랜드 콘셉트(one brand concept)가 하나의 메시지(one message)로 한목소리(one voice)를 이끌어나가야 한다. 콘셉트를 바탕으로 작성된 슬로건을 지속적이고 일관되게 사용하는 것이 매우 중요하다.

도시 브랜드 슬로건

마케팅 포지셔닝은 주로 브랜드 네임, 심벌, 로고, 슬로건을 포함하며, 최근에는 브랜드에 대한 기술적이고 설득적인 정보를 담은 짧은 문구가 활용되고 있다(Keller, 2007). 슬로건은 수사적 장치로서 오랜 역사를 지녔고, 개인과 사회를 연결하는 다양한 캠페인을 통해 주제, 쟁점, 이미지를 만들어간다(Denton, 1980). 슬로건의 장점은 플레이스의 판촉을 위해 전략적으로 다양하게 활용할 수 있어 관광 브랜드에도 많이 활용되고 있다. 예컨대 신시아 오드(Cynthia Ord)는 플레이스 브랜드인 관광 목적지(destination) 슬로건의 문제점을 지적하며 "I ♥ New York", "Virginia is for lovers", "Las Vegas: What happens here, stays here"와 같은 관광 슬로건은 상징적 랜드마크로서 플레이스의 정체성을 만든다고 했다(Ord, 2010). 그러나 시간을 초월하는 좋은 슬로건은 쉽게 만들어지지 않으며 오히려 나쁜 슬로건이 만들어지기 쉽다. 간단한 문구로 플레이스의 특징을 간결하게 표현한 좋은 슬로건은 소비자에게 뚜렷이 기억된다. 그렇기 때문에 브랜드 슬로건은 실무자와 연구자 모두에게 중요한 주제가 되었고, 브랜드에 긍정적인 효과를 주지만 브랜드 자산에 따라 학습되고 평가된다는 것을 밝혀냈다(Micael et al., 2005).

1980년대 초부터 미국 50개 주와 주요 도시의 DMO(destination marketing organization)는 마케팅 캠페인을 위해 슬로건을 활용해왔다. 데이비드 클레노스키(David Klenosky) 등은 관광 매니저 260명과 전화면접을 한 뒤에 광고캠페인과 슬로건이 같이 활용되면 인지, 이해, 호감 등 판촉 효과를 거둔다고 밝혔다(Klenosky et al., 1997). 그러나 여기서 문제는 슬로건이 너무 자주 바뀌었으며 21년 동안 바뀌지 않은 곳은 50개 주 중 여섯 곳에 불과했다(Pike, 2004). 유타의 경우 1982년에는 "Utah - more vacation per gallon"이었으나 1993년부터 2003년까지는 간단하게 "Utah!"였다. 플로리다는 1982년 "Florida - when you need it bad, we've got it good"에서 1990년대에 "Florida - coast to coast"를 거쳐 2003년에는 "FLA USA"로 바뀌었다. 코네티컷의 슬로건은 1982년 "Better yet - Connecticut"에서 1993년에 두운을 살린 "Classic Connecticut"로, 2003년에는 "Connecticut - full of surprises!"로 수정했다. 켄터키는 초기의 "Oh! Kentucky - You'll come to love it"에서 "The uncommon wealth of Kentucky"와 "Kentucky - it's that friendly"를 거쳐 최근 "Kentucky - unbridled spirit"로 교체되었다.

플레이스와 도시의 브랜드 커뮤니케이션 역시 일반 기업과 마찬가지로 TV, 신문 등 매체 광고, BI(brand identity), 보도 자료, 다양한 이벤트와 프로모션을 통해 고객 접점을 관리한다. 이 과정에서 브랜드의 의미와 정신, 전략의 핵심 메시지는 브랜드 슬로건이 담당한다. 르볼이 슬로건을 "지름길의 수사학"(Reboul, 1975)이라고 한 것처럼 도시 브랜드 슬로건은 커뮤니케이션 과정에서 해당 도시가 목표한 핵심적인 메시지를 효과적으로 전달하는 수단이며, 전략의 핵심(backbone)을 지름길처럼 쉽고 빠르게 전달한다. 이처럼 슬로건은 수사적인 장치를 활용해 효과를 높이게 되는데, 디모프티 등은 여러 가지 의미를 지닌 슬로건이 제품의 특성을 잘 전달할 수 있다고 했다(Dimofte et al., 2007).

도시 브랜드와 브랜드 슬로건에 관한 분석 결과가 주는 함의는 도시 브랜드 마케팅과 커뮤니케이션 전략이 부재해 브랜드 전략의 수립을 통한 지역 브랜드 개발 모형과 아키텍처의 도입이 필요하다는 것이다. 일부 브랜드와 슬로건에 대한 개념이 부재하거나 혼재하기에 이를 구분할 필요성이 제기되었다. 최근에 브랜드가 다양한 분야에서 강조되고 여러 브랜딩 활동이 전개되면서 브랜드 슬로건에 대한 문제점이 계속 지적되고 있다. 한국의 250개 지방자치단체의 슬로건 내용을 분석한 결과 높은 관심도에 비해 전략적 운영은 미숙한 형편이며, 관련 프로그램도 부족했다(이희복, 2006). 또한 슬로건과 브랜드에 대한 개념을 혼동하는 경우가 적잖이 나타났다. 슬로건의 전략적 개발과 효과적 사용에 대한 연구가 요구된다(Pike, 2004; Richard and Cohen, 1993).

니겔 모건(Niegel Morgan) 등은 지금까지 도시를 비롯한 목적지 브랜드는 제한된 예산, 전반적인 통제, 내부와 외부의 압력과 도전을 받으며 차별화할 수 있는 핵심적인 브랜드를 창조해야 한다고 했다(Morgan et al,, 2005). 잘 조직된 집중적 커뮤니케이션으로 소비자와 감성적 관계를 만들어야 한다고 주장하면서, 뉴욕의 "I ♥ New York"과 글래스고의 "Glasgow's miles better" 캠페인을 소개했다. 많은 사례가 그러하듯 캠페인은 로고와 슬로건에 초점을 맞춰 감성 브랜드가 잠재적인 방문객과 감성적 관계를 맺을 수 있도록 설계해야 한다고 강조하며 "Amazing Thailand"와 "100% New Zealand" 캠페인을 예로 들었다. 두 캠페인의 결과, 목적지의 본질과 정신에 대한 태도와 연상이 바뀌었다. 브랜딩에서는 이미지가 중요하므로 사람들이 지역의 강점을 인식할 수 있어야 하며, 장소 마케터는 다른 주요 경쟁 지역을 능가하도록 명성을 획득해야 한다고 강조했다.

로버트 덴턴(Robert Denton)은 수사적 장치인 슬로건은 유구한 역사가 있으며, 슬로건은 역사적으로 주요 사건에서 대강의 주제를 알려주고 사회의 희망과 좌절을 보여준다고 했다(Denton, 1980). 사회적 상징으로서 사람들을 하나로 모으고, 나누며, 바꾸기도 한다. 따라서 슬로건은 개인이나 사회의 행동을 직접 연결한다. 그러나 슬로건의 수사적·설득적 성격에 대한 연구는 부족한 편이라고 했다. 오늘날 대통령 선거 캠페인을 예로 들면 포스터, TV와 라디오 광고 등을 통해 후보들의 다양한 면모를 보여주어 유권자에게 친근한 주제, 쟁점, 이미지를 전달하고자 한다.

스티브 파이크(Steven Pike)는 플레이스의 포지셔닝을 위한 슬로건의 논리적 배경이 되어야 할 요소로 슬로건 가치, 목표공중, 차별화, 기억성, 장기간의 사용, 약속 이행 등 여섯 가지를 제안했다(Pike, 2004). 구체적으로 "첫째, 슬로건이 제안하는 가치는 무엇인가? 둘째, 슬로건의 목표공중은 누구인가? 셋째, 슬로건을 어떻게 차별화할 것인가? 넷째, 슬로건 메시지를 어떻게 기억시킬 것인가? 다섯째, 슬로건이 장기간 사용할 수 있게 설계되었는가? 여섯째, 슬로건이 실체를 바탕으로 만들어졌는가?"이다. 그리고 에곤 구바(Egon Guba)의 14유형을 토대로 기능적 속성, 감성적 품질, 여행 동기, 시장 세분화, 자기표현 상징, 위험 고려, 브랜드 리더십, 초점, 산만, 조합 등 10유형으로 발전시켰다(Guba, 1978).

슬로건은 기업 명칭, 상징, 로고 타입, 서체, 컬러 등으로 구성된 CVIS(corporate visual identity system)의 구성 요소로, 잠깐 동안 사용되는 메시지, 즉 캠페인의 각종 캐치프레이즈와는 다르게 지속적이며 이들의 기능을 모두 통합해 수행한다. 또 과거에 사회운동에서 사용하던 단순한 문장 표현인 구호와 달리 그래픽 디자인 작업을 통해 시각적 이미지를 전달한다. 슬로건은 브랜드가 지닌 메시지의 강도와 차별성을 보완하는 역할을 하며, 브랜드의 추가적 연상을 자극하고, 소비자들이 브랜드가 무엇이며 브랜드의 의미가 무엇인지 이해하게 하는 고리 역할을 한다(박흥식, 2005). 즉, 브랜드와 소비자와의 관계 관리가 매우 중요해지고 있다. 브랜드와 소비자 간에 지속 가능한 접촉점을 이용할 수 있는 모든 자원을 동원해 관리하는 360도 커뮤니케이션, 즉 브랜드 접촉점 관리(brand contact management)가 마케팅 커뮤니케이션의 전 과정에서 중요한 이슈가 되었다. 브랜드 가치의 중요성은 나날이 커지고 있다. 대부분의 소비자가 제품 소비자가 아닌 브랜드 소비자가 되었기 때문이다. 브랜드에 대한 관심과 노력은 이제 기업의 제품 영역에서 개인과 상징을 넘어 도시와 국가 등 지역 브랜딩(place branding)으로 확장되고 있다. 지금까지의 도시 정책이 경제 활성화, 고용 창출, 산업 생산 증대 등 물리적·외형적 성장을 중시해왔다면, 앞으로는 문화, 자연경관, 사람 등 감성적 매력을 중시하는 이미지 제고 노력으로 변화할 것이다(김유경, 2004).

도시 브랜드 슬로건 연구는 언론학 외에도 플레이스 브랜딩과 관광 목적지 연구에서 시작되었으며, 브랜드 포지셔닝, 마케팅과 디자인, 언어학 등 국내외의 다양한 학문 분야에서 계속되고 있다 (Klenosky and Gitelson, 1997; Hankinson, 2004, 2007, 2009; Pike, 2002, 2004; Supphellen and Nygaardsvik, 2002; 박의서, 2004; Lee, Cai and O'Leary, 2006; 박흥식, 2005; 이미경·오익근, 2007; 이상훈·최일도, 2007; 이희복, 2006, 2010, 2012; 최홍락, 2007; 최민욱·윤일기, 2008; 신순철·황인호, 2009; 정경일, 2009). 그러나 우리나라의 도시들이 해외 여러 도시와 경쟁하게 되면서 도시 브랜드 슬로건을 비교 연구해야 할 필요성이 제기되고 있다. 왜냐하면 도시 브랜드 슬로건은 광고 카피의 하나로서 브랜드 이미지 형성에 구체적으로 개입하는 언어 중심의 수사학이며, 도시의 경쟁력을 결정하는 홍보 전략으로서 생존에 핵심적인 역할을 하기 때문이다. 특히 슬로건은 도시 브랜딩 과정에서 만들어지는 전략적인 결과물이자 커뮤니케이션 메시지를 좌우하는 요인이라는 점에서 매우 중요하다.

리처드슨(J. Richardson) 등은 미국 46개 주의 슬로건을 독특한 판매 제안(이하 USP)을 기준으로 삼아 포지셔닝 없음, 제품 구매 포지셔닝, 제품 선호 포지셔닝, 제품 특성 동일화 포지셔닝, 제품 특성 차별화 포지셔닝, 제품 특성과 무관한 포지셔닝, USP 등 일곱 단계로 분석했다. 연구 결과 슬로건의 대다수가 의미 있는 특징을 갖는 데 실패했으며, 독특한 판매 제안도 없는 것으로 드러났다(Richardson et al., 1993). 이들은 좋은 슬로건의 조건으로 USP 전략을 제안하면서, 각 주의 관광 홍보에 슬로건이 결정적인 역할을 한다고 주장했다. 클레노스키와 리처드 기텔슨(Richard Gitelson) 역시 미국의 여행사 매니저들과 전화 인터뷰를 통해 각 주 슬로건의 인식을 조사하고 특징을 분석했는데, 효과적인 슬로건의 조건으로 기억성, 이미지 전달, 목표공중, 독창성, 재미, 단순성을 들었다(Klenosky and Gitelson, 1997). 리(G. Lee) 등은 미국 50개 주의 공식 관광 웹 사이트의 내용을 분석했다. 각 주를 5개 그룹으로 분류해 각 그룹에 포함되는 주의 슬로건, 그래픽이나 문자, 이미지, 타깃 시장, 브랜딩할 수 있는 판매 소구점(selling point)을 제안했다(Lee et al., 2005).

도시 브랜드 슬로건 개성
데이비드 아커(David Aaker)는 브랜드 개성이란 브랜드와 소비자의 관계 속에서 연상되는 것으로, 브랜드를 의인화함으로써 느낄 수 있는 특성들의 집합이라고 정의했다(Aaker, 1997). 그는 브랜드 개성의 다섯 가지 차원을 다시 42개 항목으로 분류해 브랜드 개성의 다양한 차원을 분석했고, 우리나라에서도 브랜드 개성의 차원들을 밝혀낸 바 있다. 이와 같은 브랜드 개성의 개념 역시 여러 연구자가 도시 브랜드 연구에 적용하고 분석한 바 있다.

아커는 브랜드 개성은 브랜드와 관련된 연상과 인간적 관계에서 만들어지는 연상과 비슷하며 특정 캐릭터, 상징, 옹호인, 라이프스타일, 전형적인 사용자 연상이 포함된다고 했다. 그러면서 인간의 개성과 같이 진실성, 흥미 유발성, 유능함, 세련됨, 강인함 등 다섯 개의 브랜드 개성의 차원을 규명하고 브랜드 개성 척도를 개발했다(Aaker, 1997). 도시는 사람과 같이 관계에 의해 개성이 나타나므로 도시 브랜드 창출과 마케팅 커뮤니케이션 전략 과정에서 개성의 영역이 중요하게 인식된다(강승규, 2006).

김유경과 최창원은 장소 브랜드를 지역에 대한 관점에 따라 구분하고 나서 한국의 국가 이미지를 분석한 뒤 7개국을 대상으로 브랜드 개성에 일반적인 이론 체계를 적용해, 국가 브랜드 개성 인식에 영향을 미치는 요인을 밝히고자 했다(김유경·최창원, 2006). 이외에도 도시 브랜드를 브랜드 자산과 연결한 연구도 진행되고 있는데, 구자룡과 이정훈(2008)의 경우 도시 브랜드 자산을 실질적으로 평가할 수 있는 지수를 개발하고자 시도했다(구자룡·이정훈, 2008).

또한 문빛과 이유나는 브랜드 개성을 측정해 도시 브랜드 태도와의 상관관계를 살펴보고자 했다(문빛·이유나, 2010). 도시 브랜드 슬로건을 브랜딩의 핵심 메시지로 보고 이를 분석한 연구(이희복 외, 2013)에서는 각 도시 브랜드 슬로건이 차별화를 지향하고 있으나 신뢰와 공감이 부족한 것으로 나타났으며, 도시 브랜드 전략과 슬로건 제작 시 브랜드 개성 척도를 참고할 것을 제안했다. 따라서 이 연구에서는 도시 브랜드의 개성, 특히 슬로건의 개성 유형에 대한 분석과 브랜드 개성의 구성 요인을 중점적으로 파악했다. 이는 효과적인 도시 브랜드 전략의 개발과 캠페인 과정에서 반드시 필요한 연구다. 도시 브랜드를 관리하기 위해 슬로건의 개선을 파악하고, 이를 토대로 도시 브랜드 자산을 구축하면 전략적인 도시 브랜딩이 가능하다.

서울을 비롯한 주요 도시 브랜드 슬로건의 개성 유형을 통해 구성 요인을 분석하는 것은 도시 브랜드 전략과 슬로건 개발 등 IMC의 토대가 될 것이다. 이를 통해 기존의 도시 브랜드 슬로건을 평가하고 브랜드 캠페인 과정에 효과적으로 반영할 실무적·정책적 함의를 제공할 수 있다. 각 도시 간의 슬로건 유형을 비교함으로써 객관적인 평가 자료가 될 수 있어 도시 브랜드를 이해하는 데 도움이 될 것이다.

〈표 8-1〉은 17개 지방자치단체의 브랜드 슬로건을 보여준다. 각 슬로건이 사용된 시기를 보면 서울은 2011년 11월(희망 서울), 부산은 2003년 11월(다이내믹 부산), 대전은 2004년 7월(It's 대전), 대구는 2004년 12월(Colorful 대구), 광주는 2010년 7월(행복한 창조도시), 인천은 2006년 2월(Fly 인천), 울산은 2004년 7월(Ulsan for you), 세종은 2012년 7월(세상을 이롭게)이다. 영문 슬로건은 부산을 비롯해 아홉 개 도시, 국문 슬로건은 서울을 비롯해 일곱 개 도시, 경기도의 경우는 국문과 영문 슬로건을 함께 사용했다. 서울과 같이 하나의 구(句)로 구성한 도시는 아홉 개, 광주처럼 두 개 이상의 구(句)로 구절을 형성한 도시는 여덟 개였다. "희망 서울"처럼 단순한 인사나 추상적 의미, 호감의 제시가 아닌 USP나 전략을 담은 슬로건으로는 인천,

표 8-1 지방자치단체의 브랜드 슬로건과 상징

강원, 충남, 전남, 전북을 들 수 있다.

도시 브랜드와 슬로건의 소결

도시는 항상 브랜드로 존재해왔다. 제품과 서비스를 구매하며 비즈니스와 투자, 관광과 방문의 대상이 되는 것은 물론이고, 거주를 희망하는 도시의 경쟁력은 도시 브랜딩이 좌우하게 되었다

(Anholt, 2006). 도시는 역사, 문화, 생태계에 기반을 두고 있으며, 이러한 도시 DNA를 브랜딩으로 잘 드러낼 수 있어야 한다. 도시가 없으면 도시 브랜드를 만들 수 없다. 인위적으로 내부와 외부를 구분할 수도 없다. 중요한 것은 기술적으로 '도시 브랜드를 관리하는 것'이 아니라 합의와 사회 변화를 촉진하기 위한 지렛대 역할을 하도록 도시 브랜드를 관리해야 한다(Kapferer, 2007).

서울을 비롯해 우리나라 도시들은 국내는 물론이고 전 세계의 도시들과 다양한 분야에서 경쟁하게 되었다. 도시 브랜드를 다양한 미디어에 노출시키고 적극적으로 홍보 활동을 해 시민은 물론 세계인의 주목을 끌어야 한다. 거주, 관광, 투자를 비롯해 다양한 상황을 잘 담아낸 도시 슬로건은 설득력을 갖는다. 도시 브랜드 슬로건은 이미지를 만들고 강화하며 하나의 이미지를 구축할 유용한 브랜딩 전략이며, 도시의 비전과 변화를 시민을 비롯한 목표 공중과 커뮤니케이션할 수 있는 유용한 도구다(이희복·주근희, 2013). 도시는 하나의 브랜드로서 마케팅과 커뮤니케이션이 관리되어야 하며, 도시 경쟁력이 모여 국가 경쟁력을 구성한다. 따라서 도시는 슬로건과 디자인에 스토리와 독특한 감성을 담아내야 한다.

우리나라 주요 도시들의 브랜드 개성을 살피고자 서울시를 비롯한 각 지방자치단체의 브랜드 슬로건 개성을 분석했다. 도시 브랜드 연구와 슬로건 연구로 나누어 접근했으며, 서울을 비롯한 주요 도시의 브랜드 슬로건 개성을 분석 및 평가하고, 슬로건을 통한 도시 브랜드 전략의 시사점을 알고자 했다.

도시 브랜드 슬로건을 만드는 데만 힘을 쏟지 말고 브랜드 콘셉트와 전략 등 본질을 잘 살펴야 한다. 전략 없이는 공허한 목소리가 되므로 슬로건은 도시 브랜드 전략 전체와도 잘 맞아야 한다. 또한 일정 기간 동안 한목소리로 브랜드 커뮤니케이션에 널리 활용되어야 한다고 주장했다. 콜리(C. L. Kohli) 등은 "장기적 관점, 브랜드 포지셔닝 토대, 브랜드 연상, 반복 사용, 운율 활용, 처음부터 사용, 단순한 크리에이티브"를 주장하면서 매우 전략적이고 장기적인 관점에서 콘셉트와 브랜딩을 고려한 슬로건을 개발해야 한다고 강조했다(Kholi et al., 2007). 그러므로 도시 브랜드 슬로건의 목표는 도시 브랜딩에 맞춰져야 한다. 우리나라의 주요 도시 브랜드 슬로건을 살펴보면 민선 6기를 거치면서 중요성과 전략적 운용은 뒷전인 채 즉흥적이거나 시정 목표와 혼재되는 등 브랜딩에 적합하지 않은 사례가 많다. 슬로건을 하루아침에 바꾸어버리는 것은 마케팅 커뮤니케이션과 브랜딩 차원에서 커다란 문제다. 많은 시간과 자원을 투여한 슬로건을 자치단체장의 교체나 시민이 참여하는 공모전의 입상작 활용을 이유로 쉽게 바꾸어서는 안 된다.

이상의 연구 결과를 토대로 시사점을 요약하면 다음과 같다.

첫째, 도시 브랜딩 지수의 도입이다. 서울을 비롯한 주요 도시의 도시 브랜드 슬로건은 물론이고, 도시 브랜딩을 위한 도시 브랜드 지수의 개발이 요구된다. 현재 안홀트와 KLBCI(한국 지방 브랜드 경쟁력 지수), ≪포브스(Forbes)≫ 등에서 도시 브랜드 지수를 발표하고 있지만, 도시 브랜딩 활동 전반을 평가할 수 있는 척도와 추진 체계를 수립하고 이를 국내 도시 브랜딩에 활용할 방안을 고려해야 한다.

둘째, 도시 브랜드위원회의 설립이다. 학계와 업계의 자문을 받아 서울 도시브랜딩위원회를 출범시켜 관련 업무를 주관하게 하는 것도 대안이 될 수 있다. 선행 연구(이경미·김찬동, 2010)의 제안과 같이 '서울브랜드위원회'와 '서울 브랜딩 시스템'의 검토도 가능하다. 다행히 최근에 서울시는 '브랜드추진위원회'를 신설해 서울의 도시 브랜딩을 강화하고 있다. 다른 주요 도시도 이를 벤치마킹할 필요가 있다고 본다. 위원회를 중심으로 경쟁 도시와 비교해 차별화된 포지셔닝, 타깃별 맞춤 브랜딩 전략의 개발이 완성된다면 성공적인 캠페인을 전개할 수 있을 것이다.

셋째, 도시 브랜드 슬로건의 전략적 사용이다. 즉, 슬로건을 만드는 데만 힘을 쏟지 말고 마케팅과 커뮤니케이션 전반을 통합하는 노력(IMC)이 필요하다. 아울러 내부 고객인 시민과 외부 고객인 투자자와 방문객에게 도시의 정체성을 보여주어야 한다. 이렇게 해야만 도시 브랜드 슬로건은 시민과 세계인의 머릿속에 자리할 수 있다.

서울의 도시 브랜드 슬로건과 우리나라 주요 도시의 슬로건을 비교해 슬로건의 개성 요인을 분석하고 태도와 행동 의도를 살펴보았다. 이를 토대로 도시 브랜딩 과정에서의 슬로건 작성의 차별화와 전략적 운동의 필요성을 밝혔다. 이와 함께 실증적인 도시 브랜드 슬로건의 개성 요인을 토대로 도시 브랜드 자산을 구축해 나갈 것을 주장했다. 이러한 의견이 실무에 활용되어 향후 슬로건의 효과 연구로 확장될 수 있다면 새로운 함의를 제공할 수 있을 것이다.

"Imagine your Korea"

한국 관광 슬로건의 상상력

현재 우리나라의 관광 브랜드 슬로건은 "Imagine your Korea(상상하세요, 당신만의 대한민국)"다. 무한한 매력으로 한국을 방문하는 외국인 관광객의 상상력을 자극하는 한국의 모습을 슬로건에 담았다. 브랜드 디자인은 한국의 활기차고 다양한 모습과 모든 방한 관광객을 환영한다는 뜻을 담아 한국의 대표적인 색상 조합인 색동과 상모돌리기 모티브를 반영했다. 특히 K 웨이브, K 푸드, K 스타일 등 다양한 관광자원을 가진 Korea의 'K'를 강조했다. 관광 브랜드 슬로건 공모전에 응모한 슬로건 중에서 글로벌 브랜드 전문가들과 자문위원회가 선정한 슬로건이다. "your korea(당신만의 대한민국)"는 패키지여행이나 최근 늘어나는 개인 여행의 취향을 반영했다고 한다.

"Imagine your Korea"의 핵심 가치와 브랜드 아이덴티티는 다음과 같다. 한국의 인물과 문화, 역사와 환경, 상품과 서비스, 국가 방향성, 고객의 요구와 경향을 살펴본 결과 다양한(diverse), 활기찬(vibrant), 창조적인(creative), 흥미로운(intriguing)이라는 네 가지 핵심 가치를 도출했으며, 이를 통해 한국 관광 브랜드 아이덴티티를 창의적 동기(creative motivation)로 설정했다(http://www.imagineyourkorea.com/kr).

● 브랜드 플랫폼

우리는 한국의 무한한 매력을 K 푸드(K-Food), K 웨이브(K-Wave), K 스피리트(K-Spirit), K 플레이스(K-Place), K 스타일(K-Style)을 통해 소개하며, 새로운 한국 관광 브랜드를 통해 전 세계인들이 한국 관광에 대해 끊임없이 상상할 수 있도록 지속적인 커뮤니케이션 활동을 추진해나간다.

● 브랜드 슬로건

한국 관광 브랜드의 슬로건 "Imagine your Korea"는 활기찬 쇼핑 거리, 매력적이고 창의적인 문화 콘텐츠 등 한국의 다양한 관광자원을 여행자들의 관점에서 표현한 문구다.

● Korea 로고 타입

전통의 기법을 현대적으로 응용한 활력과 생동감이 느껴지는 캘리그래피로 상상력을 자극하고, O 자의 형태는 상모돌리기를 모티프로 삼아 상상의 에너지가 끊임없이 나오는 모습을 상징적으로 표현했다.

● Imagine your 로고 타입

개성 있는 Korea의 형태와 조화를 이루도록 안정감 있고 심플하게 표현했다.

● K 로고 타입

한국을 대표하는 상징으로 널리 인식되어 있는 K를 강조하면서 두 팔 벌려 환영하는 모습으로 표현했다.

● 색상

한국의 대표적인 색상 조합인 색동을 활용해 한국에서 즐길 수 있는 다양한 경험을 상징적으로 표현했으며, 색동이 돋보이도록 감청색을 조화롭게 사용했다.

"Dynamic Korea"에 이어 '반짝반짝하는', '찬란한'이라는 뜻 외에 '에너지를 재생시켜주는', '활기찬', '신선한'이라는 의미의 "Korea Sparkling"을 사용했다. 찾아가고 싶은 나라, 신비한 나라라는 이미지를 전달하겠다는 전략이었다. "Korea Sparkling"은 영국의 국가 브랜드 전략 전문가인 안홀트의 작품으로, 한국의 전통과 미래를 상징하는 컬러를 조선 시대 왕실을 뜻하는 빨간색과 초록색으로 표현했다. 로고 사이의 빈 공간은 창을 통해 세계를 보고 한국을 본다는 의미라고 한다. 이 밖에도 국가브랜드위원회가 제안한 "Korea, Be Inspired"가 사용되기도 했다. "Korea sparkling"이 '광천수'를 연상시켜 홍보에 부적합하다는 지적이 제기되면서 변경되었다.

타 국가의 관광 브랜드 슬로건 현황

9장

정치 슬로건

● ● ●

17대 대통령 선거 캠페인과 슬로건

1992년 14대 대통령 선거 이후 2007년 17대 대통령 선거까지, 네 번의 대통령 선거를 통해 정치광고는 정치 커뮤니케이션의 한 부분으로 자리 잡았다. 물론 그 이전인 1987년 13대 대통령 선거부터 정치광고가 등장해 정치 선거의 주요 도구로 활용되기 시작했지만, 1992년부터는 각 후보 진영에서 광고 회사를 활용해 기업광고 전략을 도입하는 등 양적인 측면과 질적인 측면 모두에서 정치광고는 크게 발전하며 전환기를 맞았다(조병량, 1993). 이 밖에도 지방자치단체장 선거나 국회의원 선거에서도 정치광고가 도입되어 활발히 시행되고 있다. 그러나 유권자인 국민의 관심이라는 측면에서 볼 때 대통령 선거만큼 커다란 관여를 불러일으킨 선거는 없었다. 지난 2002년 대통령 선거 결과에서도 알 수 있었듯이 노무현 후보와 이회창 후보의 선거 캠프에서 펼친 정치 캠페인은 5년이 지난 2007년 대통령 선거에도 영향을 미쳤을 정도로 선거 캠페인의 성공 사례로 손꼽힌다. 특히 '노무현의 눈물'이나 '기타 치는 대통령' 등 유권자의 감성을 자극하는 긍정적 소구(positive approach)의 광고가 좋은 평가를 받았다. 이는 당선을 낙관하며 부정적인 소구(negative approach)로 일관하던 유력 경쟁 후보를 누르는 이변을 불러왔다.

다매체·다채널 시대로 접어들면서 유권자의 선택권이 강화되고 커뮤니케이션 과정이 복잡해졌다. 후보와 정당의 정치적인 견해를 효율적으로 전달할 수 있는 매체가 필요해져 다양한 수단이 동원되었는데, TV 정치광고가 비교적 적합해 후보와 정당은 이를 널리 활용하기 시작했다. 또한 선거공영제에 따른 선거 비용의 제한과 미디어 선거의 확산으로 집회 중심의 유세를 꺼리게 되면서 유권자들은 소비하듯 후보자를 쇼핑하는 이른바 '정치광고의 이미지 시대'를 맞게 되었다. 미디어가 그동안 정당이 해오던 역할을 대신하기에 이른 것이다.

17대 대통령 선거의 경우에는 정책이나 인물에 대한 심도 깊은 논의보다는 BBK 이슈에 집착한 부정주의(negativism)와 이를 비켜 가기 위한 후보 이미지 중심의 대결 구도로 시종일관 진행되어 정치광고가 이전보다 제 역할을 다하지 못한 것으로 평가되었다(김병희, 2007; 이희복, 2007). 강형구는 17대 대통령 선거의 지배적 양상은 선두 후보의 독주가 캠페인 내내 계속되었고, 경쟁 후보들이 선두 후보를 치열하게 공격했지만 공허한 메아리일 뿐 돌아오지 않았다고 분석했다(강형구, 2008). 돌이켜보면 유권자는 스포츠 경기를 즐기듯 흥미로운 관전이 아닌 후보들의 뚜렷한 이미지나 정책, 이슈가 없는 캠페인을 지루하게 지켜봐야 했다.

같은 이유로 TV 토론과 찬조 연설도 활성화되지 못했으므로 정치광고가 과연 효과적인지에 대한 의문도 함께 제기되었다. 여기에 기존 정치에 대한 회의적인 태도까지 가중되면서 63.0%라는 역대 대통령 선거 최저 투표율을 기록했다.●

그러나 정치광고, TV 토론회, 찬조 연설 등 선거 캠페인에서 정치광고는 매우 비중 있게 다루어지고 있다. 케이드(L. L. Kaid)는 정치광고야말로 후보자와 정당이 메시지 내용과 형식을 완벽하게 통제

● 제17대 대통령 선거에는 유권자 3765만 3518명 중 2373만 2854명이 투표에 참여해 63.0%의 투표율을 기록했다. 17대 대통령 선거의 투표율은 16대 대통령 선거(70.8%)보다 7.8% 하락해 역대 최저로 기록되었다(≪연합뉴스≫, 2017년 12월 20일 자).

할 수 있기 때문에 미디어 선거에서 가장 중요하다고 했다(Kaid, 1981). 조병량은 우리나라가 미디어를 통해 선거운동이 이루어지는 미디어 정치(mediacracy), 텔레크라시(telecracy), TV 정치(telepolitics)의 시대를 맞고 있다고 했다(조병량, 1998). 따라서 대통령 선거 과정에서 전개된 TV 정치광고 분석은 정치 커뮤니케이션 연구에서 의미 있는 일이다. 17대 대통령 선거의 정치광고 분석을 통해 정치광고의 특징을 내용과 형식, 수사적으로 살펴봄으로써 연구 결과가 선거 승패의 요인으로, 또는 향후 선거 전략 수립을 위한 기초 자료로 제공될 수 있을 것이다.

정치광고의 정의

TV 정치광고를 처음으로 활용한 사람은 미국의 드와이트 아이젠하워(Dwight Eisenhower)로 1952년 광고 회사와 계약해 TV와 라디오를 통해 스스로를 제2차 세계대전의 영웅으로 전국적으로 소개해 선거에서 승리했다. 케네디는 TV의 영향력을 다른 이들보다 잘 활용해 젊고 패기에 찬 이미지로 닉슨을 압도할 수 있었다. 이와 반대로 레이건은 나이가 많은 약점을 역으로 활용해 대통령 선거에서 승리했으며, 영국의 대처 수상은 광고 회사 사치&사치를 활용해 당선된 것으로 알려져 있다(김정현, 2006).

최근의 선거에서 후보자와 정당들은 정치 커뮤니케이션에 높은 관심을 보이고 있다. 정치광고를 비롯한 정치 커뮤니케이션 현상은 유권자 설득을 매우 중시하는데, 설득을 위한 커뮤니케이션 노력이 정치 행위의 중요한 부분으로 부각되었기 때문이다. 정치광고의 이와 같은 개념을 잘 설명한 케이드는 "정치광고란 선거에 출마한 입후보자와 정당 등의 송신자가 유권자의 정치적 신념, 태도, 행동에 의도적으로 영향을 미칠 수 있는 정치적 메시지를 대중매체를 통해 전달할 기회를 돈을 지불하고 구매하는 커뮤니케이션 과정이다"라고 했다(Kaid, 1981). 데블린(Devlin, 1989)도 "정치광고는 지지 또는 공격 메시지를 통해 유권자의 긍정적·부정적 감정을 유발해 자신의 후보나 정당을 효과적으로 알리고 유권자의 투표행위에 영향을 미치는 것"이라고 했다. 이는 정치광고를 방어와 공격, 긍정과 부정의 관점으로 파악한 정의다. 리프먼은 새로운 세대의 일상에서 설득은 자명한 기술이 되었으며, 정부가 대중에게서 지지를 얻으려면 반드시 운용해야 할 매우 중요한 가치가 되었다고 강조했다. 그는 사람들의 동의를 얻어내는 기술이 정치적 전제를 바꿀 정도로 중요한 요소가 되었으나, 이를 제대로 이해하지는 못하고 있다고 지적했다(Lippmann, 1954). 정치광고의 설득적인 측면의 중요성을 재차 강조한 것이다.

반면에 정치광고의 마케팅 측면에 대해 논의를 이어간 이시훈은 정치의 사전적 정의와 광고의 전통적 정의(AMA, 1948)*를 활용해 정치광고의 정의에 적용했다. 그는 "국가권력을 획득하고 유지하며 행사하기 위한 여러 가지 활동을 위해 정당이나 정치인이 유료로 수행하는 비대인적 커뮤니케이션 활동"이라고 정치광고를 개념화했다(이시훈, 2004).

이상에서 논의된 설득과 마케팅 개념의 정의를 정리하면, 정치광고는 "정치 커뮤니케이션의 한 부분으로 광고를 활용해 입후보자나 정당이 의도한 설득 목표를 달성하기 위해 유권자에게 메시

● 미국 마케팅협회(American Marketing Association)에서 규정하는 광고의 정의다. 명시된 광고주가 유료로 수행하는 조직, 제품, 서비스 또는 아이디어에 대한 비대인적 커뮤니케이션의 형태다.

지를 전달하는 광고 활동"이다. 예전의 선전 도구에서 설득 커뮤니케이션으로 정치광고에 대한 인식이 전환된 것은, 유권자를 소비자로 보고 강압적인 방법이 아닌 자발적인 동의와 설득으로 태도를 변화시켜야 한다는 점을 정치광고 활동의 핵심적인 개념으로 이해하게 되었음을 의미한다.

정치광고의 기능

정치광고는 실제 선거 캠페인에서 유권자들에게 후보자를 알리고 선호하게 하며 투표하도록 정보를 제공하고 설득하는 등 다양한 기능을 한다. 김무곤은 정치광고의 기능을 크게 유권자 측면과 입후보자 측면으로 나누었다. 유권자 측면에서는 첫째, 유권자에게 선거와 관련된 정치적 쟁점을 제공하고 정의하며 문제를 제기하고 반복을 통해 쟁점을 정의하는 기능을 한다. 둘째, 선거와 관련해 유권자들에게 출마자의 정보, 공약, 정당의 정책을 가장 경제적으로 제공한다. 셋째, 국민들의 투표 참여를 높여 정치사회화의 기능을 한다. 그리고 후보자 측면에서는 첫째, 지명도를 높여주는 수단이 된다. 둘째, 후보자 개인의 이미지나 정당의 상징을 전파할 수 있다. 셋째, 상업 광고처럼 소비자를 창출하지 않고 지지자의 정치적 결집을 강화한다. 정치광고의 기능을 커뮤니케이션 과정의 송신자인 입후보자와 수신자인 유권자로 바라보았다는 점에서 의의가 있다(김무곤, 1997).

반면 탁진영은 정치광고를 정치광고의 효과 차원에서 순기능과 역기능으로 나누어 보았다. 순기능은 다음과 같다.

첫째, 정치광고는 선거 쟁점을 말해준다.

둘째, 정치사회화에 긍정적인 역할을 한다.

셋째, 정당이나 후보자의 이슈를 유권자에게 전달해 의제를 설정해준다.

넷째, 유권자가 정치적 정보를 획득하는 가장 저렴한 방법이다.

다섯째, 후보의 이미지를 부드럽게 재조정한다.

여섯째, 후보자에 대해 더 많은 정보를 추구하도록 한다.

일곱째, 투표율 향상에 기여한다.

여덟째, 부동표의 향방에 큰 영향을 미친다.

아홉째, 태도를 양극화해 후보자 선택을 단순화한다.

열째, 유권자와 후보 간의 쌍방향 커뮤니케이션을 가능하게 해서 성숙한 정
　　　치 문화의 형성에 기여한다.

열한째, 과학적이고 체계적인 선거 전략에 큰 도움을 준다.

열둘째, 정당 선호도에 기초한 선택적 노출을 극복할 수 있다.

열셋째, 후보자에 대한 관심을 일으키고 지명도를 향상시켜 정계에 새로운
　　　후보를 소개한다.

열넷째, 정당원들과 지지자들을 고무하고 결속을 강화하는 역할을 한다.

열다섯째, 특정 집단을 목표로 한 메시지와 매체 전략을 통해 효과적인 선거
　　　캠페인을 전개한다.

열여섯째, 상황에 맞춰 광고를 제작하고 수정할 수 있다.

열일곱째, 경쟁자와 대결의 장을 제공한다.

이에 반해 역기능 여섯 가지는 다음과 같다.

첫째, 정당이나 후보자를 비누처럼 판매●한다.

● 오길비는 "우리는 비누와 달리 국가의 장래를 책임지고 있는 정치인을 임기가 다할 때
까지 버릴 수 없다"라고 경고했다.

둘째, 선거 캠페인을 드라마처럼 만든다.

셋째, 새로운 유형의 선동 정치가가 출현할 가능성을 배제할 수 없다.

넷째, 경제적 측면에서 지나치게 많은 선거 비용을 지불한다.

다섯째, 정치적 진실성이나 현실을 왜곡할 소지가 있어 윤리적 문제를 안고
있다.

여섯째, 부정적 광고는 유권자의 무관심을 낳는다(탁진영, 1999).

효과 차원에서 순기능과 역기능을 구체적으로 설명했으나, 크게 몇 가지로 요약하면 정치광고의 기능을 쉽게 이해할 수 있을 것이다.

케이드의 말대로 정치광고의 주된 기능은 유권자가 지지 후보를 바꾸기보다 지지 후보에 대한 생각을 더욱 군건히 하도록 만드는 보강 효과와 유권자들이 몰랐던 공약과 후보자에 대한 지식을 제공해 인지 효과를 거두는 것이다(Kaid, 1981). 정치광고는 무엇보다 유권자에게 정보를 전달하고 설득해 태도를 형성하게 한다. 따라서 유권자 측면이나 입후보자 측면에서, 또는 순기능과 역기능을 통해 정치광고 본연의 기능을 이해하고 이를 실제에 활용하는 것이 더욱 중요하다고 하겠다.

정치광고의 유형과 전략

이상의 개념과 기능을 통해 정치광고를 이해하고 활용하려면 정치광고의 유형과 전략을 살펴볼 필요가 있다. 유형은 분류 기준에 따라 다양하다. 정치광고는 일반적으로는 긍정적 광고와 부정적 광고로 나눌 수 있는데, 긍정적 광고는 광고주 측의 정당이나 후보자에 초점을 맞춰 긍정적인 내용을 강조하는 것이고, 부정적

광고는 경쟁 관계에 있는 후보에 초점을 맞춘 광고로 상대방의 부정적인 측면을 강조하는 광고다. 부정적인 광고는 유권자의 감성을 자극하고 쉽게 기억하도록 해 단기적으로는 효과를 거둘 수 있지만, 금세 식상해지거나 기존의 태도를 강화시켜 역기능을 유발할 수도 있다. 강조하는 메시지에 따라 이슈 광고와 이미지 광고로 나눌 수 있는데, 이슈 광고는 정당이나 후보의 정책이나 공약을 강조하는 반면, 이미지 광고는 후보자의 역할, 특성, 성격에 대한 속성을 강조하고 후보자의 개성과 용모를 노출시켜 호감을 유도한다.

기존 연구자들의 정치광고 유형화를 크게 11가지로 대별해 분류하면 〈표 9-1〉과 같다. 각각의 내용을 살펴보면 메시지 강조점에 따라 이슈 광고와 이미지 광고로 나뉘며, 광고 주체에 따라서는 정당광고, 후보자 광고, 지원광고로 나뉜다. 독립적 광고 메시지의 방향에 따라 긍정적 광고, 부정적 광고로 나뉘고, 광고 단계에 따라 알리기 광고, 주장광고, 공격광고, 비전 제시 광고로 나뉜다. 소구 방법에 따라서는 이성적 소구, 감성적 소구, 윤리적 소구로 나뉘며, 광고매체에 따라서는 신문광고, TV 광고, 라디오 광고, 인터넷 광고로 나뉜다. 부정적 정치광고로는 직접 공격광고, 직접비교광고, 암시적 비교광고가 있고, 광고의 기능에 따라서는 주장광고, 공격광고, 방어광고로 나뉜다. 광고 주제에 따라서는 정책광고, 인간적 특성 광고로 나뉘며, 정책 내용에 따라서는 과거 행위, 미래 계획, 일반의 목표로 나뉜다. 소구 유형에 따라서는 합리적 소구와 감정적 소구로 나뉜다.

정치광고의 전략은 일반 광고와 크게 다르지 않다. 이시훈은 정치광고 전략의 발전에 따라 시기별로 구분했는데, 이 역시 일반

표 9-1 정치광고의 유형 분류

분류 기준	정치광고의 유형
메시지 강조점 (Benoit, 1999)	❶ 이슈 광고, ❷ 이미지 광고
광고 주체	❶ 정당광고, ❷ 후보자 광고, ❸ 지원광고, ❹ 독립적 광고
메시지 방향 (김춘식, 2003)	❶ 긍정적 광고, ❷ 부정적 광고
광고 단계	❶ 알리기 광고, ❷ 주장광고, ❸ 공격광고, ❹ 비전 제시 광고
소구 방법 (Kaid and Johnston, 1991)	❶ 이성적 소구, ❷ 감성적 소구, ❸ 윤리적 소구
광고매체	❶ 신문광고, ❷ TV 광고, ❸ 라디오 광고, ❹ 인터넷 광고
부정적 정치광고	❶ 직접 공격광고, ❷ 직접 비교광고, ❸ 암시적 비교광고(내포 광고)
광고의 기능 (김춘식, 2003)	❶ 주장광고, ❷ 공격광고, ❸ 방어광고
광고 주제	❶ 정책 광고, ❷ 인간적 특성 광고
정책 내용	❶ 과거 행위, ❷ 미래 계획, ❸ 일반의 목표
소구 유형 (조봉진, 1998)	❶ 합리적 소구, ❷ 감정적 소구

자료: 이희복(2005: 179~212).

상업광고의 발달사와 맥을 같이한다(이시훈, 2004).

첫째, 1940년부터 1959년까지는 제품 지향 단계로 후보자를 하나의 제품으로 보고 노출 시간과 빈도를 높이기 위해 노력했다.

둘째, 1960년부터 1969년까지는 판매관리 지향 단계로 좀 더 과학적인 조사를 통해 후보자의 판매(득표)를 극대화하려고 시도했다.

셋째, 1970년 이후부터 오늘날까지는 마케팅 지향 단계로 유권자를 중심으로 통합된 마케팅 노력이 장기적인 관점에서 계획

되고 집행된다고 설명했다.

궁극적으로 오늘날의 정치광고는 단순히 광고에만 머무는 것이 아니라 정치 홍보와 유기적이고 입체적인 전략이 강구되어야만 한다.

그러나 정치광고는 근본적으로 제공하는 정보와 설득의 목표가 다르기 때문에 일반적인 제품 특장점(USP)이나 이미지 소구(image appeal), 포지셔닝 등과 같은 전략보다는 상황에 맞춰 단계별로 전개하는 것이 효과적이다. 대표적인 예로 다이아몬드와 베이츠는 정치광고에 자주 사용되는 전략을 전략의 시기에 따라 4단계로 설명했다(Diamond and Bates, 1988).

첫 번째 단계가 하나 이상의 후보자의 일대기 광고를 포함한 알리기 광고(identification spot)다.

두 번째 단계는 후보자의 정책적 이슈에 관한 견해를 다루는 주장광고(argument spot)다.

세 번째 단계는 상대방의 약점을 강조하는 공격광고다.

네 번째 단계는 유권자에게 후보자의 정치적 비전을 제시하고 캠페인을 긍정적으로 마무리하는 호의적 설득광고(I see an american spots)다(조병량, 1988).

이 밖에 일반적으로 사용하는 전략으로는 후보자 등장 광고(talking head)*, 다큐멘터리 광고, 행인 광고(man on the street ads)**, 시네마 베리테 광고(cinema verite ads)***, 후보자 행동 광고(candidate in

* 후보자가 등장해 유권자들에게 자신을 소개하거나 선거 쟁점에 대해 견해를 제시하는 광고로 상반신이나 얼굴만 화면에 노출한다.
** 실제 유권자 중 후보자를 지지하는 평범한 사람이 후보자를 긍정적으로 말하거나 상대 후보를 부정적으로 증언한다.
*** 후보자가 유권자와 함께하는 모습 등 일상에서의 후보자를 보여준다.

action)가 있다. 정치광고의 또 다른 전략으로 선전의 7가지 기법이 활용되기도 한다. 매도하기(name calling), 미사여구(glittering generality), 전이(transfer), 증언(testimonial), 서민적 기법(plain folks), 카드 속임수(card stacking), 부화뇌동(bandwagon)으로 이루어진 그 기법은 선전분석연구소에서 1939년 발간한 『선전기법(Propaganda techniques)』에 소개되었다(김정현, 2006).

정치광고의 수사적 특징

수사학은 기원전 400년경 고대 그리스의 고전적 수사학 시대 이래, 자신을 방어하고 상대를 공격하는 설득 수단으로 사용되어 왔다. 특히 정치광고의 경우 이와 같은 수사적 특징이 잘 나타난다. 선행 연구자들은 정치광고의 수사적 목적이나 주제에 따라 크게 긍정적인 수사와 부정적인 수사로 나눈다. 여기서 더 나아가 베노이트는 주장·공격·방어적 수사 등 세 가지를 제안했다(Benoit, 2001). 유권자가 후보자 선택 과정에서 겪는 수사적 상황은 후보자가 적합한 인물이라고 강조하는 주장, 상대가 부족하다는 공격, 상대방의 공격에 대한 언급인 방어로 나누어볼 수 있다는 것이다. 〈표 9-2〉는 주장, 공격, 방어의 개념과 사례를 구체적으로 설명하고 있다(김춘식 외, 2006).

베노이트는 기존 연구들이 보여주는 이분법적 분류의 혼동 가능성을 지적하면서 정치 수사의 주제를 정책과 인간 특성으로 나누었다. 그는 정책을 후보자의 과거 업적이나 행위, 미래 계획, 후보자의 일반적 목적으로 보았으며, 인간적 특성으로는 리더십 능력, 인간적 자질, 정치적 이상을 꼽았다(Benoit, 1999). 선거 후보자의 슬로건 수사 유형에 따른 유권자의 직관적 인식이 후보자 지지와

표 9-2 수사적 목적에 따른 분류: 주장, 공격, 방어

목적	개념	비고
주장	• 자신이 올바르고 훌륭하다고 높이 평가 • 칭찬받을 만한 것을 드러내 말하기 • 상대방에 설득 정보 제공(사실적 주장, 가치적 주장, 방침적 주장)	예를 들면 칭찬, 자랑, 권유
공격	경쟁 후보가 적합하지 않다는 것을 부각하는 부정적인 언급	유권자를 위협하는 효과적인 수단
방어	상대방의 공격에 대한 반박으로 의혹 제기에 대응해 이미지를 회복하기 위해 노력	전가, 차별화, 상상 초월, 폐기, 굴복, 최소화 전략

득표율을 결정할 수 있는지에 대한 탐색적 연구를 수행했다. 특히 후보자와 유권자 간의 비대면적 인식 작용이 이루어지는 포스터와 현수막 슬로건을 분석해 득표율에 미치는 영향을 비교했다. 선거 후보자의 정책 방향이나 인간적 특성을 표현하는 일차적 선거 홍보물은 유권자에게 중요한 정보를 제공한다는 측면에서 슬로건 수사 유형이 중요하다. 그러므로 선거 홍보물의 슬로건 수사 유형이 유권자에게 어떻게 표현되는지에 따라 후보자는 긍정적 인물 또는 부정적 인물로 인지될 수 있다. 결과적으로 선거 포스터와 현수막의 수사 유형은 후보자의 정보를 유권자에게 전달해 유권자의 인식 작용에 영향을 미친다는 것을 이대희와 서승현은 기술적 자료를 통해 확인했다(이대희·서승현, 2014).

선거를 앞두고 각 후보들은 국민의 선택을 받기 위해 동분서주하며 많은 말을 쏟아낸다. 정치 캠페인은 주로 연설, 토론, 광고를 통해 자신이 경쟁 후보보다 더 나은 선택지라고 유권자를 설득한다. 설득(說得)이라는 단어의 풀이처럼 "말을 통해 마음을 얻으려는"

노력이 이어진다. 이런 메시지가 가장 잘 압축되어 마케팅과 커뮤니케이션을 비롯한 설득에서 사용되는 것이 바로 슬로건(slogan)이다. 캠페인 과정에서 전방위로 다양한 쓰임새가 있는 유용한 창이 되기도 하고, 상대의 예리한 공격을 막아내는 방패가 되기도 한다. 프랑스 학자 르볼의 말을 빌리자면 "지름길의 수사학"으로서, 찬사(acclaim), 공격(attack), 방어(defense)의 메시지를 쉽고 빠르게 전달한다는 장점이 있다(Reboul, 1975).

정치적인 수사가 캠페인을 통해 전달되는 과정을 설명한 다이아몬드와 베이츠는 선거 캠페인의 상황에 맞춰 정치광고의 사용을 네 단계로 요약했다(장우성, 2013 재인용). 먼저 1단계는 자전적 내용을 담고 있으며 후보자를 소개하거나 자신의 존재를 분명히 밝히는 '정체성 광고(identity spot)'가 실시된다. 2단계에서는 후보자의 대의명분, 아이디어, 관심사 등을 분명히 천명하는 '주장광고'가 등장한다. 3단계는 상대 후보의 공신력을 떨어뜨리기 위해 직접적이고 개인적인 내용의 '공격광고(attack spot)'를 집행하며, 4단계에서는 사려 깊고 신중하며 품위 있는 이미지를 강조하는 '비전 제시 광고(visionary spot)'가 집행된다고 설명했다.

"못 살겠다 갈아보자"를 "갈아봐야 더 못산다"로 받아치던 시대와 달리 국민의 눈높이는 훨씬 높아졌다. 누구나 후보와 캠페인을 비평하는 수준에 이르렀다. 우리나라 대통령 선거 후보들의 슬로건은 미국 클린턴의 "문제는 경제야, 이 바보야!"나 브라질 룰라의 "행복해지기를 두려워하지 맙시다"처럼 신선한 발상이 부족해 보인다. 정책 선거의 실종이라거나 한국 정치의 특수성이라고 설명하지만, 유권자의 한 사람이자 광고와 슬로건을 연구하는 연구자로서 좀 더 강력한 슬로건이 등장하지 못하는 현실이 못내 아쉽다. 설득을 위한 연사의 신뢰도(에토스, ethos), 논리적 증거(로고스, logos), 감성적 증거(파토스, pathos)뿐 아니라 후보와 유권자가 공감할 수 있는 문화적 신념과 가치(미토스, mythos)가 담긴 슬로건을 만나고 싶다. 그래서인지 당내 경선에서 고배를 마신 손학규 후보의 "저녁이 있는 삶"이 귓가에서 맴돈다.

정치광고의 마케팅

오늘날 선거판은 마케팅을 활용해 비누나 치약처럼 후보자를 팔고 있다(Warren, 2010). 정치인은 유권자의 마음을 얻기 위해 비즈니스 현장에서처럼 마케팅과 커뮤니케이션으로 자신의 개인 브랜드를 캠페인한다. 미디어를 이용한 토론, 연설, 광고는 정치 캠페인에서 매우 중요한 수단이 되었고, 정당이 아닌 미디어가 선거를 대신하는 시대가 되었다. 정치광고에 관한 연구는 광고홍보학과 정치 커뮤니케이션 분야에서 주로 진행되어왔다. 연구 경향은 정치광고의 '효과'와 '내용'에 관한 연구로 크게 구분할 수 있다. 정치광고의 '효과'에 관한 연구는 실무적 차원의 필요에 의해 수행되어왔으며(최용주, 2008), 정치광고의 '내용'은 학술적인 주제로 다루어져 왔다.

정치광고에서의 이미지는 인류의 보편적 인권과 삶의 질 향상에 기여하는 긍정적이며 호의적인 메시지를 담아냄으로써 수용자에게 각인되고 이미지를 형성한다(정동환·이호은, 2013). 정치광고가 본격적으로 등장한 것은 국민이 대통령을 직접 선거로 뽑기 시작했던 1987년부터라고 할 수 있다. 1992년 14대 대통령 선거에서 2012년 18대 대통령 선거에 이르기까지 다섯 번의 대통령 선거를 통해 정치광고는 정치 커뮤니케이션의 주요 수단으로 선거 캠페인에서 핵심적인 역할을 했다. 1987년 13대 대통령 선거부터 등장한 정치광고가 선고에서 차지하는 비중은 점차 커져갔다. 1992년에 이르러서는 광고 회사를 활용한 정치광고가 등장하면서 기업광고의 전략을 차용하는 등 양과 질적인 측면에서 성장했다(조병량, 1993).

다른 한편으로 지방자치단체의 장을 선출하는 지방선거와 국회의원을 선출하는 총선거에서도 정치광고가 도입되어 오늘에 이르고 있다. 1960년에는 모든 단체장을 민선으로 뽑았으나, 그 후 30여 년간 지방자치가 중단되었다가 1991년 6월에 지방의원 선거가 다시 실시되었다. 1995년 6월에는 지방자치단체장 선거가 직선제로 이루어짐으로써 한국은 본격적으로 지방자치 시대를 맞이하게 되었고, '통합선거법'에 따라 전국지방동시선거가 이루어졌다(박문각, 2013). 정치광고에서 가장 큰 이슈로 다루는 것이 대통령 선거다. 대통령 선거야말로 모든 국민의 관심이 모이고 표심을 자극할 만한 정치 쟁점이 다루어지는 가장 중요한 정치광고의 장이기 때문이다.

2002년 대선에서도 노무현 후보가 "노무현의 눈물", "기타 치는 대통령" 등 감성을 자극하는 긍정적 광고(positive approach)로 유권자의 마음을 움직여 당선을 낙관하며 부정적 광고(negative approach) 캠페인을 펼친 유력 경쟁 후보 이회창에 승리하는 이변을 일으켰다. 2007년 대통령 선거에서도 정동영, 이명박, 이회창 세 명의 주요 후보가 출마해 총 15편의 TV 광고를 내보냈는데, 이명박 후보는 '국밥집 할머니 편' 등 서민적 기법(plain folks)을 활용한 긍정적인 광고로 유권자를 설득해 캠페인을 성공적으로 이끌었다(이희복, 2008). 이렇듯 TV 정치광고는 후보자의 당락을 결정하는 주요한 요인 중 하나이므로 기존의 TV 정치광고의 내용, 형식, 수사적 특징을 살펴보는 것은 매우 의미가 있으며, 정치 커뮤니케이션과 선거 민주주의를 실현하는 중요한 토대가 된다. 따라서 정치광고 중 하나인 대통령 선거의 TV 광고를 분석해 시사점과 함의를 찾는 것은 매우 중요한 연구 과제다.

대통령 선거 광고는 선거운동 기간 개시일부터 선거일 2일 전까지 신문광고는 70회, TV 및 라디오는 매체별로 각 30회 이내여야 하며, 1회 1분을 초과할 수 없다. 18대 대통령 선거는 정보 통신망을 활용한 선거운동이 확대되었고, 인터넷 광고는 횟수의 제한이 사라지면서 '선거 광고'라는 표시만 하면 된다. '공직선거법' 제93조 제1항에 대한 헌법재판소의 한정 위헌 결정의 취지를 반영해 선거일이 아닌 때에 인터넷 홈페이지, 관련 게시판, 대화방 등에 글이나 동영상 등을 게시하거나 전자우편이나 문자메시지 전송을 통한 선거운동을 상시 허용했다. 정당이나 후보자를 지지·추천하거나 반대하는 내용이 없는 투표 참여 권유 행위를 선거운동으로 보지 않는 등 지난 제17대 대통령 선거와 달리 변화된 선거 환경에서 치러졌다(선거관리위원회, 2013). 이런 변화를 보여주듯이 대표적인 소셜미디어인 트위터에서 박근혜 후보와 문재인 후보의 리트윗된 글을 분석해 정치적 활동 메시지와 지지 성향을 살펴보는 연구(김효동, 2013)가 시도되기도 했다.

장우성은 18대 대선의 정치광고에 대해 박근혜 후보는 구체적 이슈가 드러나지 않았고, 문재인 후보는 정책과 이슈를 잘 제시했지만 주장과 설명이 너무 많았다고 지적했다(장우성, 2013). 감성적 이미지와 논리적 이슈 제안이 상황에 따라 적절하게 안배되어야 효과적이고 바람직한 정치광고가 된다는 주장이다. 또 다른 연구 주제로는 박근혜 후보와 문재인 후보가 내세운 슬로건 분석이 있었다. 정치 캠페인에서 슬로건은 후보의 콘셉트를 유권자에게 효과적으로 보여줄 수 있어 매우 유용하다. 따라서 슬로건 분석을 통해 정치광고의 핵심 메시지를 쉽게 알 수 있다. 좀 더 구체적으로는 대통령 선거 캠페인 기간에 방영된 광고를 선행 연구의 유목으로 내용 분석이 필요했다.

이와 같은 연구에서는 18대 대통령 선거의 TV 광고를 분석해 정치광고의 내용, 형식, 수사적 특징을 알아보았다. 국민과 공감하고 소통하는 대통령 선거의 핵심 전략인 대선 정치광고의 분석은 학술적·실무적·정책적 함의를 제공할 것이다. 또한 18대 대선에서 나타난 선거 결과와 정치 캠페인의 관계를 규명할 추후 연구에 이론적 배경을 제시할 것이다. 향후 대통령 선거를 위한 정책적 시사점을 도출함으로써 정치 캠페인의 가이드라인으로 활용될 것으로 기대된다.

정치광고의 내용과 형식

정치광고는 현대 정치의 특징을 잘 보여주는 주요 정치 현상 중 하나이며, 미디어를 통해 정치적 주장을 제기해 정치 후보자가 내용과 형식을 통제할 수 있다는 장점이 있다(나미수, 2010). 이뿐만 아니라 후보자가 정치광고로 자신의 정치 메시지와 이미지를 효과적으로 통제해 선거 캠페인에서 정치광고로 뉴스 보도를 압도할 수 있다는 주장도 있다(Kern, 1989).

김정현은 미국과 한국의 정치광고 연구를 통해 미국 대선 광고에서는 긍정적 광고와 더불어 공격적 광고가 중요한 역할을 하는 반면, 한국은 긍정적 이미지 광고가 더 많다고 분석했다. 미국은

긴 광고 시간과 무제한 광고 물량이 보장되어 정책과 이슈 중심의 긍정적 광고와 상대 후보에 대한 비방과 반박이 이어지는 공격적 광고 전략이 유효하지만, 한국에서는 제한된 광고 시간과 횟수로 인해 상대 후보에 대한 비방과 반박보다는 후보 자신의 긍정적인 이미지를 전달하는 것이 유리하기 때문으로 보았다(김정현, 2012).

정치광고와 관련해서는 부정적 정치광고와 공격적 정치광고의 효과가 주요 연구 주제로 다루어지고 있다. 정치광고의 '내용'에 관한 연구는 다시 양적인 내용 분석과 질적인 내용 분석으로 나눌 수 있는데, 양적인 연구는 정치광고의 메시지를 소구 내용(이슈, 이미지), 소구 방향(긍정, 부정), 소구 방법(이성, 감성, 윤리 등)을 중심으로 분석하고, 질적인 연구는 주로 베노이트의 수사학적 방법론을 사용해 언어적 메시지를 분석했다(이수범, 2003).

박종렬은 정치광고에 대한 비판적 논의를 메시지 분석을 통해 실증적으로 규명하고자 제14대 대선에서 김영삼, 김대중, 정주영, 박찬종 후보의 신문광고와 TV 광고 메시지를 쟁점, 이미지, 상징, 비방의 네 개 유목으로 나누어 실증적으로 분석했다. 그 결과 우리나라의 정치광고는 이미지 광고보다 쟁점 광고가 많았으며, 비방 광고는 적은 것으로 나타났다(박종렬, 1995). 조병량은 1997년 제15대 대선의 신문광고와 TV 정치광고의 특성을 분석했다. 연구 결과 제15대 대선의 정치광고는 종전의 역대 대선과 달리 후보자의 이미지 광고가 많았고, 광고에서 주로 다루어진 쟁점은 단연 경제문제, 그중에서도 정부 여당의 경제 실정과 IMF 관리 체제에 관한 것이었다(조병량, 1998).

탁진영은 1963년부터 1997년까지 한국과 미국의 신문과 TV의 대통령 선거 정치광고를 연구했다. 그는 1992년 한국 대통령 선거에 TV 정치광고가 처음 도입되면서 한국의 정치광고가 미국화 경향을 보이고 있다는 주장을 검증하기 위해 1991년을 기점으로 그 이전과 이후로 나누어 비교·분석했다. 연구 결과 1991년 이전의 정치광고에 비해 1991년 이후의 정치광고는 개인 이미지를 중요하게 생각했고, 부정적인 광고가 늘어났으며, 이미지 공격보다는 이슈 공격이 더 많은 것으로 나타났다(탁진영, 2000).

이수범은 2002년 제16대 대선의 신문 정치광고를 조사해 각 후보자별 메시지의 특성과 구체적인 차이를 분석했다. 분석 결과 이회창 후보가 이슈 광고를 많이 사용한 것으로 나타났으며, 이회창 후보는 부정 광고, 노무현 후보는 긍정 광고를 사용한 것으로 파악되었다. 그리고 노무현 후보와 이회창 후보 모두 감성적 기법을 선호한 것으로 나타났다(이수범, 2003).

이수범과 김희진은 제17대 총선 정치광고 캠페인의 수사 유형과 주제를 베노이트 부부의 담론 분석 틀을 이용해 분석했다. 연구 결과 총선의 정치광고 내용은 우려했던 것보다 부정적인 광고가 많지 않은 것으로 나타났다. 또한 후보자들의 소형 인쇄물과 홈페이지를 중심으로 분석한 결과를 보면 매체와 상관없이 정책이나 이슈에 관한 내용이 개인이나 이미지 중심의 내용보다 많았다(이수범·김희진, 2005).

TV 정치광고는 이야기 형식으로 만들어진 인공적인 서사로 허구적인 사건을 다루는 픽션과 달리 선거 관련 사실에 대해 객관적인 정보를 제공하는 것 같지만, 이미지와 사실을 왜곡해 허구의 드라마로 제작된 경우가 적지 않다(Jamieson, 1996). 정치광고의 구조를 분석하면 영화와 드라마처럼 픽션물에서 볼 수 있는 형식적인 요소도 있다. 최근의 이미지 중심의 정치광고는 유권자에게 특정

이미지를 각인시키려는 경향이 늘어나고 있다. 가령 1992년 14대 대선에서 김영삼(정직한 사람), 김대중(부드러운 DJ), 정주영(경제 대통령) 후보는 각각의 이미지 연출에 초점을 맞췄으며, 2002년 노무현 후보는 감성에 호소하는 이미지 광고의 절정을 보여주었다(나미수, 2010).

요컨대 정치광고의 내용과 형식 연구는 다양하다. 초기 연구에서 다루어진 주제는 쟁점이었고, 이후에는 후보 이미지가 많았으며, 부정적 광고와 공격적 광고로 이어져 왔다. 그러나 메시지의 내용과 형식은 연구 내용에 따라 조금씩 차이를 보이고 있다.

18대 대통령 선거

18대 대통령 선거에서는 유권자가 정당이나 후보자에 대해 지지 의사를 표시할 수 있었다. 선거일 현재 19세 이상의 국민으로 선거인 명부에 등재되어 있는 경우 참여할 수 있었다. 또한 2012년 2월 29일 '공직선거법' 개정에 포함된 '선상부재자투표제도'가 처음으로 실시되어 원양어선 등에서 근무하는 선원이 팩시밀리를 이용해 부재자 신고를 한 후 투표에 참여할 수 있었다. 투표는 2012년 12월 19일 오전 6시부터 오후 6시까지 전국 1만 3542개 투표소에서 일제히 진행되었고, 1987년 13대 대통령 선거(89.2%) 이후 제17대 대통령 선거(63.0%)까지 계속 하락해오던 투표율이 12.8% 증가해 75.8%를 기록했다.

18대 대선 투표율은 2012년 4월에 실시된 제19대 국회의원 선거의 투표율 54.2%보다 무려 21.6%나 높았다. 이 같은 투표율 상승은 투표 참여 권유 행위가 폭넓게 허용되고, 후보 단일화 등으로 여야의 양자 대결 구도가 형성되었으며, 유력 후보자 간에 지

표 9-3 18대 대통령 선거 후보자별 득표 현황

구분	인구수	선거인 수	투표자 수
제18대 (2012.12.19)	51,040,980	40,507,842	30,721,459

정당 후보자별 득표 수(득표율)					
새누리당	민주통합당	무소속	무소속	무소속	무소속
박근혜	문재인	박종선	김소연	강지원	김순자
15,773,128 (51.55%)	14,692,632 (48.02%)	12,854 (0.04%)	16,687 (0.05%)	53,303 (0.17%)	46,017 (0.15%)

주: 통합진보당 이정희 후보는 12월 16일 사퇴함.
자료: 중앙선거관리위원회(2013).

지율 격차가 크지 않아 국민적 관심이 집중되었기 때문으로 분석
된다. 후보자별 득표 현황을 보면 새누리당 박근혜(51.55%), 민주통
합당 문재인(48.02%), 무소속 강지원(0.17%), 무소속 김순자(0.15%), 무
소속 김소연(0.05%), 무소속 박종선(0.04%) 순서로 집계되었다(선거관리
위원회, 2013).

정치 캠페인은 주로 연설, 토론, 광고를 통해 자신이 경쟁자보
다 더 나은 선택이라고 유권자를 설득하는 것이다. 이런 메시지가
가장 잘 압축되어 마케팅과 커뮤니케이션을 비롯한 설득에서 사
용되는 것이 바로 슬로건이다. 슬로건은 TV 광고를 비롯한 캠페
인 전반의 핵심 메시지를 나타내며, 유권자에게 효과적이고 지속
적으로 후보자를 각인시키는 효과가 있다. 따라서 슬로건은 TV
광고뿐 아니라 다양한 미디어에 사용된다. 18대 대선의 양대 후보
의 슬로건으로는 박근혜 후보의 "내 꿈이 이루어지는 나라", "준비
된 여성 대통령"과 문재인 후보의 "정권 교체, 정치 교체, 시대 교

그림 9-1 박근혜 후보의
슬로건과 엠블럼

그림 9-2 문재인 후보의 슬로건과 엠블럼

체", "사람이 먼저다"가 사용되었다.

　우선 새누리당 박근혜 후보의 "내 꿈이 이루어지는 나라"를 살펴보자. '꿈'이란 마틴 루터 킹(Martin Ruther King) 목사의 "나는 꿈이 있습니다(I have a dream)"를 비롯해 많은 정치 지도자들이 내세웠던 비전과 정책을 함축적으로 담은 키워드다. 캠프의 이름처럼 "국민행복"을 이루겠다는 꿈을 표현한 것이다. 국민의 행복을 의미하는 스마일과 소통을 표현한 심벌인 빨간색 말풍선이 눈길을 끈다. 그러나 내 꿈이라고 1인칭 소유격을 내세움으로써 '나'와 '너'를 구분하는 선긋기, 그리고 나와 꿈이 수식하는 '나라(nation)'에서 국가주의의 그림자도 엿보인다. '우리의 꿈'이었다면 국민을 안을 수 있는 포용력을 보여주지 않았을까 하는 아쉬움이 남는다. 빨간색의 '꿈'과 말풍선 안에 쓴 후보자 이름의 초성 "ㅂㄱㅎ"은 자칫 후보자 개인의 꿈으로만 인식될 수 있다는 단점이 있다.

반면에 문재인 후보는 당내 경선 과정에는 "우리나라 대통령, 3대 교체(정권 교체, 정치 교체, 시대 교체)"를 내세웠다. '교체'라는 단어를 반복해 매우 강력한 주장을 담은 도전적 슬로건이다. 그러나 당의 후보로 결정되어 본격적으로 캠페인을 시작하면서 "사람이 먼저다 문재인"으로 교체했다. 신영복 교수의 글씨와 올리브그린 컬러의 담쟁이를 캐릭터로 PI(president identity)를 완성했다. "이념보다, 권력보다, 학력보다, 명예보다 사람이 먼저다"라는 오버헤드가 슬로건으로 부연한 이 슬로건은 홍익인간, 인내천 사상과도 맥이 닿아 있으며 간결하면서도 함축적이라는 평가를 받았다. 다만 후보 자신의 이미지를 포함해 전체적으로 노무현 대통령의 공식 홈페이지 명칭인 '사람 사는 세상'에서 크게 벗어나지 못했다는 한계가 있다.

정치인의 이미지는 정치 커뮤니케이션 영역에서 유권자의 정당 충성도와 후보자의 정책 이슈와 함께 투표 의사를 결정하는 중요한 요인으로 평가되어왔다. 정치적 이슈가 날로 복잡해지고 후보자의 공약 차이가 줄면서 정당의 이슈보다 미디어로 전달되는 정치인의 이미지가 중요해졌다. 이처럼 이미지를 만들고 전달하는 정치광고는 매우 중요한 선거 캠페인 수단이 되었다. 김재범과 최민음은 18대 대통령 선거에서 사용된 TV 정치광고의 내용, 형식, 수사적 특징을 연구해 대통령 선거의 핵심 전략을 분석하고 학술적·실무적·정책적 시사점을 도출하고자 했다(김재범·최민음, 2013).

18대 대통령 선거에는 모두 15편의 TV 광고가 제작·사용되었는데, 박근혜 후보와 문재인 후보의 광고로 두 후보 모두 선거관리위원회의 선거공영제 지원 대상인 득표율 15%를 넘었다. 박근혜 후보의 경우 '국민행복시대', '어머니, 기대하세요 1', '어머니, 기대하세요 2', '파도', '상처' 등 여섯 편의 광고를 내보냈으며, 문재인 후보는 '애국가', '정치가 국민을 두려워하게', '투표여행', '살아온 날', '삶을 바꾸는 정치', '우리, 출마합니다 1', '우리, 출마합니다 2', '새시대를 여는 첫 대통령' 등 아홉 편의 광고를 내보냈다.

18대 대통령 선거의 TV 광고 분석을 내용과 형식으로 요약해 보았다.

먼저 TV 광고의 내용을 살펴보면 다음과 같다.

첫째, 강조점은 주로 후보자의 이미지였다.

둘째, 강조한 내용은 인간성이었다.

셋째, 후보자의 이미지는 정직, 성실, 능력 면에서 차이가 없었다.

넷째, 후보자의 표정은 미소, 또는 주의 깊은, 분류 불가로 다양했다.

다섯째, 광고의 초점은 긍정적 내용이 많았다.

여섯째, 다루어진 쟁점은 후보의 이미지였다.

일곱째, 비방의 내용은 없는 것으로 나타났다.

다음으로 TV 광고의 형식을 살펴보면 다음과 같다.

첫째, 지배적 소구 유형은 이성적 소구가 많았다.

둘째, 지배적 화자는 익명의 아나운서가 많았다.

셋째, 제작 기법으로는 극화된 드라마와 다큐멘터리 순서였다.

넷째, 음악의 사용이 많았다.

다섯째, 음악의 특성으로는 화면 밖의 사운드 오버가 많았다.

여섯째, 전체 장면의 수는 30개 미만이 많은 것으로 분석되었다.

수사적 특징을 목적, 주제, 슬로건을 중심으로 살펴보면, 수사적 목적은 공격이나 방어보다 주장이 많았다. 또한 정책보다는 인물을 수사적 주제로 다룬 것을 알 수 있었다. 슬로건으로는 "내 꿈이 이루어지는 나라", "준비된 여성 대통령"과 "정권 교체, 정치 교체, 시대 교체"와 "사람이 먼저다"가 함께 사용되었다.

18대 대통령 선거의 TV 광고 내용을 분석한 결과, 이전 선거와 비교했을 때 내용과 형식 면에서 특이점을 발견하기 어려웠다. 과거 15, 16, 17대 대선에서는 긍정적 전략을 사용한 후보가 승리했으며, 이성보다 감성적인 접근으로 후보자의 이미지를 만들어가는 전략이 성공했다. 특히 17대 대선에서 이명박 후보는 16대 노무현 후보의 서민적 기법을 벤치마킹해 경쟁 후보의 광고와 차별화했다(이희복, 2008). 그러나 18대 대선의 TV 광고에서는 정책, 쟁점, 후보자의 이미지가 없는 3무 캠페인이었다고 할 수 있다. 남녀의 성대결이라는 점 외에는 광고 전략에서 커다란 대결 구도가 형성되지 않았다.

정치광고는 후보의 정치적 견해와 성향을 유권자에게 알리는 정치 커뮤니케이션 도구인데, 18대 대통령 선거처럼 정책, 이슈, 뚜렷한 이미지 없이 지나치게 조심스럽게 접근하는 것은 옳지 않다. 김정현은 "박근혜 후보의 정치광고는 구체적 이슈가 드러나지 않았다는 아쉬움을 느낀다. 문재인 후보의 정치광고는 정책과 이슈를 잘 제시하고 있지만 한편으로 주장과 설명이 너무 많았다는 점에서 또한 아쉽다"(김정현, 2012)라고 했다. 문재인 후보는 너무 많은 이슈, 정책, 사람이 등장해, 하나의 통합된 마케팅 커뮤니케이션, 즉 한목소리를 내지 못했다는 것이다. 집권 여당과 수권을 희망하는 야당의 차이일 수는 있겠지만, 정치광고의 톤 앤드 매너와 단일 소구는 캠페인의 효과를 극대화하기 위한 출발점이라는 것을 명심해야 한다. 효과적인 정치 커뮤니케이션을 위해 마케팅과 광고의 도입은 필연적이다. 정책과 인물을 유권자에게 정확히 전달해야 하나의 이미지를 만들 수 있으며, 이 둘의 균형은 반드시 필요하다.

정치 커뮤니케이션에 마케팅을 도입한 정치 마케팅 측면에서 TV 광고를 비롯한 선거제도의 개선이 요구된다. 선거운동은 후보자나 정당이 선거에서 승리하기 위해 유권자에게 정보를 전달하고 설득하며 동원하는 조직화된 활동을 의미하지만, 한국에서 선거운동은 주로 규제적 개념으로 정립되어 있다. 선거 운동원의 행위를 제한하는 규제로 각종 행위를 법률에서 규정한다는 지적이다(박명호 외, 2012).

TV 광고 시간도 한계점으로 지적된다. 미국은 대선 TV 광고가 주마다 다른 소재로 제작되어 2000여 개가 넘는 반면, 18대 대선에서 박근혜 후보의 TV 광고물은 총 여섯 편에 그쳤다. 한국에서는 광고 횟수와 시간이 제한되기 때문에 상대를 비방하는 공격보다 후보자 자신의 긍정적 이미지를 주장하는 것이 유리하므로, 각 후보 진영에서 이런 전략을 선택한 것이다.

경제문제가 심각했는데도 이를 쟁점화하지 않았으며, 이슈를 다루기보다 후보자에 대한 호의적인 이미지를 만드는 데 집중했다(김정현, 2012). 따라서 '공직선거법'에서 제한하고 있는 선거 캠페인 기간과 광고의 횟수, 매체와 시간 등을 좀 더 완화해 적용할 필요가 있다. 이렇게 해서 유권자의 권리를 보장하고, 선거 민주주의를 이루는 토대를 마련할 수 있을 것이다.

"저녁이 있는 삶"

손학규

2012년 통합민주당 대선 후보 경선 중에 손학규 후보의 "저녁이 있는 삶"이 있었다. 슬로건 "저녁이 있는 삶"은 당시 트위터와 페이스북 등 SNS 상에서 뜨거운 공감과 호응을 불러일으켰다. 한 네티즌은 "지지 여부에 상관없이 듣는 순간, 정말 우리 사회에서 생각해볼 만한 '가치'를 던졌다"라고 글을 올리기도 했다. "저녁이 있는 삶"은 장시간 근무와 회식 중심의 기업 문화 등 팍팍한 일상을 좀 더 여유롭게 보내자는 의미의 슬로건이었다.

민주노총 대변인 출신의 손낙구 정책보좌관의 작품으로, 박노해 시인의 「평온한 저녁을 위하여」 중 "떳떳하게 노동하며 평온한 저녁을 갖고 싶은 우리의 꿈을 그 누가 짓밟는가?"라는 시구에서 영감을 얻었다고 한다. 대선 주자 손학규의 '필승 카드'가 바로 "저녁이 있는 삶"이라는 수사학이었는데, 당내 경선에서 고배를 마셨다. 그러나 일중독에 빠진 아빠와 입시 경쟁에 내몰린 자녀의 이야기로 공감을 얻었다(《아시아경제》, 2012년 6월 24일 자).

손학규 후보가 쓴 책『저녁이 있는 삶』을 보면, '저녁이 있는 삶'이란 단순히 노동의 단축만을 말하는 것이 아니라 저녁이 있는 삶을 통해 사람이 중심이 되는 경제, 사람이 중심이 되는 복지를 추구하는 것이라고 한다(《아시아경제》, 2012년 12월 11일 자).

"저녁이 있는 삶"은 정치 구호가 맞나 싶을 정도로 로맨틱하다는 평가를 받았다. "손학규의 '저녁이 있는 삶' 슬로건은 애잔하다. 이 세상 아버지와 가족들이 느끼고 있는 현실이다. 각박하고 평범하게 산다는 건 참 힘든 일"이라는 반응도 있었다.

20~30대가 자신의 지지 기반임을 명확히 했다. 슬로건에서 부정적 어휘는 경계 대상이다. "못 살겠다 갈아보자" 같은 슬로건은 야당 성향의 지지자를 뭉치게 하는 효과는 있지만, 전체를 아우르는 안정성은 없는데, '저녁이 있는 삶'은 손 후보 본인의 이미지를 개선하고 1위 박근혜 후보를 견제하며 동시에 야당답지 않은 포용력을 담은 슬로건으로 평가되었다(≪한겨레≫, 2012년 7월 2일 자).

when it hits you. You're ready for IBM. Better ideas. Driven by yo

Now... "We love to see you smile" Where do you want to go today

and live the magic. We bring good things to li

necting people.

Did somebody say McDonalds? Life tastes good

to go today?

10장

슬로건 비평

● ● ○

서울시의 도시 브랜딩 사례

도시를 하나의 브랜딩으로 보고 이를 계획·관리·운영할 수 있지만, 성공적인 브랜딩은 쉽게 만들어지지 않는다. 도시는 브랜딩을 위한 장기적인 비전과 수행 전략을 세워야 한다. 서울의 경우 아시아에서 가장 가난한 도시 중 하나였지만, 1980년 이후 아시아에서 일본 다음으로 잘사는 나라의 수도로 발돋움하면서 역동적이고 현대적이며 세련된 도시로 변모했다. 한국전쟁으로 폐허가 된 서울은 완전히 재건되어 활력이 넘치는 도시가 되었다.

서울은 장기적인 도시 계획이 얼마나 중요하며 전략이 어떠해야 하는지를 잘 보여준다(Kapferer, 2007). 올림픽과 월드컵을 개최하고, ASEM 등 세계적인 회의를 유치한 도시로서 높은 국제적 위상이 있지만, 배타적이며 불친절한 사람들, 불편한 교통과 환경, 좋지 않은 기업 여건 등 부정적 이미지 때문에 세계 일류 도시로 성장하는 데 한계가 있었다. 따라서 서울은 긍정적인 국제도시로서의 면모를 갖춘 도시 이미지를 구축하기 위해 도시 브랜드 개발을 추진했다.

도시 브랜드 개발은 슬로건 개발과 후속 마케팅 추진 과정으로 나누어 진행되었다. 먼저 2000년에 도시 마케팅 추진반이 만들어져 관련 업무에 집중했다. 세계 중심 도시로서 이미지를 구축하기 위해 노력했으며, 2002 FIFA 대한민국·일본 월드컵 개최를 기회로 삼아 서울의 긍정적인 이미지를 알리고자 했다.

하이 서울*

이 슬로건은 서울을 대외적으로 알리고, 시민 참여를 유도하기 위해 시행되었다. "하이 서울(Hi Seoul)"은 2002년 10월 28일 시민의 날에 발표되어, 세계를 향해 열려 있는 서울시의 친근함과 한 단계 높은 지향점을 향해 정진하는 서울시의 이미지를 나타냈다.

"하이 서울"은 서울시의 공모에 응모한 7283건(외국인 110명)의 안을 서울 마케팅 자문위원들이 1, 2차로 심사하고, 브랜드 전문 업체와 시 직원, 시 출입 기자단을 대상으로 설문 조사와 타당성 분석을 거쳐 선정했다. '하이'는 전 세계 사람들이 가장 많이 쓰는 영어 인사말로 밝고 친근한 서울의 메시지를 지구촌에 전달하고, 다양하며 활기찬 서울의 매력을 표현하기 위해 사용되었다. 시민들이 친근한 인사말로 서로 가까운 이웃임을 확인하고, 지역·계층 간 화합으로 같은 고향처럼 편안함을 제공하고자 했다. 또한 하이(Hi)와 음이 같은 '하이(high)'를 연상시켜 대한민국의 수도를 넘어 지구촌 시대의 세계적인 도시 서울의 비전을 제시했다. 서울의 관광, 상품 마케팅, 문화, 투자 유치 등 특수 목적에 이용할 수 있는 부제 슬로건과 어울려 활용할 수 있도록 대표 이미지를 구현했다.

서울만의 고유 이미지를 만들기 위해서 2002년에 국제마케팅 담당 부서가 만들어졌다. 월드컵 개최 이후에는 시민을 대상으로 월간지 잡지를 발행하고, 노래를 제작하는 등 서울시 브랜드 "하

• "하이 서울"의 슬로건 서체는 Hi의 의미와 일치하도록 밝고 활기찬 서체를 활용해 남녀노소 누구에게나 쉽게 이해되고 사랑받을 수 있는 친근한 스타일로 표현했다. 정형을 탈피한 자유스러운 서체로 다양하고 활기찬 서울의 모습을 형상화했으며, 색상은 한국을 대표하는 삼태극의 청, 적, 황 3색을 사용해 강한 주목성과 임팩트를 시각적으로 표현했다. "하이 서울"과 함께 시 관련 행사 등에 사용하기 위해 제정한 부제 슬로건으로는 "We Are Friends", "I Love Seoul", "Dreams@Seoul" 등이 있다.

이 서울"을 다양한 콘텐츠로 확대했다. 해외 마케팅으로는 도쿄, 베이징, 홍콩 등 해외 주요 공항의 라이트 박스 광고, 한국 방문 기자단에 취재 지원, 청계천 소개 프로그램 등 개별 홍보 중심의 프로모션을 추진했다. 기타 행사로는 하이 서울 마라톤 대회, 국제 청소년 체육대회, 지구촌 한마당 축제 등을 개최했으며, 과거의 부정적인 도시 이미지를 벗고 친절한 도시라는 이미지를 구축하기 위해 관광 안내 및 도로명의 외국어 표기를 정비하고 외국인을 대상으로 한 마케팅 채널을 마련했다.

2002년 월드컵을 계기로 서울시가 "하이 서울"을 브랜드 슬로건으로 내세우고 대대적으로 홍보 활동을 시작하자, 각 지방자치단체들도 지역 브랜드 슬로건과 심벌을 앞다투어 개발했다. 정치, 경제, 사회, 문화 등 제반 분야가 도시를 중심으로 이루어지는 가운데 지방자치단체들은 도시 브랜드 슬로건을 비롯한 도시 브랜딩을 꾸준히 도입하고 있다. 각각의 지방자치단체는 도시의 명칭만으로 해결할 수 없는 부분을 보완하기 위해, 지역의 특색과 핵심 가치를 포함한 차별적인 커뮤니케이션 메시지를 담은 도시 브랜드 슬로건 개발에 많은 투자를 했다(김소연, 2009).

서울시는 민선 4기를 맞아 도시 경쟁력 확보 차원에서 도시 디자인 사업을 추진했고, 이를 도시 마케팅 수단으로 확대해 '유네스코 창의도시 네트워크'에 가입했다. 즉, 매력적인 도시경관과 도시 브랜드 가치의 관계를 분석해 상대적으로 낮게 평가받는 서울의 도시 디자인과 브랜드 가치를 높이려고 시도한 것이다. 이를 위해 디자인 서울 총괄 본부를 조직하고 80여 개의 사업을 추진했으며, 향후 시민이 행복한 도시 디자인을 구현하기 위해 세 가지를 제안했다.

첫째, 도시 개발과 도시 디자인 사업을 통합해 문화와 디자인을 생활공간과 연계한다.

둘째, 지역 생활환경과 낙후 지역 개선을 우선적으로 실시하며, 역사와 문화 정체성을 살린 도시 디자인을 추진한다.

셋째, 민간의 디자인 역량을 창출하기 위해 디자인 사업 추진 과정에 시민을 참여시켜 교육 프로그램을 단계적으로 운영하고, 아울러 도시 디자인 사업이 공공성과 성숙한 시민 의식을 전제로 추진될 수 있도록 교육 연구와 투자를 제안했다.

도시의 경관이 매력적일수록 도시 브랜드의 가치가 높이 평가되며(Anholt, 2006), 건축이나 공원이 아름다운 도시 등 세계에서 가장 매력적인 10대 도시(Forbes, 2008)는 도시 브랜드 가치가 대부분 상위권인 데 반해, 서울은 60개 도시 중 브랜드 가치 44위, 경관 관련 매력 54위에 머물고 있다(백선혜 외, 2008 재인용).

소울 오브 아시아

서울시는 민선 4기 들어 새로운 슬로건을 발표했다. 슬로건의 명칭은 "Hi Seoul SOUL OF ASIA"다. 이 슬로건은 서울 시민들의 의견을 수렴한 뒤 서울시 브랜드 자문위원들의 1, 2차 심사 및 외국인 표적집단면접법(focus group interview: FGI), 브랜드 전문 업체와 시 직원의 여론조사와 분석을 통해 선정했다. "Hi Seoul SOUL OF ASIA"의 의미를 살펴보면 사전상 '정신, 기백, 열정, 정수' 등 다양한 뜻으로 사용되는 soul(혼)을 핵심 요소로 사용하고, 'soul'의 발음이 "Seoul"과 유사하다는 점에 착안해 이미지를 동일화했다.

"SOUL OF ASIA"는 다양한 아시아의 문화를 포용하고 융합해 서울 문화의 진수를 보여준다는 의미로, 전통 위에 디지털 첨단

문명이 어우러져 곧 세계의 중심으로 도약한다는 취지였다. 슬로건은 동양의 인식 체계에서 삼재(三才)에 해당하는 "천, 지, 인" 사상과 더불어 오방색(五方色)에 기초한 적·청·황의 역동성, 생명력, 우주의 중심을 표현했다. 이와 함께 "Hi Seoul"의 3색과 조화를 이루도록 했다. "SOUL OF ASIA"를 고딕체로 표현하고, "Hi"의 글자 크기를 작게 해 안정감을 주었다. 기존 "하이 서울" 자체에 쓰인 색채 요소가 너무 많았음을 고려해 색동 막대의 색상을 기존과 동일하게 단순화했다.

함께 서울

서울시는 2011년 11월 11일부터 11월 17일까지 공모를 통해 997편의 슬로건을 접수하고 인터넷 투표를 통해 이 중 여섯 개를 추려내었다. 그중에서 시장, 시민, 전문가 등이 심사해 "함께 만드는 서울, 함께 누리는 서울"을 선정했다. 35대 서울시정 슬로건이 결정된 것이다. 서울시가 그동안 일방적으로 개발해 사용했던 슬로건과 달리, 시민의 다양한 아이디어와 서울에 대한 염원이 담긴 슬로건을 공모로 선정했다는 데 의의가 있다. 서울의 비전에 대한 고민을 시민과 나눔으로써 서울시정을 함께 만들어간다는 취지에서 추진되었으며, 적극적으로 시민과 소통하고 시민 참여의 기회를 늘렸다는 측면에서도 주목받았다.

"함께 만드는 서울, 함께 누리는 서울"에 담긴 의미는 35대 서울시정의 모토인 "희망 서울"을 구체적으로 표현한 것이다. 서울시정을 시민과 함께 만들고 시민과 함께 그 결실을 누린다는 '시민 참여'와 '협치'의 시정 철학을 바탕으로 했다. 시민의 뜻과 의견을 물어 시민과 함께 시정을 만들어나간다는 의미를 함축적으로 전

표 10-1 서울 도시 브랜드 슬로건의 변화

구분	2002년	2006년	2007년
슬로건	하이 서울	리프레스 유어 소울 인 서울 비@서울	소울 오브 아시아
콘셉트	도입, 친근함	세계 일류 도시	맑고 매력 있는 도시
BI	Hi Seoul	Refresh your Soul in Seoul	Hi Seoul SOUL OF ASIA
특징	마케팅 도입	통합 마케팅 커뮤니케이션 원년	브랜드 마케팅 원년 (민선 4기)
구분	2009년	2011년	2014년
슬로건	인피니틀리 유어스	희망 서울	함께 서울
콘셉트	무궁무진 서울	시민 참여와 협치	통합의 가치철학
BI	Infinitely yours, SEOUL	희망서울	함께 서울
특징	스토리텔링 접목	시민 공모(민선 5기)	민선 6기

달했다(http://www.seoul.go.kr/v2012/seoul/symbol/slogan2012.html). 2014년 민선 6기 출범과 함께 서울의 슬로건은 "희망 서울"에서 "함께 서울"로 바뀌었다(≪서울신문≫, 2014년 10월 8일 자).

도시 브랜드의 자산 요소를 평가하고 지수화해 지방자치단체의 브랜드를 전략적으로 관리하기 위한 지표를 제공한 NBRC(2014)의 한국 지방 브랜드 경쟁력 지수에 따르면 도시 브랜드 자산을 투입과 성과로 구분해 주거 환경, 관광 환경, 투자 환경, 전반적인 경쟁력, 브랜드 태도, 브랜드 애호도의 여섯 개 차원으로 표준화해 1만 3650명의 국민에게 설문 조사한 결과 서울의 경우 주거, 관광,

투자 환경이 고르게 잘 갖춰진 것으로 알려졌다. 인천의 경우 서울과 비슷한 수준이었으며, 대구와 대전은 주거 환경, 광주와 부산은 관광 환경, 울산은 투자 환경이 우수한 것으로 나타났다.

도시 브랜딩의 필요성

도시 사이의 경쟁이 치열해질수록 도시는 브랜딩 구축에 관심을 기울인다. 도시는 점점 더 많은 혈세를 마케팅 비용으로 사용한다. 그러나 캠페인 결과를 측정하기는 어렵다. 따라서 기존의 마케팅 개념에서 장소 마케팅의 효과 측정 도구를 가져와 소비자 자산이나 고객 만족 등의 개념을 사용해 이론과 실제의 차이를 메우고 후속 연구의 토대를 마련해야 한다(Sebastien, 2011).

도시 브랜딩은 무형의 이미지와 추상적인 내용을 전달해야 한다. 브랜딩 전략으로 도시를 단순히 역사적 장소가 아니라 경험과 소비가 조화롭게 어우러진 곳으로 만들어야 한다. 이렇게 하면 도시는 매력적인 장소로 소비자에게 평판을 얻을 수 있다. 서울은 효율적인 브랜드 아이덴티티를 전달해 국내 중소 도시의 모범 사례가 되었다. 글로벌 도시 브랜드로서 도시의 정체성을 강화하고 관리해나감으로써 파리, 뉴욕, 싱가포르와 어깨를 나란히 하는 강력한 도시 브랜드로 자리매김할 토대를 마련한 것이다. 이경미와 김찬동은 도시 브랜딩 및 전략에 대한 개념을 정립하고 서울시의 브랜딩 현황을 파악한 후 이를 토대로 민선 5기를 시작하는 서울시가 추구해야 할 바람직한 '브랜딩 서울 전략 방안'을 제시했다(이경미·김찬동, 2010). 창의적 지식 경제 시대의 도래와 함께 도시 브랜딩은 도시 관리의 새로운 패러다임으로 떠오르고 있고, 세계의 도시들은 도시 발전과 경쟁력을 지속시키는 데 필수 불가결한 해법으로 도시 브랜딩을 시도하고 있다. 이런 세계적인 추세에 따라 서울시도 민선 4기 동안 핵심 전략으로 서울의 '브랜드 가치 창출'을 위해 다양한 활동을 펼쳐왔고, 특히 2007년을 '서울브랜드 마케팅 원년'으로 선포하면서 서울의 브랜드 파워를 구축하는 데 모든 역량을 집중해왔다.

그동안의 노력으로 서울은 이제 세계 유수 언론과 전문가들로부터 브랜딩 성과를 인정받기 시작했다. 하지만 서울의 브랜딩 전략은 여전히 미미한 수준에 그치고 있고, 브랜딩 정책 또한 여전히 희미해 서울이 펼친 다양한 정책적 노력은 긍정적이라기보다 부정적인 시각에서 비판의 대상이 되어온 것이 사실이다. 또한 비록 시민들이 도시 브랜딩의 필요성을 인식하고 있더라도, 과연 서울시가 도시 브랜딩을 제대로 이해하고 바람직한 전략을 수립해왔는지에 대해서는 의문의 여지가 있다. 이는 본질적으로 도시 브랜드 및 도시 브랜딩에 대한 정확한 이해가 부족했기 때문이다. 도시 브랜딩 전략의 필요성을 강조한 데 비해 도시 브랜딩 전략에 대한 구체적인 연구가 아직 미미한 수준이기 때문이다.

세계 20개국, 2만 명 이상의 패널을 대상으로 설문 조사한 안홀트 GMI(2014)의 도시 브랜드 지수는 크게 여섯 가지의 평가 척도가 있다.

첫째, 방문 여부, 도시 지식, 문화, 과학 등에 대한 국제적 기여도 등 실재감

둘째, 기후, 공해 등 오염도, 건물 등 외관 매력도 등 장소

셋째, 호텔, 학교, 공공 터미널, 스포츠 시설 등 필수 기관

넷째, 시민의 개방성과 친절도, 언어와 문화의 공유, 안전도

다섯째, 생활의 흥미, 지루함 등 라이프스타일

여섯째, 구직의 용이성, 사업의 용이성, 방문자의 경제활동 가능성, 고등교

육의 용이성

서울은 50개 주요 도시 중에서 실재감(presence) 1위, 장소(place)

11위, 필수 기관(prerequisite) 1위, 시민(people) 1위, 라이프스타일(pulse)

7위, 가능성(potential) 17위로 나타났다(http://www.simonanholt.com/Research/

cities-index.aspx, 2014년 8월 18일 검색). 2006년 44위, 2007년 33위보다 순

위가 매우 높아졌다. 이는 앞에서 살펴본 서울 도시 브랜딩의 다

양한 노력의 결과로 해석할 수 있다. 2014년 미국 경제지 ≪포브

스≫는 서울을 세계에서 16번째로 영향력 있는 도시로 선정했다.

런던이 1위, 도쿄는 5위, 베이징이 8위였으며, 서울은 미래에 10위

안에 오를 수 있는 '떠오르는 스타(Rising stars)'로 선정되었다(≪연합뉴

스≫, 2014년 8월 19일 자).

아이.서울.유

서울의 도시 브랜딩과 마케팅은 2002년 "하이 서울"의 개발과

전담 조직을 갖추면서 본격적으로 시작되었으나, 그동안 여러 차

례 변화를 거듭하면서 서울시 상징체계에 혼란과 한계를 야기했

다. 글로벌 도시 간의 브랜드 경쟁이 심화되면서 서울의 도시 경

쟁력을 강화할 필요성이 높아졌고, 브랜딩 과정의 공감과 확산을

용이하게 해서 국내외적으로 사랑받는 새로운 브랜드 개발의 필

요성이 높아졌다. 이에 서울시는 시민의 자긍심을 고취하고 다른

도시와 대비해 경쟁력을 제고하기 위해 2015년 3월부터 시민이

참여한 도시 브랜드 개발로 10월 28일 시민의 날에 "I·SEOUL·U

(아이.서울.유)"를 서울브랜드 슬로건으로 선포했다. 서울 슬로건은 서

울의 도시 기본 계획 '2030 서울플랜'(2014.5)에서 제시한 서울의 비전인 '소통과 배려가 있는 행복한 시민 도시'를 구현하기 위해 앞으로 '삶의 질'을 높이고, '소통'과 '배려'를 중심으로 서울의 정책 방향 변화를 염두한 도시 브랜딩과 마케팅 활동을 전개하겠다고 밝혔다. 서울브랜드의 정체성과 콘셉트를 일관되고 지속적으로 알려야 한다. 서울브랜드는 2018년 서울의 목표인 서울 방문 외래 관광객 2000만 명 시대를 준비하고, 세계 3대 마이스(MICE) 도시 달성을 위해 마케팅 차원에서 적극적인 확산 방안이 요구된다(김유경 외, 2015).

서울시 브랜드 "I.SEOUL.U"는 '나와 너의 서울'이라는 뜻과 함께 서로 존중하는 서울을 의미한다. 열정과 자유를 붉은색과 푸른색 점으로 표현했다. "SEOUL"의 O는 한글 자음 '이응'을 사용해 세계적인 한국의 대표 도시임을 상징한다. 서울시는 2002년에 도입한 도시 브랜드 "Hi Seoul"(하이 서울)의 수명이 다했다고 보고, 2015년 10월부터 시민과 전문가로 구성된 서울브랜드추진위원회를 중심으로 시민, 전문가, 외국인 참여 그룹과 함께 새 브랜드 개발에 들어갔다. 시는 시민 공모를 통해 1만 6147건의 아이디어를 모은 뒤에 전문가와 시민의 검증을 거쳐 "I.SEOUL.U", "SEOULing (서울링)", "SEOUL MATE(서울 메이트)" 등 최종적으로 세 개의 후보군을 선정했다. 온라인 사전투표와 1000명의 시민심사단, 전문가심사단의 심사 결과를 종합해 "I.SEOUL.U"를 새 브랜드로 선정했다.

"I.SEOUL.U"가 사전 투표에서 4만 9189표(18.25%), 1000명의 시민 심사단에서 682표(14.96%), 전문가 심사단에서 9표(25%)를 얻어 서울의 새 얼굴로 뽑혔다고 설명했다.

도시 브랜드는 세계화 시대에 도시 이미지를 제고하고, 도시

I.SEOUL.U
나와 너의 서울

- 나와 너 사이에 서울이 있음을, 서로 **공존**하는 서울을 의미
- **열정**과 **여유**를 상징하는 붉은색과 푸른색의 'dot'으로 표현
- SEOUL의 'O'에 한글 자모 '이응'을 결합, 세계적이면서 대한민국의 대표 도시임을 상징

서울은 진행형
seouling

- 서울의 역동성을 'ing'로 표현하여 사람과 사람이 **공존**하며 움직이는 서울을 의미
- 'i'는 움직임의 주체인 **열정**적인 서울시민을 뜻하며, 서울시민이 'seoul'을 **여유**롭게 바라보는 구조로 표현
- 대비되는 청색과 적색은 대립이 아닌 서로 **공존**하는 서울을 상징

SEOULMATE
나의 친구 서울

- 'soulmate'처럼 **여유**와 편안함을 주는 서울 친구를 의미
- 알파벳 'e'와 'o'가 결합된 이미지는 서로 **공존**하는 서울을 상징
- 'e'와 'o'가 결합되어 'soulmate'로 인지되고, 예술혼과 신명이 가득한 **열정**적인 서울을 표현

그림 10-1 서울 슬로건 최종 후보안

홍보 등에 사용하기 위해 디자인해 사용하는 상징물이다. 김민기 서울브랜드추진위원장은 "이번 서울브랜드 개발은 아이디어 공모, 후보안 압축, 최종 서울브랜드 선정까지 모두 시민 주도형으로 추진해왔다"라고 하면서 "새 서울브랜드는 시의 독점적 저작물이

아니라 전 세계 시민의 브랜드로 공유하고 발전시켜나갈 계획"이라고 덧붙였다(《경향신문》, 2015년 10월 28일 자).

I. SEOUL . U
나와 너의 서울

그림 10-2 서울 슬로건 이미지(아이.서울.유)

그러나 서울시 슬로건을 새롭게 다시 만드는 작업을 놓고 서울 시민들은 "도대체 무슨 말인지 모르겠다", "국적 불명의 조어다", "이 무슨 콩글리쉬인가?"라며 부정적인 반응을 보였다. 당시 새정치민주연합의 홍보 전문가 손혜원은 "아이.서울.유"에 대해 "대한민국의 디자이너로서 솔직히 부끄럽다. 단어들을 억지스럽게 나열해 쉬운 단어인데도 무슨 뜻인지 헷갈리게 되어 있다"라고 비난하기도 했다.

2002년부터 사용한 "하이 서울"의 슬로건 가치가 294억 원에 달하고 세계적인 이미지로 자리 잡은 상황에서 이를 바꾸는 것은 '보여주기식' 전시 행정이라는 비판도 있다. 새 슬로건의 개발 비용과 선포식에만 12억 원의 예산이 들어갔고, 앞으로 서울시의 모든 로고 교체 비용으로 수십억 원의 예산이 낭비될 것이라는 지적도 있다. 이러한 논란에 대해 김상환 서울대학교 교수는 「이미지 시대의 슬로건」이라는 글에서 다음과 같이 정리했다.

이미지 기호는 이 점에서 닫힌 기호가 아니라 열린 기호다. "I.SEOUL.U"는 기호의 일종으로 간주될 때 장점을 드러낸다. 큰 소리로 외치는 슬로건이 아니라 눈을 이쪽저쪽으로 굴려 바라보는 시각적 대상으로 보면 서울에서 사람이 서로 만나고 헤어지는 방식을 생각하게 된다. 지금 당장 채워 넣을 이야기가 없어도 "I.TOKYO.U"나 "I.PARIS.U"를 볼 때와 확실히 구분되는, 그래서 서울에서만 일어나는 아름다운 만남과 이별의 이야기가 떠오를 것이다. 아이유의 노래보다 더 가슴 설레고 안타까운 이야기가 ……(http://openlectures. naver.com/contents?contentsId=102668&rid=253).

좋은 슬로건을 만들고 그것을 운용하는 전략을 하나의 모델로 제시하기는 매우 어렵다. 이종훈의 브랜드 아키텍처는 마케팅 커뮤니케이션 전반에 활용할 수 있는 그 나름의 슬로건과 브랜드 전략을 모델로 제시하고 있어(이종훈, 2006) 이를 참고하면 도움이 될 것이다. 우에조의 슬로건 가이드라인(우에조 노리오, 1991)이나 광고 회사 DDB 니드엄(DDB Needham)에서 사용하는 R.O.I(relevance, originality, impact)를 슬로건 프로그램에 적용해보는 것도 효과적이다(이희복, 2006). 또한 최병광이 슬로건은 군대의 함성과 같이 말하기 쉽고 기억하기 쉬운 것이어야 한다며 제시한 여섯 가지 원칙, 즉 짧게 쓰고, 명확히 하고, 적절하며, 흥미 있고, 독창적이며, 기억하기 쉬어야 한다(최병광, 2004)는 기준을 슬로건 작성에 참조할 수 있겠다.

"우리강산 푸르게 푸르게"

유한킴벌리 슬로건의 롱런

　　1984년부터 우리나라의 황폐화된 산림을 복구하기 위해 시작한 유한킴벌리의 대표적인 CSR(corporate social responsibility: 사회 공헌 활동) "우리강산 푸르게 푸르게" 캠페인은 나무를 심고 숲을 가꾸는 운동을 전개해왔다. 우리나라의 최장수 캠페인으로 '우리강산 푸르게 푸르게'를 슬로건과 캠페인 명칭으로 삼았다. 숲 환경에 대한 국민의 인식을 전환하면서 생태환경 보존을 위해 국·공유림에 나무 심기, 숲 가꾸기, 자연환경 체험 교육, 숲·생태 전문가 양성, 연구·조사, 해외 사례연구 등을 추진했다. 캠페인의 성과는 다양하게 나타났다. 2017년 하반기까지 5066만 4461 그루의 나무를 심고 가꾸었다(유한킴벌리 홈페이지, http://www.yuhan-kimberly.co.kr/Society).

　　이 밖에도 건강한 숲 조성을 목적으로 720만 그루를 심었고, 1867만여 그루의 천연림 보육, 어린나무 가꾸기 등의 사업과 황폐한 숲으로 우리나라에 영향을 미치는 북한, 몽골 등 인접 국가의 숲을 복원하는 데도 힘쓰고 있다. 시민 사회단체, 정부와 다양한 이해 관계자를 파트너로 삼고, 생명의 숲 국민운동, 평화의 숲, 그린트러스트 등과 적극 협력하고 있다. 2017년 33주년을 맞은 유한킴벌리의 "우리강산 푸르게 푸르게" 운동은 슬로건과 캠페인 명칭의 높은 대국민 인지도는 물론 국민들에게 나무와 숲, 자연환경에 대한 진정성 있고 장기적인 실천을 통해 기업의 이미지 제고와 환경에 대한 의식을 심어주었다.

유한킴벌리는 20~35세의 '청춘 세대'에 주목하고 "우리강산 푸르게 푸르게"를 줄인 "우푸푸" 캠페인을 통해 우리 곁의 작은 숲에서 많은 것을 알리며 더 많은 것을 이뤄갈 방침이다. 타깃 눈높이에 맞는 캠페인을 전개해 자발적인 참여와 공유·확산을 이끌어낼 계획이다. "우푸푸" 캠페인의 핵심 콘텐츠는 유한킴벌리와 광고 회사 SK플래닛, 디자인 전문회사 러프디자인 등 3사가 공동 기획, 제작한 '푸르DUCT(= 푸르게 + Product)'다. 푸르DUCT는 젊은 세대들의 독특한 취향을 반영한 디자인 소품으로, 20대들이 숲에 관심을 가지고 경험할 수 있게 하고자 하는 '우푸푸'의 철학을 담고 있다.

유한킴벌리의 캠페인의 이름이자 슬로건인 "우리강산 푸르게 푸르게"는 그린 광고의 대표적인 사례로 일찍이 환경에 대한 관심이 부족하던 시기에 우리나라에서 가장 먼저 펼쳐진 기업의 환경 마케팅 활동이었다. 단순히 제품 판매에 그치지 않고 환경의 가치를 소비자와 소통하는 우수한 캠페인으로 대한민국광고대상을 비롯한 다수의 상을 수상했다.

when it hits you. You're ready for IBM Better ideas. Driven by ye
Now... ''We love to see you smile'   Where do you want to go today
and live the magic.   We bring good things to li
necting people.
Did somebody say McDonalds?   Life tastes good

to go today?

에필로그

더 많은
설득의 수사학을 위하여

슬로건 이론에서 출발해 슬로건 실제와 슬로건 활용까지 두루 살펴보았다. 설득의 수사학으로서 슬로건은 마케팅과 커뮤니케이션 수단 이상의 의미가 있다. 지금까지 살펴본 것처럼 수사학의 뿌리는 고대 수사학의 수사적 장식과 비유에서 찾을 수 있다. 설득과 수사가 넘치는 오늘날, 슬로건은 브랜드와 캠페인뿐 아니라 일상에서의 '인식의 전장'에서 쓰이는 유용한 수단 중 하나가 되었다. 미디어와 소비자가 똑똑해진 스마트 시대에 2400년 전에 시작된 수사학이 여전히 힘을 발휘할 수 있는 것은 사람과 사람 사이를 연결하는 소통의 기본이 변하지 않았기 때문이다. 슬로건의 의미와 기능, 전략과 포지셔닝을 토대로 올바른 슬로건 읽기와 효과적인 슬로건 쓰기에 대한 논의를 계속해야 한다. 넘치는 정보 속에서도 설득의 수사학 슬로건은 소통의 도구로 계속 살아남을 것이다.

앞에서 논의한 슬로건의 제작 과정을 도식화하면 표와 같다.

슬로건의 제작 과정

슬로건 브리프	슬로건 종류	슬로건 아이디어 (수사적 기법)	슬로건 체크리스트
콘셉트	기업 브랜드 캠페인	브랜드 표현 / 표기 문자 / 구성 형식 / 대구와 대조 / 두운과 각운 / 직유와 은유 / 대상 표현 / 전달 의미 / 메시지 성격 / 정보 제공	너무 길지 않은가? / 너무 복잡하지 않은가? / 문장이 적절한가? / 독특한 무엇이 있는가? / 관심을 끌 만한가? / 너무 어렵지 않은가? / - / - / - / -

첫째, 슬로건 브리프다. 슬로건 제작을 위해 광고주나 광고 기획자와 함께 회의를 진행할 수 있다. 이때 브랜드의 배경과 슬로건 제작을 위한 기초 자료, 분석 내용 등을 슬로건 브리프에 정리해 회의 자료로 활용할 수 있다. 여기서 중요한 것은 '콘셉트'다.

둘째, 슬로건의 종류다. 슬로건의 역할을 검토해야 한다. 제작할 슬로건의 용도가 캠페인에 활용할 것인지, 기업이나 브랜드를 위한 것인지를 정해야 한다.

셋째, 슬로건 아이디어다. 작성하게 될 슬로건의 수사적 기법을 결정한다. 브랜드 표현, 표기 문자, 구성 형식, 대구와 대조, 두운과 각운, 직유와 은유, 대상 표현, 전달 의미 등 수사적 표현에 대한 아이디어를 낸다.

넷째, 슬로건 체크리스트다. 아이디에이션(ideation)에서 만들어진 슬로건을 대상으로 리뷰를 거치며 수정하고 보완한다. 길이, 단순성, 적절성, 독특성, 관심성, 난이도 등을 살펴보고 효과적인 슬로건이 되도록 개선한다.

효과적인 슬로건 제작을 위한 '슬로건 전략'을 제안한다. '이야기(story), 언어(language), 독창성(originality), 지속성(going), 행동(action), 새로움(newness)'의 머리글자로 구성되는 슬로건(SLOGAN)은, 각각을 잘 포함할 때 오래도록 사랑받을 수 있다.

첫째, 슬로건은 이야기다. 등장인물, 갈등, 전개, 메시지를 담은 이야기는 힘이 있다. 화장품 브랜드 시세이도(Shiseido)의 "남자는 떠나고 여자는 또 아름다워진다"처럼 슬로건 안에 이야기를 담으면 된다.

둘째, 슬로건은 언어다. 슬로건은 다양한 운율의 리듬감이 있으면 좋다. 웅진코웨이의 "깐깐한 물"은 형용사면서 브랜드의 성

Story: 이야기를 담아라

남자는 떠나고 여자는 또 아름다워진다   시세이도

Language : 언어의 힘을 활용하라

깐깐한 물   웅진코웨이

Originality : 독창성이 있어야 한다

우리 옷의 첫 단추는 고객입니다   제일모직

Going: 지속하면 머리에 남는다

우리강산 푸르게 푸르게   유한킴벌리

Action: 행동을 요구하라

Drink an Orange   Sunkist

Newness: 새로움은 차별화된다

쉿! 소리 없이 강하다   대우자동차 레간자

SLOGAN 전략

격을 보여주어 경쟁사와 차별화하는 힘이 있다.

셋째, 슬로건은 독창성이다. 남다른 주장이 있으면 좋다. 제일
모직의 "우리 옷의 첫 단추는 고객입니다"는 고객 만족과 업(業)의
개념을 연결했다는 장점이 있다.

넷째, 슬로건은 지속성이다. 1984년부터 시작된 유한킴벌리의 "우리강산 푸르게 푸르게" 캠페인은 오랫동안 동일한 슬로건을 유지해 국민들의 머릿속에 자리 잡았다. 처음 만들어진 이후 지금까지 변함없이 사용되었기 때문에 가능했다.

다섯째, 슬로건은 행동이다. 미국인의 아침 식단을 바꾸어놓은 썬키스트의 "Drink an Orange"는 과일을 주스로 만들어 먹도록 구체적인 행동을 요구했다.

여섯째, 슬로건은 새로움이다. 새로운 콘셉트와 방법으로 소비자에게 다가가야 한다. 레간자는 "쉿! 소리 없이 강하다"라는 슬로건으로 차의 고요함을 강조해 차별화했다.

슬로건은 쉽게 만들어지고 빨리 사라지는 것이 아닌 '가까이 두고 오래 사귄 벗(親舊)'이 될 때 힘을 가질 수 있다. 더 많은 성공적인 슬로건과 캠페인이 만들어져 소비자에게 사랑받는 설득의 수사학이 되어주기를 바란다.

...s when it hits you. You're ready for IBM.

Now... "We love to see you smile" Where do you wan...

Come and live the magic.

Connecting people.

Did somebody say McDonalds? Life tastes g...

do you want to go today?

when it hits you, You're ready for IBM. Better ideas. Driven by
Now... "We love to see you smile'   Where do you want to go toda
and live the magic.   We bring good things to
nnecting people.
Did somebody say McDonalds?   Life tastes good
t to go today?

부록

세계 100 대 슬로건

업종별 슬로건 1781선

국내 100 대 상장 기업의 슬로건

세계 100 대 슬로건

The Advertising Slogans of the Business Week /
Interbrand Top 100 Global Brands

1. COCA-COLA	Life tastes good.
2. MICROSOFT	Where do you want to go today?
3. IBM	And that's when it hits you. You're ready for IBM.
4. GE	We bring good things to life.
5. NOKIA	Connecting people.
6. INTEL	The centre of your digital world.
7. DISNEY	Come and live the magic.
8. FORD	Better ideas. Driven by you.
9. McDONALD'S	Did somebody say McDonalds? Now... 'We love to see you smile'
10. AT&T	Boundless
11. MARLBORO	Marlboro Country.
12. MERCEDES	Follow whoever you are.
13. CITIBANK	Where money lives.

14. TOYOTA	The car in front is a Toyota.
15. HEWLETT-PACKARD	Invent.
16. CISCO SYSTEMS	Empowering the Internet generation.
17. AMERICAN EXPRESS	Don't leave home without it.
18. GILLETTE	Innovation is Gillette.
19. MERRILL LYNCH	Ask Merrill
20. SONY	Change the way you see the world.
21. HONDA	Independent thinking. (also: 'Simplify.')
22. BMW	The ultimate driving machine.
23. NESCAFE	Awaken your senses.
24. COMPAQ	Inspiration technology.
25. ORACLE	Oracle software powers the internet.
26. BUDWEISER	True. (Also 'This Bud's for you.')
27. KODAK	Share moments. Share life.
28. MERCK	It's your future. Be there.
29. NINTENDO	Feel everything.
30. PFIZER	Life is our life's work.
31. GAP	Gap Denim. Wear it now.
32. DELL	Connecting to your needs.
33. GOLDMAN SACHS	Minds. Wide open.
34. NIKE	Just do it.
35. VOLKSWAGEN	Drivers wanted.
36. ERICSSON	Make yourself heard.
37. HEINZ	Mine's gotta have Heinz.

38. LOUIS VUITTON	The spirit of travel.
39. KELLOGG'S	Have you woken up to Kellogg's corn flakes?
40. MTV	We're watching.
41. CANON	Imaging across networks.
42. SAMSUNG	Everyone's invited.
43. SAP	The best-run e-businesses run SAP.
44. PEPSI	The joy of Pepsi.
45. XEROX	The digital doc-ument company.
46. IKEA	Make a fresh start.
47. PIZZA HUT	Great pizzas. Great times.
48. HARLEY-DAVIDSON	The legend rolls on.
49. APPLE	Think different.
50. GUCCI	The hand of Gucci.
51. KFC	No on-e does chicken like KFC.
52. REUTERS	For people in the know.
53. SUN MICROSYSTEMS	Take it to the nth.
54. KLEENEX	Thank goodness for Kleenex.
55. PHILIPS	Let's make things better.
56. COLGATE	The world leader in oral care.
57. WRIGLEY'S	For a cleaner whiter smile.
58. AOL	So easy to use, no wonder we're the world's No.1.
59. YAHOO!	Do you Yahoo?
60. AVON	Let's talk.
61. CHANEL	Share the fantasy.

62. DURACELL   The most powerful alkaline battery in the world.

63. BOEING   nulle destination. A world of solutions.

64. TEXAS INSTRUMENTS The world leader in DSP and analog.

65. KRAFT   You know you want it.

66. MOTOROLA   Intelligence everywhere.

67. LEVI'S   Originality - Integrity - Innovation.

68. TIME   Both sides of the story explored weekly.

69. ROLEX   Perpetual spirit.

70. ADIDAS   Long live sport.

71. HERTZ   Suddenly, you're free again.

72. PANASONIC   Just slightly ahead of our time.

73. TIFFANY   America's house of design since 1837.

74. BP   Beyond petroleum.

75. BACARDI   Latin spirit in every on-e.

76. AMAZON.COM   A real company in a virtual world.

77. SHELL   Moving at the speed of life.

78. SMIRNOFF   There's vodka and then there's Smirnoff.

79. MOET &CHANDON   L'esprit Mo? &Chandon.

80. BURGER KING   It's all about the burgers.

81. MOBIL   Exceed. Why compromise.

82. HEINEKEN   It's all about the beer.

83. THE WALL STREET JOURNAL   Adventures in capitalism.

84. BARBIE   Gotta B ...

85. POLO/RALPH LAUREN Active headquarters.

86. FEDEX	This is a job for FedEx.
87. NIVEA	It helps protect your skin.
88. STARBUCKS	Your home from home.
89. JOHNNIE WALKER	Keep walking.
90. JACK DANIELS	Some things never change. Jack Daniel's is on-e of them.
91. ARMANI	Designs for the face.
92. PAMPERS	We're right behind you. Every step of the way.
93. ABSOLUT	Absolut revealed.
94. GUINNESS	Good things come to those who wait.
95. FINANCIAL TIMES	No FT, no comment.
96. HILTON	It happens at the Hilton.
97. CARLSBERG	Probably the best beer in the world.
98. SIEMENS	Be inspired.
99. SWATCH	Time is what you make of it.
100. BENETTON	United colors of Benetton.

업종별 슬로건 1781선

http://blog.naver.com/haeundo/220289411437

● 가전/전자

1.	김치맛이 달라지면 김치냉장고도 달라져야 합니다	LG김장독
2.	머리달린 복사기가 왔다! 신도리코 디지털 두뇌복사기	디지웍스
3.	당신에게는 멋도 맛입니다	하우젠 김치냉장고(삼성전자)
4.	있는 그대로 세탁하고 싶습니다	하우젠 드럼세탁기(삼성전지)
5.	화질이 좋아지면 보는 표정까지 밝아집니다	삼성파브TV
6.	무선노트북 성깔이 다르다!	현주 아이프랜드 HC 2300
7.	ONly One인가? Best One인가?	아이리버
8.	색깔있는 패션 트렌드 시계	트로피쉬(로만손)
9.	나만의 Time Code···	트로피쉬(로만손)
10.	상상의 속도 만큼 빠르게	HP
11.	잠시 멈춰 서서 기술의 향기를 느껴보세요	HP
12.	기술이 프리미엄을 만듭니다	하우젠 드럼세탁기(삼성전자)
13.	세일은 타이밍이다!	HOOK컴퓨터
14.	360도로 들려오는 3D Sound	큐리텔
15.	듣지 말고 느껴라!	큐리텔

16. 지중해 풍 바람이 예술이다   휘센 액자형 에어컨(LG전자)

17. 몬드리안 풍 바람이 예술이다   휘센 액자형 에어컨(LG전자)

18. 마티즈 풍 바람이 예술이다   휘센 액자형 에어컨(LG전자)

19. 무선 뜨다   삼보노트북

20. 컬러가 흑백의 속도를 잡았다!   HP컬러레이저젯4600시리즈

21. 문만 봐도…   게이트맨(아이레보)

22. 작고 센 냉정수기- JM 이노아

23. 걸러내기만 하는 정수기라면 당신을 기다리게 하지 않았습니다   웰스정수기(교원L&C)

24. 한번만 씻어봐도 아는 깨끗함   웅진룰루비데

25. 여자만이 느끼는 열정   Venus(질레트)

26. X가아니라면허락하지 않겠다!   X NOTE(LGIBM)

27. 색깔은 컬러, 비용은 흑백   HP비즈니스잉크젯

28. 몬드리안을 걸었다   몬드리안風(LG휘센)

29. 바람이 예술이다   몬드리안風(LG휘센)

30. 이번엔 까만 놈이다!   블랙풋(신도리코)

31. 크기를 즐기자   신도리코 프로젝터

32. I.D;변강쇠   THINKPAD(LGIBM)

33. I.D;마당발   THINKPAD(LGIBM)

34. 난 빨간 눈   애니콜(삼성전자)

35. Canon shooter   캐논디지털카메라(LG상사)

36. 디지털 카메라의 기준은 하나다! 캐논인가 캐논이 아닌가   캐논디지털카메라(LG상사)

37. 생의 정점에서 만난 이름   갤럭시 파라오(오리엔트시계공업)

38. Everyday Ready!   소니디지탈핸디캠

39. 놀라운 일은 예고없이 찾아온다!   소니디지탈핸디캠

40. 볼수록 빠져듭니다   엑스캔버스(LG전자)

41. 아마존닷컴 HP = everything is possible / 24시간 문을 닫는 일이 없습니다   HP

94. 그 깨끗함에 마음을 빼앗겼습니다   하우젠 드럼세탁기(삼성전자)

95. 난 바람도 잘생긴 것을 좋아한다!   휘센(LG에어컨)

96. 너를 통해 나를 높인다!   컴팩프리자리오2800

97. 이 세상 최고의 브랜드는 당신입니다   삼성파브TV

98. 365일 사계절 맛의 비밀   김치냉장고 담독

99. 꼼짝 않던 등수가 단숨에 정상으로!   엠씨스퀘어

100. 바래지 않는 추억을 오해오래   파나소닉 디지털비디오카메라

101. 당신은 그 차이를 압니다   엑스캔버스(LG전자)

102. 오래오래 입고 싶어서   TROMM(LG전자)

103. 찰칵! 카메라가 숨어 있다   애니콜 카메라폰(삼성애니콜)

104. 아기를 위해 아빠는 담배를 끊었다! 아기를 위해 엄마는 에어컨을 바꿨다!   센추리

105. 난 바람도 잘생긴 것을 좋아한다!   휘센(LG에어컨)

106. 절반의 감동입니까? 진정한 감동입니까?   트루HDTV(아남)

107. 눈을 더 높이십시오, HDTV도 `아남`입니다   트루HDTV(아남)

108. 가스비도 거꾸로!   귀뚜라미 거꾸로 타는 보일러

109. 사랑이라는 이름의 세탁기   삼성 히트세탁기

110. 저 요즘 대우받고 살아요   대우IC냉장고

111. 두뇌가 우리의 자원   큐닉스

112. 가마솥의 구수한 밥맛   금성 가마솥전기밥솥

113. 기술은 뛰어나게, 가격은 실속있게   금성 뚝배기전자레인지

114. 우리 고유의 찌개맛   금성 뚝배기전자레인지

115. 언제 어디서나 당신의 벗   금성 라디오

116. 위생건조는 물론 뽀송뽀송하게 말려준다   금성 빨래건조기

117. 까다로운 현미밥까지 차지고 맛있게   금성 IH전기밥솥

118. 잘 걸리고 잘 들립니다   금성 핸디폰 셀스타

119. NOVITA는 주부의 '삶의 質'을 생각합니다   노비타(삼성전자)

연종별 슬로건 1781선

120.	we take the world greatest pictures	Nikon
121.	좋은 시계, 좋은 시간	대림시계
122.	꼬임은 적어지고 양복까지 깨끗하게	대우 공기방울세탁기 Z
123.	찌든 때는 쏙쏙, 옷감은 보들보들	대우 공기방울 세탁기 파워
124.	소중한 가정을 지켜주는 첨단 파수꾼	대우 아이큐홈
125.	하얗게 하얗게 새하얗게	대한무지개세탁기(대한전선)
126.	순음(純音)오디오	멜타(아남오디오)
127.	현이 길어 깊고 부드러운 소리	독일형 삼익피아노
128.	한국인의 시계	동방시계
129.	The Freedom at one	Librex
130.	80% 절전되는 전구	LONG SAVE(PHILLIPS)
131.	오래 써서 롱, 절약해서 세이브	LONG SAVE(PHILLIPS)
132.	워드프로세서의 베스트셀러	르모(대우)
133.	따뜻하게 사람들을 모아주는	린나이 가스난방기구
134.	나의 청춘, 나의 시계	마리안느(동방시계)
135.	알뜰아빠, 알뜰주부의 명콤비	마마콤비자(마마전기)
136.	Beautiful Life, Beautiful Computer	마이지니(IPC)
137.	힘 좋은 세탁기	매직파워세탁기(동양매직)
138.	세계 신규격 TV	명춤 1(삼성전자)
139.	피아노의 하이파이, 건반 위의 오케스트라	벨로체(대우전자)
140.	칸칸마다 신선하게 김치는 더 맛있게	삼성 바이오냉장고 칸칸
141.	기능은 만능레이진! 사용은 간단레인지!	삼성 전자레인지 간단Q
142.	불꽃이 없어 깨끗하다! 안전하다!	삼성 전조리기(삼성전자)
143.	PC는 달라도 모니터는 샘트론	샘트론(삼성전관)
144.	정보시대의 세계적인 파트너	샘트론(삼성전관)
145.	현장을 뛰는 멀티미디어 전략	센스(삼성전자)

업종별 슬로건 1781선

172. The Relentless Pursuir Of Perfection	LEXUS
173. 역사와 전통을 자랑하는	사자표 중앙금고
174. It's always there	AMBASSADOR
175. 절약시대의 미니 커피머신	유니마트(유니코산업)
176. 달리는 合理主義	피아트크로마(금호)
177. A Car Ahead	HONDA
178. 적은 연료비, 거뜬한 파워	가스부스터(일동제약)
179. 전통 한지장판의 부드러운 느낌	고정장판(진양)
180. 달리는 첨단기술	금호타이어
181. 흐르거나 튀지 않는 수성 페인트	누구나(고려화학)
182. 접착테이프의 대명사	대일테이프(대일화학)
183. 생활의 편리함을 드리는 대일홈테이프세트(대일화학)	
184. 쾌적한 생활, 산뜻한 실내	더스콘(유니팩코리아)
185. 칼슘으로 만든 탱크같은 밧데리	델코(한국델코전자)
186. 베란다를 산뜻하게 바꾸어 드립니다	동진알루미늄(동진금속)
187. 오래가는 건전지	듀라셀
188. 우리집 멋쟁이	럭키디자인시트(럭키)
189. 누구나 쉽게, 어디서나 편리하게	레미탈(한일시멘트공업)
190. 물만 부어 사용하는 드라이몰탈의 대명사	레미탈(한일시멘트공업)
191. 카페트로 만든 자동차매트	레이나(코오롱)
192. 힘 좋고 오래가는	로케트밧데리(세방전자)
193. 생활공간을 위한 패션플로아	루미너스(진양)
194. 깨끗한 우리집 고무장갑	마미손
195. 강력습기제거제	물먹는 하마(옥시)
196. 인간을 위한 휴먼타이어	미쉐린
197. 한국형 바퀴킬러	바킬라(동성제약)

198. 말고 건강한 환경을 창조하는 산도깨비   대왕실업

199. 고급차를 위한 타이어   세렉스(금호타이어)

200. 밝은 빛, 부드러운 빛   소프톤(필립스)

201. 세계인의 생활 속에 신뢰를 심어요   swallow(흥아타이어)

202. 범죄예방! 0.1초 만의 해결책   스크리머(와이즈시스템)

203. We made it first, we make it last   SKILSAW

204. 센스있고 지혜로운 주부의 선택   쏠라룸(진양)

205. 유럽풍 낭만칼라   아그파(제일합섬)

206. 신개념 겨울 타이어   아이젠(금호타이어)

207. 사서 바로 쓰고, 충전해서 또 쓰는 건전지   알카바(영풍)

208. 모방할 수 없는 세계 첨단 전지전자 순간온수기   에너지테크

209. 언제 어디서나 다목적 텐트   에니텐(동양금속)

210. 바닥장식재의 여왕   에머랄드(한양화학)

211. 문화생활을 창조하는 에어로(에어로케미)

212. 주머니 속의 손난로   열내는 하마(옥시)

213. 미래를 달린다   우성타이어

214. 청결한 화장실문화를 열어가는 자동비데 친절샤워(세일로)

215. 남자는 최고를 원한다   질레트센서

216. 젊음이 찾는 칼라   코니카필름(우성필름)

217. 프로의 기준으로 선택되는 파맥스(흥아타이어)

218. 좋은 집 좋은 문   FAMILY DOOR(삼익목재)

219. 공간을 새롭게 연출하는 FAMILY DOOR(삼익목재)

220. 新주거문화 창조   하마로이드(옥시)

221. 멋과 품위로 선택하는 한국타이어

222. 세계와 경쟁하는 우리의 타이어   한국타이어

223. 내손 같이 부드러운 가정용 고급장갑   핸디(옥시)

업종별 슬로건 1781선

● 금융

세요 삼성카드

404. 당신과 함께 한 2002년 6월, 우리는 한 없이 행복했습니다. 히딩크! 마지막까지 당신의 능

력을 보여 주세요 삼성카드

405. 소신있는 친구에게 기대고 싶다 동원증권

406. 비가와서 그에게 전화를 했다. 그리고 둘이서 공연 한 편. 비가 내리면… BC카드

407. 돈 받았습니다! 셀 수 없을 만큼 수많은 사람한테서 받았습니다! 대가성 있는 돈입니다!

E*TRADE

408. 주유소에서 난 특별한 고객. 리터당 40원이나 할인받는다. 난 그저 열심히 일했을 뿐인

데… 현대카드

409. 열심히 일한 당신, 더 크게 누려라! 현대카드

410. 마음으로 쓰는 카드 우리카드

411. 큰 행복, 큰 금융 SK증권

412. 평생행복 네트워크 우리금융그룹 우리금융그룹

413. 빈틈없는 확인투자! 제일투자증권

414. 나를 위한 세계적인 은행 HSBC

415. 가장 빠른 인터넷 신용대출 론이오

416. 보험 그이상의 보험 농협공제

417. 우리보다 더 행복한 말은 없습니다. 고객의 평생행복을 위해 `우리`가 시작합니다

우리금융지주

418. 기름 한 방울 안 나는 대한민국에 기름 나는 국민카드가 나왔습니다 국민카드

419. 진정한 성공의 의미를 아는 당신 - 당신의 행복에 삼성카드가 함께 합니다 삼성카드

420. 어떤 세상과도 통하는 WorldPassCARD

421. 손님의 기쁨 그 하나를 위하여 하나은행

422. 작은 꿈도 소중히 하는 국민은행

423. 콩으로 쑤었다는데도 안믿어? 대한보증보험

424. 증권생활화시대의 동반자 동서증권

425. 세계를 보는 눈, 미래를 보는 눈   대우증권

426. 당신의 투자에 변화의 아침!   굿모닝신한증권

427. 그분이 어디를 가셔도, 어디에 쓰셔도   국민관광상품권(하나은행)

428. 우리 곁엔 `우리`가 있습니다   우리금융지주

● 가구

429. 공간경영 사무가구   리바트 NEOCE

430. 반가운 사람은 창을 통해 먼저 옵니다   이건창호

431. 아름다운 행복은 마루 위에서 시작됩니다   이건마루

432. 마루가 원목이면 집안은 자연이 됩니다 진짜 원목마루   크레신 참참마루

433. 원목 그대로의 자연이 살아 숨쉬는   크레신 참참마루

434. 편리한 가공성, 우수한 디자인 LG조립식창 SPEED

435. 한샘으로 바꿨다. 집안이 환해졌다   한샘인테리어붙박이장

436. 5cm 더 높인 건강한 부엌   리첸 하이리빙(리바트)

437. 예쁘고 깜찍한 가구   골드웰(금정산업)

438. 꿈의 나래를 편다   그랜드침대

439. 건강보다 더 좋은 선물은 없습니다   그린파워녹즙기

440. 소리 없이 전해지는 작은 정성   그린파워녹즙기(태훈)

441. 푸른 자연, 푸른 생활   그린파워녹즙기(태훈)

442. 新세대 네오클라식가구   네오네이(마로니가구)

443. 장인의 정신과 혼이 깃든 짜맞춤 가구   노송가구

444. 소비자가 원하던 꿈의 가구   다나머피침대(다나머피)

445. 자기혁신, 기술혁신   대목가구

446. 좋은 침대, 바른 침구   대진썰타침대

447. 앞선 생각, 앞선 가구   동서가구

448. 자연스러움이 가득 담긴 원목가구   DIADE(디아망뜨)

475. 패션이 숨쉬는 가구   파란들

476. 최고 경영자를 위하여   프레지던트 클래식(퍼시스)

477. 사랑을 위한 작은 선택   핑크하트

478. 웃음이 피어나는 주니어가구   하모니(신성기업)

479. 오목한 우리그릇도 말끔히   한국형식기세척건조기(금성)

480. 탄탄해서 편안한 침대   황실침대슈퍼플러스

481. 여자가 그리는 동화같은 무대   동화자연마루

482. 동화처럼 살고 싶다   동화자연마루

483. 여자의 행복드라마   파로마

● 교육/대학

484. 커뮤니케이션 한글   한글땅재미땅

485. 즐거운 온라인 연산학습 셈셈아이   셈셈아이

486. 반복의 위대한 힘!   세스영어

487. 공부해본 선배들의 강추!   누드교과서(이투스그룹)

488. 스무살을 변화시키는, 프로를 키우는   서울시립대학교

489. 누군가는 다른 길을 가야합니다, 누군가는 다른 꿈을 꿔야합니다   국민대학교

490. 아내는 우리 아이를 직접 가르칩니다   기탄수학

491. 사랑한다면 표현하라!   연세대학교

492. 젊음에는 한계가 없다. 중앙대학교에는 울타리가 없다   중앙대학교

493. 평생 기억되는 영어   구구스터디

494. 서울과 뉴욕, 사는 곳은 달라도 똑같은 교과서로 공부합니다   넥스캠퍼스

495. 미국 초등교실 체험   넥스캠퍼스

496. 누군가는 다른 길을 가야합니다. 누군가는 다른 꿈을 꿔야합니다   명지대학교

497. 담을 넘어라, 여자!   서울여자대학교

498. 자신과의 싸움을 멈추지 않는 당신, 당신은 이 땅의 Global Leader입니다   성균관대학교

● 식품/주류

499. 맛으로 역사에 남으리~   오징어땅콩(오리온프리토레이)

500. 질투는 여자의 힘!   플러스마이너스(롯데칠성음료)

501. 당신의 걸음은 세상의 길이 됩니다   조니워커 골드

502. 머쓱, 100% 보리맥주의 맛을 이제야 알다니… 으쓱, 우리나라 맥주도 이렇게 상쾌할 수

있다니   하이트프라임

503. 목넘김이 좋은 진정한 맥주   OB!(OB맥주)

504. 미소듬뿍   오리온 고소미(동양제과)

505. 이순간, 나는 라틴의 태양이다!   쿠바나(해태음료)

506. 자연의 생명이 사람의 생명입니다   풀무원

507. 생명을 하늘처럼   풀무원

508. 근본이 다른 육수   청정원 육수본

509. 이 맛이 진짜 망고다!   델몬트 망고

510. 씻지 못할 두려움은 없다   스타우트(하이트)

511. 사랑만 갖고 사랑이 되니?   2%부족할때(롯데칠성)

512. 거짓말 하는 것들은 사랑할 자격도 없어!   2%부족할때(롯데칠성)

513. 동그란 구멍에서 상쾌함이 폴~폴   폴로(한국네슬레)

514. 세상에서 가장 맛있는 미소   하얀미소(오리온)

515. 사랑이 깊어져서 에스프레소가 되었다   카페라떼 에스프레소(매일유업)

516. 180도 기분전환   하이트맥주

517. 당신의 걸음은 세상의 길이 됩니다   조니워커골드(두산씨그램)

518. Food의 꿈   푸드림

519. 생명을 하늘처럼   풀무원

520. 사랑이 깊어져서 에스프레소가 되었다   카페라떼에스프레소(매일유업)

521. 훔치고 싶은 거품   맥심 카푸치노

522. 커피도 인생도 한 박자 천천히…   테이터스초이스

523. 푸릇푸릇한 녹색만두를 예감한다!　　　　　　　　　　　시금치밀가루(CJ)

524. 꽃처럼 활짝 핀 빨간 칼국수가 먹고 싶다!　　　　　　　당근밀가루(CJ)

525. 나누고 싶은 입안의 부드러움　　　　　　　　　　　　　프랜

526. 오늘은 멤버가 좋다…　　　　　　　　　　　　　　　　딤플

527. 당신은 산입니다　　　　　　　　　　　　　　　　　　산(두산주류)

528. Discover Another Side　　　　　　　　　　　　　헤네시꼬냑VSOP

529. 이 겨울 당신이 있기에 따뜻합니다　　　　　　　　　　가자주류

530. 맛있고 좋은 것만 주고 싶기에 욕심이 난다　　　　　　그린자이언트

531. 탱글탱글, 연한 알갱이가 톡톡!　　　　　　　　　　　그린자이언트

532. 3년 정성, 이유식에 담을 수 있는 가장 큰 가치입니다　3년정성 유기농 맘마밀

533. 3년 정성, 엄마가 고를 수 있는 큰 사랑입니다　　　3년정성 유기농 맘마밀

534. 맛을 깨우치세요!　　　　　　　　　　　　　　　　　해표 식용유

535. 지금 전국은 쉼표하나 영향권에 들어있습니다　　　쉼표하나(해태음료)

536. 버거의 역사는 대빵이 바꾼다!　　　　　　　　　　빅립(롯데리아)

537. 마음을 요리하면 사랑이 됩니다　　　　　　　　　　백설표식용유

538. 매실의 절정은 5년　　　　　　　　　　　　　　　매취순(보해양조)

539. 5분만 있으면 집으로 간다　　　　　　　　　　　　설중매

540. 5분만 있으면 남편이 온다　　　　　　　　　　　　설중매

541. 젊은 감각 실속 매실주　　　　　　　　　　　　　　매화秀

542. 찾았다! 나를 이해하는 술　　　　　　　　　　　　매화수(진로)

543. 먼저 향에 취한다　　　　　　　　　　　　　　자연산송이(두산경월)

544. 자연산 송이가 술과 사랑에 빠졌다　　　　　　자연산송이(두산경월)

545. 오래도록 기억되는 사람, 오래도록 기억되는　　　　　시바스리갈

546. 공통점도 없고, 의견도 다른 사이였다. 그러나, 그들은 이러한 차이를 뒤로한 채 오늘밤,

　　평생 함께 할 우정을 발견한다.　　　　　　　　　　　헤네시 꼬냑

547. 나만 마신다고 약속해요　　　　　　　　　　　　초록매실(웅진식품)

548. 부드러운 로맨스   스카치블루(롯데칠성)

549. 순수보리와 사랑에 빠지다!   하이트프라임

550. 그래! 이 맛이 진짜다!   하이트프라임

551. 누가 이토록 대한민국을 기분나게 했던가!   OB라거

552. 무한순수주의 소주   참진이슬로

553. 소주가 좋다. 그러나 아침을 버릴순 없다   참소주(금복주)

554. 부부사랑 1회용 음료   다이엑스

555. 술이 맛있다. 하이주다!   하이주(롯데칠성음료)

556. 백세주로 시작합니다 나는 `아빠`니까요   백세주(국순당)

557. 백세주로 시작하는 좋은 아빠들이 자꾸자꾸 늘어납니다.   백세주(국순당)

558. god of milk 국민우유   서울우유!

559. 푸른심장을 적신다!   터치블루(코카콜라)

560. 42,195km를 달리고도 한 번 더 달리는 사람!   말벌100KM(롯데칠성)

561. 제대로 티 한잔!   데자~와(동아오츠카)

562. 젊은 에너지를 마신다   왓츠업(남양유업)

563. 멈출 수 없는 갈증은 없다   왓츠업(남양유업)

564. 바디 에너지 드링크   왓츠업(남양유업)

565. 내 유산균을 키워주는 파워에너지   헬씨올리고(현대약품)

566. 오래가는 친구가 좋다! 오래가는 맥콜이 좋다!   맥콜

567. 우리에겐 팥음료! 서양에 핫코초, 커피가 있다면 우리에겐 팥이 있습니다   웅진 빛고은팥

568. 나를 아이같다고 말하는 아내, 하지만 아직도 인형을 좋아하는 소녀입니다   동서프리마

569. 믿을 수 있는 식품   농심

570. 나의 선택, 나의 초이스   테이스터스 초이스

571. 가슴이 따뜻한 사람과 만나고 싶다   맥심

572. 젊은 날의 커피   프렌치카페

573. 잊을 수 없는 고향, 고향의 맛 다시다   다시다

574. 갈증해소를 위한 음료   게토레이

575. 혀 끝에 짝 붙는구나   보해소주

576. 깊고 진한 사랑의 맛   투유

577. 순수 와인   마주앙

578. 안성댁 입맛도 좋아   안성탕면

579. 사나이 대장부가 울긴 왜 울어?   신라면(농심)

580. 눈물이 필도네요 이백냥   이백냥라면

581. 오늘 저녁엔   오뚜기 카레

582. 일요일엔   오뚜기 카레

583. 진하게 푸~욱 고았습니다   옛날 사골곰탕(오뚜기)

584. 소문난집 국물맛   국시장국

585. 위스키의 새로운 상상력   딤플(두산씨그램)

586. 내 생각엔 선구자, 녀석들 생각엔 배신자 사실 나, 새 딤플이 처음이 아니야.   딤플

587. 혼자 아껴두고 싶은 생각이 절반. 모두 불러 모으고 싶은 생각이 절반   딤플

588. 성공을 향해 묵묵히 걸어가는 당신께-조니워커로 경의   조니워커

589. 여자는 `건강`을 잃는 것보다 `여성`을 잃을때 더 상처 받는다   석류액(천호식품)

590. 자연을 권합니다   알로에마임

591. 개운하게 맵다   해찬들 집고추장

592. 갈증해소를 위한 음료   게토레이(제일제당)

593. 늘 푸르게, 늘 신선하게   그린빌(두산종합식품)

594. 소주 위에 소주   김삿갓

595. 맛은 깊게, 진하게   네스카페

596. 라면은 농심이 맛있습니다   농심라면(농심)

597. 형님 먼저 아우 먼저   농심라면(농심)

598. 3달 만에 7kg이상을 목표로   누트리쿠키(누크)

599. 꾸밈없는 맛   뉴면(빙그레)

600. 라면이 아니라 뉴면입니다		뉴면(빙그레)
601. 날씬한 우유		덴마크로우훼 밀크
602. 당당한 술		독도
603. 동원이 찾은 또 하나의 맛		동원냉동면(동원산업)
604. 바쁜 아침 든든하게		동원참치죽(동원산업)
605. It's A Real Mouthful		DRUMSTICK
606. 하이트의 기술로 만든 프리미엄 생맥주		LIVE生
607. 카브리해의 향취와 낭만이 깃든		럼·캡틴큐(롯데칠성)
608. A taste for life		REMY MRTIN
609. Real Taste Real Whisky		ROBBIE DHU
610. 푸른 고원의 향기		롯데블루베리껌(롯데제과)
611. 카브리해의 정렬		롯데아세로라껌(롯데제과)
612. 싱그러운 청포도 맛		롯데마스카트껌(롯데제과)
613. 깊고 부드러운 맛		마일드맥주(조선맥주)
614. 산뜻한 부드러움		마일드세븐
615. OB가 만든 신비의 와인		마주앙(OB맥주)
616. 사이다의 세대교체		매실맛사이다(해태음료)
617. 부부건강의 맥을 이어주는		맥가드(풀무원식품)
618. 부드러운 유혹-맛의 귀족		미니도너츠
619. 100% 손으로 만든		미스터피자
620. 사랑해요 밀키스!		밀키스(롯데칠성)
621. 마시는 비피더스		바이오거트 D(매일유업)
622. 깔끔한 숙녀들의 깔끔한 한국맛		밥알 없는 청식혜(비락)
623. You're come a long way, baby		VIRGINIA SLIMS
624. 베지밀 반 분유 반		베지밀
625. 잊혀지는 어머니의 손맛		보리냉면(보리)

652. 우리나라 맥주의 산 역사 크라운맥주(조선맥주)

653. 함께하는 즐거움 크라운맥주(조선맥주)

654. 깨끗한 맛, 깨끗한 맥주 크라운수퍼드라이(조선맥주)

655. 강하고 진한 맛 크라운스타우트(조선맥주)

656. 맛으로 보답하는 팔도라면(한국야쿠르트유업)

657. 좋은 것은 변하지 않습니다 패스포트

658. 뒤끝이 깨끗한 패스포트 그린

659. 물이 좋아 더 맛있는 맥주 하이트

660. 입냄새 싹 후라보노(롯데)

661. 갓 구어낸 빵의 모든 것 월드베이커리

● 자동차

662. 당신을 만나기 위해 시대를 앞서 왔습니다 BMW

663. 당신을 표현합니다 BMW

664. 길이여, 세상이여, 숨을 죽여라! 뉴아반떼XD(현대자동차)

665. 급이 다르다 리갈 2004(기아자동차)

666. 10년을 생각하면 기술이지만, 100년을 생각하면 철학입니다 뉴체어맨(쌍용자동차)

667. 불멸의 기록은 이미 예견되었다 렉서스IS200(한국토요타자동차)

668. 젊은 경제학 코란도(쌍용자동차)

669. 숨이 멎는다고 하면 지나친 말일까? 벤츠C클래스

670. 서른 두살, 당신을 흥분시키러 왔다 벤츠C클래스

671. 많은 차들이 `기술`을 말하지만. `기술의 진보`를 말할 수 있는 차는 아우디 뿐입니다

아우디A6(고진모터임포트)

672. 앞에서 이끄는 사람과 그 뒤를 따르는 사람… 당신은 누구입니까? 뉴그랜저

673. 품격으로 세상을 리드하는 당신이 그랜저입니다 뉴그랜저XG(현대자동차)

674. 세상을 내려다보는 존재가 되셨다면 현존하는 가장 진보된 자동차

벤츠E500(메르세데스벤츠코리아)

675. Creator 진정한 진보를 말할 수 있는차, 무엇입니까?　　2004년형 뉴EF 쏘나타

676. 당신에게는 누구도 따를 수 없는 깊이가 느껴집니다　　렉서스 NEW LS 430

677. 당신의 깊이, 그것이 렉서스의 힘　　렉서스 NEW LS 430

678. 레저에서 사업까지　　스타렉스(현대자동차)

679. 차 값을 생각하면　　지크XQ!(SK)

680. 단 하루를 떠나도, 특별하게　　크라이슬러(크라이슬러코리아)

681. 당신은 패션을 몰고 다니는군요!　　크라이슬러PT크루저(크라이슬러코리아)

682. 젊음, 그 하나에 맞췄다　　코란도 YOUTH(쌍용자동차)

683. 시트에 앉는 순간, 당신의 눈빛은 이미 행복을 말합니다　　렉서스(한국토요타)

684. 변화의 문을 여는 당신이 세상의 중심입니다　　2004년형 뉴 그랜저XG(현대자동차)

685. 시간의 흐름도 BMW의 가치를 낮출 수는 없습니다　　BMW(BMW코리아)

686. Let's play　　카니발2(기아자동차)

687. 처음부터, 혼다　　혼다XZ100

688. 보이는 것은 기술, 느끼는 것은 미래　　현대오토넷

689. 부품이 다르면 차의 수명도 달라집니다　　SM3(르노삼성자동차)

690. 오늘부터는 당신의 차입니다　　크라이슬러(크라이슬러코리아)

691. 햇빛 아래 눈부신 차는 많습니다 그렇지만, 빗길에서도 눈부신 차는 흔치 않습니다

폴크스바겐 뉴비틀

692. 당신을 감탄합니다!　　오피러스(기아자동차)

693. Only　　렉스턴(쌍용자동차)

694. 생각의 끝에 서 있는 차　　렉스턴(쌍용자동차)

695. 세상 누구보다 더 그녀를 아끼겠습니다　　뉴EF쏘나타 엘레강스 스페셜(현대자동차)

696. 최고란 단순히 눈길을 끄는 것이 아니라 기억에 남는 힘이다　　아우디 뉴A8

697. 그 눈빛만큼이나 심장도 뜨겁다　　뉴아반떼XD(현대자동차)

업종별 슬로건 1781선

724. 아름다움의 뒤에 숨겨진 당신의 열정을 사랑합니다!　　　　렉서스(한국토요타자동차)

725. 세상을 뛰어넘는 열정　　　　렉서스(한국토요타자동차)

726. 길 위에 있다는 것을 잊었다　　　　New 링컨 타운카(포드코리아)

727. oh! Lexus　　　　렉서스(한국토요타)

728. 세상을 뛰어넘는 열정　　　　렉서스(한국토요타)

729. 시트에 앉는 순간, 당신의 눈빛은 이미 행복을 말합니다　　　　렉서스(한국토요타)

730. 페달을 밟는 순간, 당신은 이미 젊음의 열정 속을 달립니다　　　　렉서스(한국토요타)

731. 시선이 닿는 순간, 당신은 보석처럼 신비로운 사랑을 예감합니다　　　　렉서스(한국토요타)

732. 문을 여는 순간, 당신은 이미 세상의 중심에 서 계십니다　　　　렉서스(한국토요타)

733. 생각만 해도…　　　　SM3(르노삼성자동차)

734. 소리 없이 명체의 깊이를 더해갑니다　　　　2003형 에쿠스(현대자동차)

735. 모두들 당신이 가는 곳을 바라보고 있기에, 세상을 책임지는 당신　　　　에쿠스(현대자동차)

736. 진실을 아니까요　　　　아반떼XD(현대자동차)

737. 사랑합니다　　　　아반떼XD(현대자동차)

738. 1st in Korea. 이땅에 처음 선보입니다　　　　무쏘스포츠(쌍용자동차)

739. BREAK THROUGH　　　　캐딜락(제너럴모터스)

740. 칼로스때문에 다른 소형차가 눈에 찰까요?　　　　칼로스(대우자동차)

741. The art of performance　　　　재규어

742. 프리미엄 안전세단　　　　리오SF

743. 백두산 구비 구비, 힘차게 달렸습니다　　　　테라칸(현대자동차)

744. 이율배반적이다. 다이나믹한 섬세함, BORA　　　　폭스바겐 보라(고진모터스)

745. 이름하나가 모든 것을 말해줍니다　　　　무쏘(쌍용자동차)

746. 스타일이 브랜드다　　　　스타일 2003 레조(대우자동차)

747. Change for Family　　　　뉴베르나(현대자동차)

748. Only 밖으로 나가고 싶어하는 차가 있다　　　　뉴폭스바겐골프(고진모터스)

749. 보이지 않는 곳까지 제대로 만들어야 한다. SM5의 생각입니다　　　　SM5(르노삼성자동차)

750. 차는 오래 타도 싫증나지 않아야 한다. SM5의 생각입니다   SM5(르노삼성자동차)

751. Innovation takes the lead   BMW(BMW코리아)

752. 남들은 기적이라 말하지만, 우리는 끊임없는 노력의 결과라고 믿습니다

렉서스(한국토요타자동차)

753. 차가 날개다!   클릭(현대자동차)

754. 믿음직한 변신   비스토

755. 소형차의 세대교체   칼로스

756. 소형차의 감각이 올라간다   칼로스(대우자동차)

757. 하이! 칼로스   칼로스(대우자동차)

758. 99%의 남편이 딴 생각을 합니다   렉스턴(쌍용자동차)

759. 소형차도, 준중형차도 4기통인데 2000cc 중형차가 4기통이어서야 되겠습니까?

L6매그너스(대우자동차)

760. 당신은 체어맨입니다   체어맨(쌍용자동차)

761. 차가 젊어졌다!   클릭(현대자동차)

762. 젊은차   클릭(현대자동차)

763. SPECIAL & DIFFERENT   옵티마 리갈(기아자동차)

764. Art in Regal   옵티마 리갈(기아자동차)

765. 보쉬가 디젤엔진에 대한 편견을 잠재웁니다   한국보쉬

766. 99%의 아내가 조용해집니다   렉스턴(쌍용자동차)

767. 다른 독일차들이 훔쳐 보는 독일차 아우디   고진모터스아우디TT

768. 자동차 안의 새로운 세상   CARMAN i

769. 스물여섯번째 지구에 도전하는 무쏘   무쏘(쌍용자동차)

770. 지구도 무쏘에겐 조금 큰 트랙에 불과합니다   무쏘(쌍용자동차)

771. 숨어 있는 가치는 타는 분의 자부심입니다   포드 토러스(선인자동차)

772. 나를 사랑하는 방법   SIGMA6(LG칼텍스정유)

773. 차를 사랑하는 방법   SIGMA6(LG칼텍스정유)

774. 막히는 길, 모르는 길 운전이 빨라져요!　　　　SK엔트랙

775. 엔트랙을 만나면 운전이 행복해집니다　　　　SK엔트랙

776. 정상의 수퍼 세단　　　　기아 콩코드

777. 길이라도 좋다. 아니라도 좋다　　　　록스타

778. 세계가 함께타는 티코

779. 안전과 야성의 자부심　　　　갤로퍼(쌍용자동차)

780. 더 멋있게, 더 안전하게　　　　뉴르망(대우자동차)

781. LIFE TOGETHER　　　　NISSAN

782. 질주본능　　　　라노스(대우자동차)

783. 神話의 승용차　　　　롤스로이스

784. 생활 속의 멋과 여유　　　　르망(대우자동차)

785. 생활 속의 좋은 차　　　　르망(대우자동차)

786. 잊을 수 없는 감동　　　　Meercedes Benz

787. 승용차에 도전한다　　　　바네트(대우자동차)

788. 세계인의 비즈니스카　　　　베스타(기아자동차)

789. 새로운 멋 새로운 기쁨　　　　베스타(기아자동차)

790. 믿을 수 있는 차　　　　VOLVO

791. 생명을 소중히 하는 차　　　　VOLVO

792. 세계에서 가장 안전한 차　　　　VOLVO

793. 좋은 사람이 있으니까 볼보가 있다　　　　VOLVO

794. 우리시대 최고의 승용차　　　　BMW

795. 고감각 파워세단　　　　세피아(기아자동차)

796. 명품의 정신, 명차의 감동　　　　수퍼살롱(대우자동차)

797. 70%는 바다를 건너갑니다　　　　스포티지(기아자동차)

798. 無限生活 승용차　　　　스포티지(기아자동차)

799. 강한 차 멋진 차　　　　에스페로(대우자동차)

800. 이제는 新 중형세단의 시대 에스페로(대우자동차)

801. 힘차게, 빠르게, 안전하게 헬프 II(대우자동차)

802. 승용차 감각의 트럭 1톤 와이드봉고(기아자동차)

803. 귀한 분을 위한 귀한 차 재규어(이치케이프코리아)

804. 안전한 車, 아름다운 車 -지바트(파커스)

805. There's only one. The American Lengent Jeep

806. 가족의 사랑이 있는 중형세단 캐피탈(기아자동차)

807. 시간, 공간 효율 극대화를 추구하는 KMC모노트랙

808. 파워로 안락함으로 선택하는 - 트레이드(기아자동차)

809. 나는 나, 티코를 탄다 티코(대우자동차)

810. 새로운 세대, 새로운 차 티코(대우자동차)

811. 도심 속의 미니자가용 파트너(효성기계공업)

812. 현대생활을 리드하는 차 포니(현대자동차)

813. 유러피안 프레스티지 카 포텐샤(기아자동차)

814. 나의 꿈, 나의 차 프라이드(기아자동차)

815. 하이클래식의 자부심 프린스(대우자동차)

816. 사자가 자세를 바꾸면, 밀림이 긴장한다 벤츠뉴S클래스(한성자동차)

817. 때론 차가 당신을 바꿉니다 렉스턴(쌍용자동차)

● 의류/패션

818. 골대를 봉쇄하는 자, 경기를 지배한다 아디다스

819. 물체운동의 법칙을 꿰뚫는자, 경기를 지배한다 아디다스

820. 미드필드를 장악한 자, 경기를 지배한다 아디다스

821. 후반 47분에도 집중력을 잃지 않는 자, 경기를 지배한다 아디다스

822. 오프사이드 트랩에 능한 선수도 오프사이드 트랩에 걸려든다. 수비진을 뒤흔드는 자, 경

기를 지배한다 아디다스코리아

849. 내가 찾은 스타일 타운젠트

850. 팬티의 발칙한 상상! 돈앤돈스

851. 세상과 만날 때 힘이 되는 신사복 일상과 만날 때 멋이 되는 캐주얼 파크랜드

852. 시선을 사로잡는 유혹 아무도 그녀로부터 자유로울 수 없다. 한 번 더 보고 싶은 그녀

앙코르(신영스타킹)

853. 세계를 사랑하는 어린이로 키우는 (주)아가월드

854. Re! Korea Re! Reebok 리복

855. 조금만 더, Re! Re! Re! Re! Reekbok 리복

856. 산소를 입는 느낌, Take a Break! O2 BREAK(세정)

857. 다리가 길어 폼나는 젊음이여~ 뱅뱅

858. 색다른 스포츠 HEAD(코오롱상사)

859. 행복을 꿈꾸는 당신, 당신은 아름다운 남자입니다 맨스타(코오롱상사)

860. 나를 숨쉬게 하는 나만의 코드 예작 (우성어패럴)

861. 좋은 사람들의 좋은 옷 언더우드

862. 나를 길들일 수는 없어. 그래 세상은 내가 만드는 거야 뽐빠니아

863. 다시 찾은 나의 자심감 아웃 클래스

864. 모든 것이 변하는 세상, 변하지 않는 내가 좋다 -진도 우바

865. 도시감각의 아동 패션 누꼬뻥

866. 도시인의 자유이미지 버팔로

867. 35세 남성 정장 힐틀

868. 변함없는 오랜 명성 스마트

869. New communication tool to express yourself 캐스캐이드

870. beyond …It`s Sportainment 프로스펙스

871. 스포츠적 마인드가 나를 움직인다 프로스펙스

872. 스포츠, 그이상의 스타일 프로스펙스

873. 스포츠 열정… 그 너머의 자유 over … It's Sportainment 프로스펙스

874. 1등이 아니라도 모두가 우승입니다 　　　　휠라코리아

875. 남자의 또다른 이름 　　　　로가디스(제일모직)

876. Charater Jeans 　　　　가월(쌍방울)

877. 남자가 아름다워 보일 때 　　　　갤럭시(제일모직)

878. 패션이 시작되는 곳 　　　　골덴텍스(제일모직)

879. 품격주의 뉴욕패션 　　　　Golden Arrow

880. 기분좋은 구두 　　　　귀족(한국신발공업협동조합)

881. 예술과 만나는 패션 핸드백 　　　　그리페(비제바노)

882. 자라나는 꿈나무를 위한 　　　　금강아동화(금강제화)

883. 한 땀 한 땀 정성을 다하는 김숙진 우리옷 　　　　김숙진 우리옷

884. 꿈을 꾸는 아이들을 위한 아동복 　　　　꼬끼네뜨(신흥교역)

885. 나도 너처럼 멋쟁이 　　　　꼼므뜨와(삼도물산)

886. 자연을 입히세요 　　　　꼼므뜨와(삼도물산)

887. JUST DO IT 　　　　나이키 (지금 시작합시다)

888. 그 남자의 낭만을 느낀다 　　　　다니엘 끄레미유(동아실크)

889. Down 중의 귀족 Down 　　　　DOWN HOUSE(영원무역)

890. Clothes that will make you, not break you 　　　　DAFFY'S

891. 우리의 생각은 항상 앞서간다 　　　　멜시(한국파크)

892. 그 여자의 자기발견 　　　　디크라쎄(서광모드)

893. 패션계의 단 한 사람이 갖는 칭호-레(王) 　　　　NCETTI

894. 로데오 진 　　　　랭글러(에스에스패션)

895. 화려한 출발, 행복한 미래 　　　　리보오그

896. 도시꼬마들의 자유연출 　　　　Lusty(아가방)

897. 좋은 생활, 좋은 느낌, 좋은 침구 　　　　레노마(비제바노)

898. 線으로 표현하는 패션의 자유魂 　　　　레노마(비제바노)

899. 나의 감각, 나의 표현 　　　　레자망(에스에스패션)

900. 성실, 그것은 최고의 멋 　로양드레스셔츠(로얄어패럴)

901. 깜찍한 스쿨걸을 위한 ROEM GIRLS

902. 고객이 먼저 찾는 패션 명품 　루비나

903. 세계 제1을 목표로 　르까프(화승)

904. 패션의 마지막 완성 　르느와르 핸드백(금강)

905. The brand that fits 　LEE

906. 최고의 아름다움 곁에 언제나 　리하우스(동아실크)

907. 구김으로부터의 자유 　wrinkle free(성도)

908. 自由知性 이태리패션 　마렐라(코리막스)

909. 오랜 친구처럼 기분 좋은 옷 　메이폴(나산실업)

910. 정장의 새로운 멋을 연출하는 메조리노(내외패션)

911. 엄마사랑, 아빠사랑 　모닝베베

912. 패션의 조용한 혁명 　모리츠

913. 집에서 모시메리, 시원하게 삽시다 　모시메리(백양)

914. UNITED COLORS OF BENETTON 　베네통(신한인터내셔널)

915. THE BEAUTY OF COMPORT 　베니티페어

916. 최고로 키우세요 　베비라

917. 그녀는 프로다. 프로는 아름답다 　베스띠벨리(신원)

918. 선이 아름다운 옷 　베스띠벨리(신원)

919. 패션자유지역 　브랑누아

920. Designed to win 　VIP DESIGNER

921. 열 벌보다 귀중한 한 벌 　비접착카디날

922. 線이 매혹적인 구두패션 　비제바노

923. 런닝슈즈처럼 편한 드레스슈즈 　비제바노 소프트(비제바노)

924. 독특한 개성으로 표현되는 옷 　빅벨

925. It's your brand 　BIG JOHN

1002. 탈모, 예측할 수는 없어도 예방할 수 있습니다!　　　스벤슨

1003. 마흔… 아직도 하고 싶은 일들이 많습니다. 나를 사랑하자!　　　비나폴로 엑스트라

1004. 아침에 웃자!　　　겔포스 엠(보령제약)

1005. 남자의 아침이 환해집니다　　　겔포스 엠(보령제약)

1006. 뿌리는 무좀 치료제　　　토팡

1007. 허브를 만난다! 유리 피부가 된다!　　　오휘 피토라피(LG생활건강)

1008. 여자의 전략　　　프레나

1009. 48시간 강하다　　　관절엔 트라스트

1010. 나눌수록 커지는 상쾌함!　　　컨디션(제일제당)

1011. 올리자! 입속수준　　　가그린(동아제약)

1012. 나의 바램은 너도 자유롭길 바래…"　　　템포(동아제약)

1013. 점점 휑해지는 내 머리, 더 늦기 전에 지키자!　　　스벤슨

1014. 세계적인 모발관리 전문센터　　　스벤슨

1015. 93%는 잠들어 있는 머리, 머리가 마신다!　　　일양브레인트로피아닷컴

1016. 또, 황사가 몰려옵니다 꼭, 가그린이 필요합니다　　　가그린

1017. 나이를 훔쳤다!　　　훼미닌 스타일리스트(동성제약)

1018. 착한아이 해열엔　　　부루펜 시럽

1019. 대한민국 아줌마는 버스보다 빠르다!　　　케토톱(태평양)

1020. 태고의 자연토　　　네나클레이마스크(일양약품)

1021. 건강을 지키는 동아제약

1022. 경사났네 경사났어　　　헤모콘틴

1023. 임신했다 하면 벌써 두사람　　　훼럼포라

1024. 위벽을 좌악 발라주니까　　　미란타

1025. 어머 펄펄 나시네요　　　하노백

1026. 코로 숨쉬니까 참 좋다　　　스카이나

1027. 꼿꼿하게 사셔야죠　　　오스칼

1028. 어머 불덩이네   부르펜

1029. 착한 어린이 해열엔 부루펜시럽

1030. 나라는 달라도 변비약은 둘코락스 에스

1031. 우리 가족 구강필수품 가글 가글 ~가그린   가그린(동아제약)

1032. 사랑은 투명하게   포미앤유(부광약품)

1033. 예뻐지는 60초   유판씨

● 통신

1034. 7억짜리 단서? 궁금하면 이 신문을 열심히 뒤져보시오!   OKCASHBAG(SK텔레콤)

1035. 지금 OKCashbag.com으로 가자!   OKCASHBAG(SK텔레콤)

1036. ① 자동응답기 "돈? 7억이면 되겠나?"   OKCASHBAG(SK텔레콤)

1037. ② 소포 "발신인불명?"   OKCASHBAG(SK텔레콤)

1038. ③ 탐정수첩 "당신, 목숨이 둘이오?"   OKCASHBAG(SK텔레콤)

1039. ④ 비디오테이프 "여기가 어디죠? 아악~!"   OKCASHBAG(SK텔레콤)

1040. ⑤ 명함통 "이 번호? 그래, 그 사진!"   OKCASHBAG(SK텔레콤)

1041. ⑥ 사진 "앗, 명함에서 본 …그 번호!"   OKCASHBAG(SK텔레콤)

1042. ⑦ 열쇠 "열쇠? 혹시 함정이 아닐까?"   OKCASHBAG(SK텔레콤)

1043. 마음을 나눌수록 세상은 그만큼 행복해집니다   SK텔레콤

1044. 011친구야, 너를 KTF에 추천한다!   KTF

1045. 결혼이란? 서로를 올려주는 것   SK스카이

1046. 결혼이란? 인생이란 영화의 공동주연이 되는 것   SK스카이

1047. 결혼이란? 주례사를 실천하며 살아가는 것   SK스카이

1048. 결혼이란? 균형을 잡고 평등하게 살아가는 것   SK스카이

1049. 해외 갈땐 보잉747, 해외 걸땐 공공747   00747(엔터프라이즈네트웍스)

1050. 그늘에 가려진 열정이 새로운 대한민국을 안았습니다   SK텔레콤

1051. 통화 중에 마음을 전하는 천 가지 소리   KTF 통화효과음, 소리(KTF)

292

1052.	소리에 마음 뺏기다	KTF 통화효과음, 소리(KTF)
1053.	소리에 발목 잡히다	KTF 통화효과음, 소리(KTF)
1054.	제 생각을 솔직하게 말할 거예요 011은 제 거잖아요	스피드011(SK텔레콤)
1055.	Have a good time!	KTF(한국통신프리텔)
1056.	나의 꿈은 국제적이다	001블루(KT국제전화)
1057.	바람난 가족, 슬슬 준으로 돌아오시지	준(SK텔레콤)
1058.	준에서 선수치면 TV에선 히트친다	준(SK텔레콤)
1059.	무지개가 나를 돋보이게 한다	스피드011레인보우(SK텔레콤)
1060.	더욱 까다로워지십시오. 당신은 011이니까요	스피드011레인보우(SK텔레콤)
1061.	아이와, 같은 꿈을 꾸는 여자	카라(SK텔레콤)
1062.	무지개가 나를 행복하게 한다	스피드011 레인보우(SK텔레콤)
1063.	지금까지의 세상, 당신과 잘 맞습니까?	원츠 1`ts(KT원츠)
1064.	새로운 생활코드	원츠 1`ts(KT원츠)
1065.	단골고객이 많은 할인점이 정말 좋은 할인점입니다	롯데마트
1066.	비교하면 넘는다!	다나와닷컴
1067.	제주에서 렌트카는 차가 아니라 추억입니다	메트로 모터스
1068.	생각날 땐 바로바로	00700(Sk텔링크)
1069.	좋은 생각이 나거든 망설이지 마세요	SK텔레콤
1070.	스무살. 꿈의 키를 키워라	TTL(SK텔레콤)
1071.	나의 동아리에 봄날은 왔다!	NA(KTF)
1072.	카라, 당신은 가진 게 참 많은 여자입니다	카라(SK텔레콤)
1073.	아름다운 생각들이 모이면 세상은 저절로 새로워집니다	SK텔레콤
1074.	놀랍다, 핌!	핌(KTF)
1075.	수요일 밤 10시 동호대교 위에서 `올인`을 본다	핌(KTF)
1076.	목요일 밤 9시 퇴근길 버스 안에서 `뉴스데스크`를 본다	핌(KTF)
1077.	화요일 밤 10시 동호대교 위에서 `야인시대`를 본다	핌(KTF)

1078. 네가 `올인` 보려고 집으로 뛰어갈 때 나는 밖에서 본다 　　　　　　핌(KTF)

1079. 네가 `개그콘서트` 보려고 집으로 뛰어갈 때 나는 밖에서 본다 　　　　핌(KTF)

1080. 담이 사라진 학교는 온 세상과 이야기합니다 　　　　　　　　　SK텔레콤

1081. 대한민국은 이미 새로워지고 있습니다 　　　　　　　　　　　SK텔레콤

1082. 미친속도를 즐겨라! 　　　　　　　　　　하나포스V(하나로통신)

1083. 초콜릿은 사랑에 녹고 나는 즐거움에 녹고 　　　　　　　　　　NA(KTF)

1084. 잘가라, 교복이여 반갑다, 즐거움이여 　　　　　　　　　　　　NA(KTF)

1085. 내생애 봄날은 오 GO! 　　　　　　　　TTL, TING(SK텔레콤)

1086. 세상을 이긴자만이 V를갖는다 　　　　　　　　　케녹스V4 탄생!

1087. 세상에서 제일 큰 `해`는 네 가슴 속에 있단다! 　　　샤프리얼딕(샤프전자)

1088. 차이는 인정한다. 차별엔 도전한다 　　　　　　　　　　　　　KTF

1089. 알고보니 내 인생이 네이트가 있었다 　　　　　　　네이트(SK텔레콤)

1090. suriprise! 　　　　　　　　　　핌(KTF IMT2000)

1091. 세상을 놀라게 할 수 없다면 나타나지도 마라! 　　　　핌(KTF IMT2000)

1092. 세상을 놀라게 할 수 없다면 들려주지도 마라! 　　　　핌(KTF IMT2000)

1093. 놀랍지 않은 것은 핌이 아니다 　　　　　　　　핌(KTF IMT2000)

1094. 미친 속도가 왔다! 　　　　　　　　하나포스V(하나로통신)

1095. 세상엔 만날 수 없는 사람도 있습니다 　　　　　　　　　야후메신저

1096. 한수 위, VDSL 한수 위, 메가패스 　　　　　　　KT메가패스VDSL

1097. 메가패스 앞에서 속도를 말하지 말라! 　　　　　　KT메가패스VDSL

1098. 넌···N극이 있니? 　　　　　　　　　　TTL(SK텔레콤)

1099. 가끔씩 소녀로 사는 여자, 그녀가 원한다면 그렇게 돼야 합니다 　카라(SK텔레콤)

1100. 요술공주처럼 재주많은 아내, 그녀가 원한다면 그렇게 돼야 합니다 　카라(SK텔레콤)

1101. 메텔처럼 아름다운 엄마, 그녀가 원한다면 그렇게 돼야 합니다 　카라(SK텔레콤)

1102. 파트라슈 같은 단짝 친구, 그녀가 원한다면 그렇게 돼야 합니다 　카라(SK텔레콤)

1103. 너의 심심함을 무찔러 주마! 　　　　　　　　NATE(SK텔레콤)

1104. 너의 심심함을 한방에 보내주마!　　　　　　　　　　　　　NATE(SK텔레콤)

1105. 드라마는 그녀의 마음을 이해합니다　　　　　　　　　　　드라마(KTF)

1106. 세상에서 제일 무서운 건 평범한 거다. 이리저리 다니다 문득 새로운 점을 만나다

　　　　　　　　　　　　　　　　　　　　　　　　　　　　　SK 네이트닷컴

1107. 세상에서 가장 새로운 점　　　　　　　　　　　　　　　　SK 네이트닷컴

1108. 더이상 갈 데가 없어 세상을 헤매다 문득 새로운 점을 만나다　SK 네이트닷컴

1109. 어느날 우연히 오른쪽으로 고개를 돌렸을때 준을 만났다　　준(SK텔레콤)

1110. 지금까지는 너만 듣는 통화연결음 지금부터는 나도 듣는　　KTF 투링

1111. 대한민국 최초다! 나와 나의 통화연결음　　　　　　　　　KTF 투링

1112. 여자, 토요일에 스텝밟다　　　　　　　　　　　　011유토(SK텔레콤)

1113. 결혼하기엔 세상이 너~무 재밌다!　　　　　　　　　　　LG텔레콤

1114. 젊은 여자는 특별하다　　　　　　　　　　　　　　　　　LG텔레콤

1115. 세일하는 국제전화　　　　　　　　　　　　　　　　　　00770

1116. 좀 더 스마트할 수 있는 방법은 없을까요?　　　　　　　　모토롤라

1117. 나이는 숫자에 불과하다　　　　　　　　　　　　　　　　KTF

1118. KTF적인 생각이 대한민국을 움직입니다　　　　　　　　　KTF

1119. 그녀는 평생 사랑하기를 원합니다. 그녀가 원한다면 그렇게 돼야 합니다　카라(SK텔레콤)

1120. 당신과 결혼하고 싶습니다!　　　　　　　　　　　　　　카라(SK텔레콤)

1121. 여자의 011　　　　　　　　　　　　　　　　　　　　　카라(SK텔레콤)

1122. 우리 모두의 첫 번째 IMT-2000, 역시 스피드011!　　　　　SK텔레콤

1123. 써보니까, 역시 011 IMT-2000!　　　　　　　　　　　　SK텔레콤

1124. 폼나니까, 역시 011 IMT-2000!　　　　　　　　　　　　SK텔레콤

1125. 넓으니까, 역시 011 IMT-2000!　　　　　　　　　　　　SK텔레콤

1126. 대한민국을 새롭게 하는 힘　　　　　　　　　　　　　　SK텔레콤

1127. 다시, 힘이 되리라!　　　　　　　　　　　　　　　　　SK텔레콤

1128. 아무리 작은 지적이라도 크게 받아들이겠습니다　　　　　SK텔레콤

1129. 골든 골 이후, 남편의 반지 키스는 그녀 만의 드라마가 아니었습니다　　　KTF 드라마

1130. why be normal?　　　카이(LG텔레콤)

1131. 오늘, 후회없는 한판을 조국에 바치자!　　　KT

1132. 여자의 마음을 이해하는 이동전화는 KTF 드라마 뿐입니다　　　KTF 드라마(한국통신프리텔)

1133. 사랑하는 남자에게도 능력에서만큼은 지고싶은 않은 여자의 마음

　　　남자는 모릅니다 아무도 모릅니다　　　KTF 드라마(한국통신프리텔)

1134. 전쟁터에서도 무인도에서도 화장을 고치는 여자의 마음

　　　남자는 모릅니다 아무도 모릅니다　　　KTF 드라마(한국통신프리텔)

1135. 계절이 바뀔 때마다 아름다운 커튼을 달고싶은 여자의 마음

　　　남자는 모릅니다 아무도 모릅니다　　　KTF 드라마(한국통신프리텔)

1136. 피 흘리며 쓰러진 그를 다시 일으켜 세운 건

　　　7,000만의 응원과 당신이 그의 휴대폰에 남긴 응원메시지였습니다　　KTF(한국통신프리텔)

1137. 패널티킥에 실패한 그를 최후의 영웅으로 부활시킨 건

　　　7,000만의 응원과 당신이 그이 휴대폰에 남긴 응원메시지였습니다　　KTF(한국통신프리텔)

1138. 대표만의 특권　　　KTF EVER

1139. 우리는 대한민국입니다　　　SK텔레콤

1140. 남녀노소 누구나 다 아는 순서! 12345

　　　휴대폰 국제전화 싸게 거는 순서! 00345　　　KTF00345

1141. 처음 사랑 끝까지!　　　LG텔레콤

1142. 마음껏 사랑하는 당신, 당신은 메인입니다　　　MAIN(KTF)

1143. 마음껏 즐기는 당신, 당신은 메인입니다　　　MAIN(KTF)

1144. 마음껏 누리는 당신, 당신은 메인입니다　　　MAIN(KTF)

1145. 여자만의 이동전화서비스　　　DRAMA

1146. 우산 속 행운과 만나는 4월의 드라마!　　　KTF DRAMA

1147. 생각만으로는… 1등 품질을 만들 수 없습니다　　　SK텔레콤011

1148. 으랏차차 모르는 길에서도 내 차는 힘을 낸다　　　SK텔레콤NATE

1199. 꽃을 든 남자로 변해라 　　　　　　　　　선우

1200. First Membership Club 　　　　　　　　　닥스클럽

● 화장/세제

1201. 입술 글래머 LOOK! 　　　　　　　　　T'ESTIMO(가네보)

1202. 피부만큼은 남자가 아니다 　　　　　　　　　노드(꽃을든남자)

1203. 몰래몰래,입술水술 　　　　　　　　　에뛰드 스타일 립스 아쿠아톡스

1204. 사르르 꽃으로 물들이다 　　　　　　　　　에뛰느 플라워 틴트 아이즈

1205. 뾰루퉁한 피부, 과학으로 다독거리자! 　　　　　　　　　A.C.CARE

1206. 랑콤, 태양을 이기다 　　　　　　　　　랑콤

1207. 시간을 리드하는 남자의 피부 　　　　　　　　　오휘 네오필 링클 세럼

1208. 때로는 성공보다 사랑이 먼저다 　　　　　　　　　쾌남미래파(태평양)

1209. 스타일은 달라도 부드러운 염색은 비겐크림톤입니다 　　　　　　　　　비겐크림톤(동아제약)

1210. 당신 모발에도 촘촘촘 봄이 시작됩니다 　　　　　　　　　직공모발력(제일제당)

1211. 한낮의 피부 에너지, 피부는 보수중 　　　　　　　　　칼톤크리니크리페어웨어

1212. 시간조차 숨죽이는 아름다움 　　　　　　　　　헤라 에이지 어웨이 모디파이어(태평양)

1213. 과거로 되돌아가려면 오늘부터 멈추세요! 　　　　　　　　　헤라 에이지 어웨이 모디파이어(태평양)

1214. 피부를 깊이 섬긴다 　　　　　　　　　아모레 설화수 윤조 에센스(태평양)

1215. 때로는 성공보다 사랑이 먼저다 　　　　　　　　　쾌남 미래파(태평양)

1216. 활짝반짝 눈빛미소 스케치 　　　　　　　　　보브스테이지브라운(샤몽화장품)

1217. Skin Purism 　　　　　　　　　보떼드 멜(나드리화장품)

1218. 내 입술의 컬러, 뺏기지 말자 　　　　　　　　　라네즈립스포에버

1219. 티없이 고이 빚으니 　　　　　　　　　설화수예빛트윈케이크(태평양)

1220. 감출수록 드러나는 그녀 　　　　　　　　　헤라파리라운지(태평양)

1221. 혜교의 눈, 거짓을 말하다 　　　　　　　　　에뛰드 이펙트 마스카라

1222. 내 입술을 위한 반짝파티 　　　　　　　　　라네즈리퀴드루즈(태평양)

1301. 피부가 순수를 찾았습니다　　　　　　　　　　　지오셈프레(라미화장품)

1302. 스무살의 내가 있다!　　　　　　　　　　　　　비겐크림톤(동아제약)

1303. 여자는 스캔들을 꿈꾼다　　　　　　　　　　훼미닌스타일리스트(동성제약)

1304. 칼라스캔들　　　　　　　　　　　　　　　훼미닌스타일리스트(동성제약)

1305. 여자의 얼굴에 아티스트의 감성이 흐른다　　　　헤라메이크업(태평양)

1306. 가볍게 진짜피부를 만났다　　　　칼리 리얼스킨 트윈케익(한국화장품)

1307. 여성을 여성스럽게　　　　　　　　　　　　　　다이안느 35

1308. 뱀파이어, 이젠 태양을 즐길 수 있다　　　　　빨간통패니아 UV365

1309. 그의 골은 꽃입니다!　　　　　　　　　　　　에소르(소망화장품)

1310. 그대는 대한민국의 꽃입니다!　　　　꽃을든남자스킨샤워포맨(소망화장품)

1311. 얼굴에, 샘 솟았다!　　　　　　　　　라네즈워터뱅크에센스(태평양)

1312. 어두운 얼굴을 벗어라!　　　　　　메소니에멜라화이트닝시스템(나드리)

1313. 식물 과학주의　　　　　　　　　　　　　　　　　오휘

1314. Idealist Skin Refinisher　　　　　에스티로더아이디얼리스트(칼튼)

1315. 순수의 발견　　　　　　　　　　　　　　　지오(동아제약)

1316. 바람 바람 여자 설레임 그리고…　　　　　　　지오(동아제약)

1317. 오늘도 깨끗하게 먹었습니다　　　　라네즈 에어라이트 트윈케익

1318. 기미,주근깨 없는 깨끗한 피부　　　　　　　　멜라 클리어

1319. 함께 있으면 편안해진다. 그 남자는…　　　　엔프라니댄하버(CJ)

1320. 나무를 닮은 남자, 댄 하버　　　　　　　엔프라니댄하버(CJ)

1321. 내 남자가 있다　　　　　　　　　　　　　　　미래파

1322. 파란 꿈을 꾸는 남자, 이 남자가 좋습니다　　　　미래파

1323. 드라마틱하게 빛나는 당신의 피부　　　　　시세이도UV화이트

1324. 스무살때의 친구들을 만났다 여자에게 보석은 피부라는 걸 알았다　노블라임(LG생활건강)

1325. 새천년을 이어갈 아름다움　　　　　　　　나드리 화장품

1326. 무스크향의 남성화장품　　　　　　　　　　미스쾌남

303

1327.	깨끗함이 달라요	화이트(유한킴벌리)
1328.	촉촉함이 아름다움의 시작	모라비또
1329.	피부의 꿈	아이오페
1330.	매일 화장하는 여자를 위한 데일리 클렌징	데일리(태평양)
1331.	For Beautiful Human Life	Kanebo
1332.	자연파 연인의 만남	까르미화장품
1333.	화장품의 新 귀족주의	나드리 이노센스
1334.	The new perfume from	NINA RICCI
1335.	Disposale color contacts	Fresh Look
1336.	피부를 위한 모든 것	니베아 밀크
1337.	세균 없어 더 개운한 양치질	도(피죤)
1338.	젊은 세대를 위한 젊은 듀에나	듀에나(피죤)
1339.	新성분, 新감각 남성화장품	드봉 캐릭터(럭키)
1340.	젊음의 생명인자	라이브좀(한국화장품)
1341.	THE POWER BEHIND BEAUTIFUL HAIR	REDKEN
1342.	Quality that lasts and lasts	Le Sancy BATH SOAP
1343.	여자의 예술	르비앙(한국화장품)
1344.	사랑의 고뇌로 세계를 하나로	르셰르
1345.	프랑스 여성들과 함께 쓰는 화장품	마리코르(라미화장품)
1346.	센스있는 여성의 패션메이컵	미네르바센스(럭키)
1347.	여성이 선택한 남성화장품	미스쾌남 진(태평양화학)
1348.	살아 있는 젊은 피부	바이오리뉴얼(피어리스)
1349.	피부유토피아	세로피아(한국화장품)
1350.	도시여자의 피부를 위한 아르보아(피어리스)	
1351.	The clean cleam	아이보리
1352.	샘플만 써봐도 아는 화장품	참존(부안화장품)

1353. 귀족의 멋과 향취   체스(한국화장품)

1354. 젊음의 피부에너지   컨티뉴(한국화장품)

1355. 그 깊은 사나이의 세계   쾌남 루트(태평양화학)

1356. 파워 엘리트를 위한 남성화장품   쾌남 미래파(태평양화학)

1357. 깨끗함의 기준을 한 단계 더   쾌백(태평양화학)

1358. 여자를 편하게 해줍니다   크리넥스 키친타올

1359. Man is not so simple, after all   Claiborne

● 영화/음반

1360. 극한의 두려움이 당신을 파고든다!   영화 〈주온2〉 (워너브라더스)

1361. 전화벨이 울리는 순간… 당신은 이미 함정에 빠졌다!   영화 〈폰부스〉

1362. 열혈촌놈, 담탱이 딸을 넘보다   영화 〈첫사랑사수궐기대회〉 (아이엠픽쳐스)

1363. 운명은 어긋나고 우정은 짓밟혔다   영화 〈청풍명월〉 (시나브로)

1364. 사랑한다 사랑하지 않는다…? 중요한 건, 내 심장이 그이에게 꽂혔다는 거다!

    영화 〈히 러브스 미〉

1365. 우연히, 우연히, 우연히…그러나… 반드시   영화 〈클래식〉 (시네마써비스)

1366. 이 게임에서 우리 둘은 희생양일 뿐이다!   영화 〈무간도〉

1367. 같은 덫에 걸린 우리는 더 이상 적이 아니다!   영화 〈무간도〉

1368. 세상 마지막 순간보다 슬픈 건 나로 인해 눈물지을 '당신'입니다   영화 〈국화꽃 향기〉

1369. 세상이 나를 무시할수록… 희망은 더욱 강해진다!   영화 〈8마일(UIP-CIC)〉

1370. 끝까지 볼 수 있겠는가! 단, 눈감지 말 것! 소리지르지 말 것!   영화 〈디아이〉 (코리아픽쳐스)

1371. 세상은 그를 두려워했다 그러나…내겐 영웅이었다!   영화 〈로드 투 퍼디션〉 (20세기폭스)

1372. 거친 세상의 그들에게 천국은 없다!   영화 〈로드 투 퍼디션〉 (20세기폭스)

1373. 올 가을을 사로잡을 단 하나의 사랑!   영화 〈연애소설〉 (코리아픽쳐스)

1374. 바로 이게 사랑이었어!   영화 〈연애소설〉 (코리아픽쳐스)

1375. 공포가… 슬픔으로 뒤바뀌는 이상한 체험   영화 〈쓰리〉 (CJ엔터테인먼트)

1376. 낮에는 화장빨, 밤에는 채팅빨, 넌 누구니? 국가대표청춘영화   영화 〈후아유〉

1377. 내 휴지통 속으로 그 남자가 들어왔다!   영화 〈빵과 장미〉(백두대간)

1378. 지금보다 더 사랑하면 슬픔을 잊을까   영화〈 미워도 다시 한번〉

1379. 한 영혼을 사로잡은 지독한 사랑   영화 〈중독〉(케이엠컬처)

1380. 남자, 남자를 사랑하다   영화 〈로드무비〉(청어람)

1381. 비밀..사랑하기 때문에 비밀입니다   영화 〈비밀〉(20세기폭스)

1382. 이 남자와…하고 싶다! 결혼은 미친 짓이다   영화〈결혼은 미친 짓이다〉(아이픽쳐스)

1383. 심심하고 따분한 청춘들에게 하늘에서 용돈을 주셨다!   영화〈일단 뛰어〉(코리아픽쳐스)

1384. 아직도 못다 한 말. 사랑..합니다. 그대 … 숨쉴 수 없을 만큼…   연가2(도레미레코드/음반)

1385. 그 곳엔 악마 같은 본능만이 생존 할 수 있다!   영화 〈타이거랜드〉(20세기폭스)

1386. 무엇을 상상하든 그 이상을 보게 될 것이다!   영화〈매트릭스2: 리로디드〉(워너브라더스)

1387. 그가 미치도록 보고 싶다!   영화 〈이도공간〉(씨네월드)

1388. 사랑의 온도가 1도C 높아집니다   영화 〈마들렌〉(시네마써비스)

1389. '우끼는' 처녀와 '머찌인' 총각의 쫄깃-한 연애담

영화 〈나를 지켜주는 천사〉, 영화〈마이클〉

● 유통/백화점

1390. 휴가는 또 하나의 외출이다   현대백화점

1391. 당신을 표현하는 모든 것은 특별해야 합니다   현대백화점

1392. 현대백화점과 만나는 여름바다,

무더위도 당신 앞에서는 잠시 쉬어 갑니다   현대백화점

1393. 좀 더 특별한 감각의 마침표.

현대백화점과 함께 당신의 특별함이 마무리 됩니다   현대백화점

1394. 여자라는 이름의 프로포즈. 이제 나는 세상을 유혹하기 시작한다   현대백화점

1395. 현대백화점과 함께 만나는 여름,

강렬한 햇살도 당신 앞에서는 빛을 잃습니다   현대백화점

1396. 현대백화점과 함께 당신의 밤이 아름다워 집니다   현대백화점

1397. 집안 곳곳에서 만나는 당신의 감각이 가족의 웃음을 만들어 갑니다   현대백화점

1398. 여우같은 여자들   신세계

1399. 예쁘게 벗자!   신세계

1400. 여름 속으로, 세일 속으로   신세계

1401. 아직도 엄마의 철없는 아들입니다   신세계

1402. 스무고개 넘었다. 진짜 출발이다   신세계

1403. 끝이 없는 즐거움   코엑스몰

1404. 내가 스타가 되는 곳   CGV

1405. 솜사탕같은 생활   신세계

1406. 가격이 얼굴입니다   까르푸(한국까르푸)

1407. the style from New York   위즈위드코리아WIZWID

1408. 한국엔 없다! 위즈위드엔 있다!   위즈위드코리아WIZWID

1409. 나를 뛰게 할 사람은 나 밖에 없다   신세계

1410. 세일은 경제다   신세계

1411. 봄의 클라이막스   신세계

1412. 생활까지 싱싱하게   농수산홈쇼핑

1413. 나의 가을이 있는 곳을 찾았다   현대백화점

1414. 나는 가을과 통화중이다   현대백화점

1415. 좋은 시간, 좋은 만남   현대홈쇼핑

1416. 친절세계   신세계

1417. 강남패션 1번지   그랜드백화점

1418. 정직한 식품, 정직한 가격, 정직한 친절   나들이유통

1419. 새로운 생활이 만나는 곳   남부도매센타

1420. A world of networks   NORTEL

1421. 아름다운 생활에너지-NEW CORE, NEW LIFE   뉴코아백화점

1448. GOLDEN LIFE   삼풍백화점

1449. 편리한 생활, 건강한 생활, 행복한 생활   삼풍백화점

1450. 이코노믹스토아   새로나

1451. 고운아씨, 새아씨   새아씨 당폐백전문점

1452. 열린 생활 열린 기쁨   서문백화점

1453. 믿고 찾는 백화점   서문백화점

1454. 행복한 출발을   성남예식장

1455. 젊은 생활, 열린 시간   세븐-일레븐(코리아세븐)

1456. 새로운 생활이 있는 곳   세원백화점

1457. 알뜰주부만세   세일쎄일타운

1458. 생활의 향기 넘치는 지역 1번점   송원백화점

1459. 좋은 상품, 좋은 생활   신세계

1460. 행복이 시작되는 곳   신세계 신혼생활관(신세계)

1461. 언제나 OK! 언제나 서클 K   서클 K

1462. your link to better communication   Ameriteck

1463. 여성들이 좋아하는 상품권   아모레상품권

1464. BEYOND THE FUNCTIONAL, THE BEAUTIFUL   Armstrong

1465. 지혜로운 선택, 색다른 감동   LG, MARKI(엘지유통)

1466. 문화의 영동 사랑의 백화점   영동백화점

1467. 주유소의 新 개념 OIL BANK   OIL BANK

1468. 음악으로 향기롭게 채우는 삶   워너뮤직

● 기타

1469. 언제나 스물여덟 살 젊은 감각   에스콰이아

1470. 무모한 분들, 유모있게 삽시다   스펠라707(가발)

1471. 당신의 이름도 당신만의 것이 아닐 수 있습니다   사디파슨스

1472. 이 남자, 추억으로 숨쉰다   엑시고 옴므

1473. 이 남자, 그시간을 기억한다   엑시고 옴므

1474. 숨소리조차 조여오는 위협… 그는 생각보다 가까이에 있다!

     [영화] 이너프(콜롬비아트라이스타)

1475. 천사와 악마가 만나는 곳! 그 곳에서 자유를 느낀다!   올레오

1476. 일하는 사람들의 희망   민주노동당

1477. 현충일이 잊혀질 때, 대한민국도 잊혀질 수 있습니다   공익광고협의회

1478. 상상은 또 다른 마술이다   KT&G

1479. 살아있는 모든 감각들, KMTV에서 움직인다!   KMTV

1480. 사랑한다면… 그 사람의 작은 티까지 사랑하세요   라피도스포츠웨어(제일모직)

1481. DHL은 확실합니다   DHL

1482. 세상을 더 행복하게   삼성카드

1483. 나의 브랜드 발전소   덕성여대

1484. 차종은 같습니다 하지만, 운전자는 다릅니다   하이카(현대해상)

1485. 산을 보면 산을 읽고 강을 보면 강을 읽는다   웨스틴조선호텔

1486. 모두가 한결같이 말했다. 우리가 과연 되겠어?   나이키

1487. 숨이 멎는다 그의 새로운 Play가 시작된다   [음반] the play

1488. 빡빡 벗겨서 100만원 받자! 꽝없는 팬티 복권   임프레션내의

1489. 도심속 멀티플레이 피서지   롯데월드

1490. 숲이 있는 도시는 살아있는 도시입니다   유한킴벌리

1491. 두 번 잠그니까   LOCK & LOCK

1492. 젊고 힘있는 신문   세계일보

1493. 여자가 피는 자리!   이브자리

1494. 축구처럼…   프로스펙스

1495. 나보다 남을 먼저 생각한 당신에게 기업정신을 배웁니다   앨트웰

1496. 내식대로 즐기는 TV   SkyLife

1497.	대한민국 스포츠 전문채널	KBS Sports
1498.	건강 365일을 풍요롭게 가꿔가는 골드실버타운	에레쯔헬스케어
1499.	몸과 마음이 좋아지는 곳	단학선원
1500.	생활은 스포츠처럼, 삶은 레저처럼	대선
1501.	자연의 소중함을 그대로	두양힐스컨트리클럽
1502.	젊음, 그 이름으로 도전한다	르까프(화승)
1503.	날씬한 몸매, 건강한 미소	마이너스(포앤포코퍼레이션)
1504.	新휴양문화, 新무주가족	무주리조트
1505.	몸매가 아름다운 당신, 그 비밀은 바디디자인	바디디자인코리아
1506.	설레임으로 만나본 또다른 나의 모습	바디컴플라자
1507.	자연을 낚는 짜릿한 손맛	반도 릴낚시대
1508.	자연의 감동 그리고 낭만	반도 캠핑용품
1509.	courage for your head	BELL
1510.	Wherever there is snow	SALOMON
1511.	신선한 공기, 신나는 하루	서울랜드
1512.	일등 국민을 위한 일등 공원	서울랜드
1513.	Born in the water	SPEEDO
1514.	재미를 아는 낚시이느이 선택	실스타(은성실스타)
1515.	붉은 태양, 파란 그늘	썬케노피(한국타포린)
1516.	강산이 변하는 데 10년, 여자가 변하는 데 2개월	썬타나(동서교역)
1517.	아름다움을 위한 과학	썬타나(동서교역)
1518.	날씬한 몸매를 위한 모든 것	아프로
1519.	산과 바다가 있는 세계적 레저타운	알프스리조트
1520.	UNITED SPORTS CLUB	XAX
1521.	주말을 새롭게, 생활을 즐겁게	엘엘클럽
1522.	바디라인에 만족을 드리는 여성건강美타운	여성건강美타운

1575. 생활속에 기쁨 주는 백화점 　　　　황금프라자

1576. 따뜻한 마음이 만나는 곳 　　　　훼미리마트

1577. You've always belonged here 　　　　Kiawah Island

1578. 경주에는 힐튼이 있습니다 　　　　경주힐튼호텔

1579. 누리는 기쁨, 누리는 즐거움 　　　　누리여행사

1580. 신뢰와 정성을 다하는 대도관광

1581. 우리의 날개 　　　　대한항공

1582. We Love To Fly And It Shows 　　　　DELTA AIR LINES

1583. 로케트그룹 계열회사 　　　　동우여행사

1584. 꿈의 동산 　　　　드림랜드

1585. 해양의 신비를 가득 담은 로얄마린파크

1586. 외국인 유치 및 외화획득 실적 1위 　　　　롯데관광

1587. 민속문화역사의 한마당 　　　　롯데월드민속관

1588. 모험과 신비의 나라 　　　　롯데월드어드벤처

1589. 태고의 신비 　　　　발리섬(동우여행사)

1590. The world favoueite airline 　　　　BRITISH AIRWAYS

1591. 젊음은 늘 떠나고 싶다 　　　　세계로여행

1592. 천연온천과 휴식의 전당 　　　　수안보파크호텔

1593. 넘치는 즐거움 감동으로 남습니다 　　　　Singapore

1594. 싱가폴은 잊어도 싱가폴 에어라인은 잊지 못할 것입니다 　　　　싱가폴항공

1595. 해외여행의 믿음직한 길잡이 　　　　씨에프랑스

1596. 꿈, 사랑, 감동의 색동날개 　　　　아시아나항공

1597. The Ancient Birthplace Of Goodtimes 　　　　IRELAND

1598. 즐거운 여행, 보람찬 인생 　　　　아주관광

1599. 산과 바다가 있는 휴식처 　　　　알프스리조트

1600. 말레이지아 전문 여행사 　　　　애플항공여행사

1601. 일본 제1의 항공사		ANA
1602. 따뜻한 미소가 있는 곳		EVA AIR
1603. 남국의 매력		노끼나와(동우여행사)
1604. 여행이 시작되는 곳		온누리여행사
1605. 생활 속의 낙원을 가꾸는 온양관광호텔		
1606. 사계절 종합 관광 온천 휴양지		와이키키 수안보관광호텔
1607. as sure as taking is there yourself		United Parcel Service
1608. US AIR begins with you		US AIR
1609. 90년대의 힘찬 날개		JAL
1610. No one takes cargo more seriously		JAL CARGO
1611. For Your Travel Life		JTB
1612. 휴식이 있는 품격여행		KAL PARK
1613. 도착하는 기분 보다 산뜻하게		CATHAY PACIFIC
1614. 신뢰받는 항공사		KLM
1615. Asia's first airline		Philippine Airlines
1616. 환상의 파라다이스		하와이(동우여행사)
1617. 정성을 다하는 여행의 명문		한진관광
1618. 더 빠르고 더 안전한 한진해운		한진해운
1619. 세계 어디서나 친근한 이름		한진해운
1620. 행복의 시작		해피투어(세중)
1621. 불을 다스리면 음식 맛도 달라집니다!		린나이 스마트레인지(린나이코리아)
1622. 내 인생의 빛이 되어준 당신이기에		드비어스 라모르
1623. 입술을 감싸는 강렬한 반짝임		칼톤에스티로더
1624. 힘내라! 유산균		헬씨올리고(현대약품)
1625. 가슴까지 생각한 껌		청페 자일리톨
1626. 스타일을 바꾸는 것은 여자!		자연마루클릭(동화)

1652. 너를 가지면 자유가 된다 　　　　　　　　　　파워디지털 017

1653. 처음 만나는 자유. 스무살의 011 　　　　　　　　　　TTL

1654. 영화처럼 사는 여자 　　　　　　　　　　라네즈

1655. 산소같은 여자 　　　　　　　　　　마몽드

1656. 좋은 일은 언제 닥칠지 모른다 　　　　　　마몽드 내추럴 커버로션

1657. 똑바로 쳐다보기 시작했다 　　　　　　　　라네즈 오드퍼퓸

1658. 女子의 신분은 피부가 말합니다 　　　　　　　　아모레

1659. 내 피부 속에 남자가 숨어있다 　　　　　　　　로제화장품

1660. 크리넥스로도 닦을 수 없는 그리움이 있다 　　　　크리넥스

1661. 길들여지지 않는 남자 　　　　　　　　오버클래스 아이디

1662. 낯선 여자에게서 그의 향기를 느꼈다 　　　오버클래스 아이디

1663. 여자보다 아름답다 　　　　　　　　일렘 포 맨

1664. 아름다운 개인주의 　　　　　　　　　　칼리

1665. 여자가 살아가기엔 세상은 너무 건조합니다. 여자의 물 - 바센 (바센)

1666. 여자보다 촉촉한 세상은 없다 　　　　　　　　헤르시나

1667. 살아있는 것은 아름답다 　　　　　　　　피어리스

1668. 내가 좋아하는 사람은 나이를 먹지 않았으면 좋겠다 　아모레 선물세트

1669. 청춘이란 일기장 속의 몇 문장이 재빨리 편지로 옮겨 적혀질 수 있는 것 　프라이프 레코드

1670. 사는 멋을 아는 나이가 되면 아파트 고르는 눈도 특별해집니다 　LG빌리지

1671. 지금 막 돛을 단 그대에게 　　　　　　　　포항제철

1672. 이미지는 아무것도 아니다. 너의 갈증에 따라라 　　　스프라이트

1673. 푸른 하늘을 물감에 풀어 내 그림책을 만든다 　　고단사 - 일본

1674. 강해지고 싶어서 나는 책에서 영양을 섭취했다 　　고단사 - 일본

1675. 바람은 나의 우편배달부 - 동화의 나라에 편지를 보내고 싶어요 　고단사 - 일본

1676. 눈오는 밤에 나는 책썰매를 달려 산타클로스 찾으러 간다 　고단사 - 일본

1677. 첫사랑은 용광로처럼 뜨겁기만 했다 　　　쇼가꾸깡 - 일본

317

1678. 웃었다. 사랑을 하고 있다. 봄이었다. 나의 메모리얼　　　　　시세이도 - 일본

1679. 오전중인 것 같은 기분으로 하루를 보냈다　　　　　시세이도 - 일본

1680. 아아, 비누미인　　　　　가네보 홈 프로덕트 - 일본

1681. 나의 피부는 내 자신의 작품이다　　　　　마리퀸트 - 미국

1682. 가네보의 봄은 들뜨고 들뜬 작은 고양이　　　　　가네보 - 일본

1683. 캔비어의 빈깡통과 깨어진 사랑은 가까운 쓰레기통으로　　　　　산토리 캔비어 - 일본

1684. 새로운 것만이 세상을 바꾼다.　　　　　쿨사이다

1685. 경기는 계속되어야 한다　　　　　파워에이드

1686. "황금나락을 거두는 곳"　　　　　항흥증권

1687. 바다에 빼앗긴 입술　　　　　누드라인

1688. 눈이 부시게 푸르른 날은 넥타이를 가볍게 풀어헤치고 바람의 노래를 듣고 싶다

　　　　　카프리 맥주

1689. 우리는 젊음의 모든 것을 사랑한다　　　　　선경그룹

1690. 나무그늘 사이로 흐르는 솔바람 같은 이야기　　　　　포레스트 검프 - 영화

1691. 모든 전설에는 그 시작이 있다　　　　　스타워즈 에피소드 1 - 영화

1692. 어느 땐 그 사람 옷의 작은 단추이고 싶다　　　　　첫사랑 - 영화

1693. 시간이 얼마 남지 않았는데 긴 시간이 필요한 사랑을 하고 있다　　　8월의 크리스마스 - 영화

1694. 비를 만나면 물방울이 떨어지는 초록입니다　　　　　에자이 - 일본

1695. 내 공부방 - 밤에도 태양이 떠오른다　　　　　삼성전자

1696. 완벽한 원음의 세계가 당신의 표정으로 전해온다　　　　　삼성카세트

1697. 겨울 입술에 시가 흐른다　　　　　상아제약

1698. 리듬을 마신다　　　　　데킬라

1699. 초코파이는 情입니다　　　　　오리온 초코파이

1700. 아름다운 사람은 헤어지는 법도 아름답다　　　　　월드 - 일본

1701. 술도 인생도 진한 것이 좋다　　　　　대선주조

1702. 어머니 손 끝에서 빨랫감이 때를 벗으면 세상은 온통 시리도록 눈이 부셨습니다　삼성전자

1703. 향수, 수많은 언어가 말하는 하나의 느낌 4711 - 독일

1704. 파란 가을 하늘에 빨간 단풍잎을 띄우고 오겠습니다 코오롱상사 헤드

1705. 시계는 시간을 보기 위한 것이 아니다. 시간을 만들기 위한 것이다 리꼬모

1706. 쿠션은 기대기 위한 것이 아니다 마음을 의지하기 위한 것이다 리꼬모

1707. 음메에 딸랑딸랑~ 쇠방울 소리는 저 들녘의 풍년가락 구수한 무황복이탕에 풍년맛이

절로 난다 제일제당 쇠고기다시다

1708. 솔솔솔 한들한들~ 뜨락에 가을 바람이 일어서일까 설설 끓여도 북어국은 시원키만 하

구나 제일제당 북어국 다시다

1709. 새벽잠 설치고 나선 길에, 빈들녘 가득한 까치 울음소리, 짜내도 짜내도 기름기 하나 없

는 새벽.

새벽같은 설레임으로 떠나는 고향길-유나이티드로 다녀오십시오 UNITED AIRLINES

1710. 고기비늘 깔린 젖은 모래밭으로 파도가 새벽을 몰고오면, 어둠을 살랑살랑 소금물에 헹

구며 나서는 섬마을 아낙의 아침.

새벽같은 설레임으로 떠나는 고향길-유나이티드로 다녀오십시오 UNITED AIRLINES

1711. 클래런스 챔벌린, 린드버그보다 2주 늦게 대서양 횡단에 성공-하지만 2등은 기억되지 않

는다 삼성 기업PR

1712. 아무도 이 사람을 '시골 구멍가게 둘째딸'로 기억하지 않습니다. 우리는 이 사람을 '영국

병을 고친 철의 여인 대처'로 기억합니다 삼성 기업PR

1713. 아무도 이 사람을 '국민학교 중퇴자'로 기억하지 않습니다. 우리는 이 사람을 '발명왕 에

디슨'으로 기억합니다 삼성 기업PR

1714. 목욕하고 난 다음은 부모라도 반한다는 것, 정말일까? 목욕을 끝낸 후에 한 잔. 가고메 토

마토 주스 가고메 - 일본

1715. 아메리칸 풋볼을 보고 있는 그이의 옆모습이 좋아. 햄버거를 잔뜩 문 케첩투성이의 커다

란 입은 더욱 멋져 가고메 - 일본

1716. 포크가 제일 먼저 어디로 가나 두고 보세요 립톤 - 일본

1717. 여보, 아버님 댁에 보일러 놓아드려야겠어요 경동보일러

1718. 가장 찬란한 시기에 여인과 함께 있는 것…   한국도자기

1719. 미스김! 그 안에서 사색에 빠져있는 동안 밖에서 기다리는 나는 사색이 돼가고 있는 거

    알아?   서울우유 칸 요구르트

1720. 미스터박! 오늘 벌써 몇 번째야? 아예 거기서 살지 그래~ 어~ 또 가?

                                                                              서울우유 칸 요구르트

1721. 가끔 난 라이브 콘서트의 주인공이 된다   KEC 한국전자 다이나톤

1722. 이혜숙이 털어놓은 내 남편이 못 참을 때… 아~ 좀 긁어봐!   우레팔 부라스 로오숀

1723. 바퀴벌레 최후의 만찬   동아제약 바킬라

1724. 경기가 나빠지면 회의가 늘어난다. 오늘도 죄없는 담배만 실컷 피워댔다. 집에 돌아가서

    양치질을 하고 잠이나 잘까   라이온 치약 일본

1725. 당신과 처음으로 그런 일이 있었을 무렵 이 블루진도 부끄러울 만큼 새파랬다

                                                                              토멘아파레르 일본

1726. 자기에게 정직해지면 해질수록, 여자는 평판이 나빠지는 것이다   랑그라 저펜

1727. 헤어질 때 눈물이 흘러 나왔지만, 마음 속으로는 혀를 내밀고 있었다   랑그라 저펜

1728. 좋아하는 사람과 딱 만났는데, 데이트 하러 가는 참이라고 거짓말 해 버렸다   랑그라 저펜

1729. 그 책을 읽은 다음, 그녀는 말을 골라서 쓰게 되었다   신쪼사 일본

1730. 김숙진 리옷5시에 깨우라니 농담 아니야? 닭도 아닌데, 나   소니

1731. 흔들리는 통근전철에서는 독서를 삼가고 남성을 감상하자.   마루이

1732. 두 명의 남성을 좋아하게 되었는데, 그 두 사람에게서 프로포즈를 받았다고 한다면 역시

    먼저 사귄 쪽으로 가 버린다. 나는 나쁜가요?   리쿠르트 일본

1733. 졸업식 사진을 보고 이름을 떠올린 사람은 겨우 7명이었다.

    무리인지 모르겠지만 모두 좋은 자리에 있었으면 좋겠군요   리쿠르트 일본

1734. 이별이군요. 여드름도 졸업입니다   시세이도 일본

1735. 만약 화장상태가 나쁘다면 간밤의 일을 반성해 주세요   가네보 일본

1736. 금요일 밤에 둘이서 외국영화를 보러 극장에 갔다. 슬쩍 곁눈질 했더니 남편은 프렌치파

    이를 입에 물고 눈물 짓고 있었다   메이지 제과 일본

1737. 검진 때 충치라는 말을 듣고 부끄러웠다   일본 치과의사회

1738. 남자라면 내일까지 술을 남기지 않는다   일본 증류주조조합

1739. 당신의 집은 닫기를 잊어버린 냉장고 같은 것이다   일본 유리섬유협회

1740. 부엌의 배수관이 얼었다면 목수의 책임이라고 생각한다   일본 유리섬유협회

1741. 집이 옷을 두텁게 입으면 사람은 얇게 입게 된다   일본 유리섬유협회

1742. 병을 찾습니다. 빈 병, 가까운 술집으로 빨리 돌아오라. 모두 걱정하고 있다

맥주일동 – 일본

1743. "황제의 꿈을 읽는 동안, 난 내려야 할 정류장을 두 번이나 지나쳤다"   도서출판 모아

1744. 남자라면 땀으로 메이크업 하자   아트네이처 – 일본

1745. 모발의 상태가 좋은 날에는 무엇을 하더라도 좋은 상태   라이온 샴푸 – 일본

1746. 달리기 경주의 스타였다. 하지만 반장과는 인연이 없었다   도쿄제과 – 일본

1747. 명탐정 셜록홈즈를 탄생시킨 것은 그와 한 자루의 파커였다   파커 – 외국

1748. 발자크는 잉크 대신 커피로 원고지를 채웠다. 원고지 넘어가는 수만큼 커피를 마셨던 세

계적인 문호 발자크   동서식품

1749. 스칼렛에겐 남북전쟁이 커피전쟁이었다. 진짜 커피를 마실 수 없다는 이유 하나만으로

북군을 증오한 스칼렛   동서식품

1750. 어느 아침, 나폴레옹은 침대에서 일어나지 않았다. 천하를 얻고도 한 잔의 커피가 없으면

하루를 시작하려 하지 않았던 나폴레옹   동서식품

1751. 유부남의 71%가 때와 장소를 가리지 않고 시도해 봤다   한국이동통신 디지털 011

1752. 3년 세월, 정말 싫다고 생각한 적도 있었죠. 그러나, 난 입영열차를 탈 겁니다. 지킬 것은

지켜야 한다고 믿기에…   체이스 컬트

1753. 내가 겪은 대로 후배에게 강요할 수도 있었죠. 그러나, 난 잔을 돌리지 않았습니다.

1754. 지킬 것은 지켜야 한다고 믿기에…   체이스 컬트

1755. "자네 술 좀 한다구? 진로를 좋아하겠군!"   진로 소주

1756. "귀뚜라미 소리 들으며 진로 한잔 하자구? 밤새 털어놓을 이야기가 꽤나 많은가보군!"

진로 소주

1757. 마치 타인같은… 거울속의 하얀 얼굴. 오늘도 붉게 빰을 칠했지만 일어설 때마다 어찔어

찔. 나에게는 아직 들려오지가 않는다… 봄의 발자국 소리 　　　　쥰덴도 - 일본

1758. 병은 아니라고들 하지만 허리 근처가 시리기라도 하듯 차갑고 아프고, 또 차갑고, 처녀

시절의 생기 넘쳤던 겨울은 어디론가 가 버렸다 　　　　　　　쥰덴도 - 일본

1759. 그래, 봄 탓입니다. 이즈음이면 정해놓은 듯이 시작되는 두통, 이 나른함… 아이들에게

는 눈치채지 않고자 억지 미소를 짓지만 역시 괴로운… 오후 2시 　　쥰덴도　일본

1760. 나는 이젠… 망가졌나 봐요… 다시금 그날의 아픔이 소리를 내며 온몸을 휘저어갑니다.

매우 좋아했던 녹색바람도 오늘의 나에게는 다만… 다만, 눈부실 뿐… 　쥰덴도 - 일본

1761. 내 비밀을 요시꼬에게 들키고 말았다 　　　　　　　　　　　　　　　존슨 - 일본

1762. 세이프야? 아웃이야? 어휴, 오늘도 겨우 턱걸이했네! 　　　　삼성전자렌지 간단 Q

1763. 버스 탓인가~ 오늘 아침은 왜 이리 후들거리지? 　　　　　　삼성전자렌지 간단 Q

1764. 여보, 들어가도 돼? 회사 친구들이 하도 졸라대서… 　　　　　삼성전자렌지 간단 Q

1765. "그이에겐 상큼하게 페파민트 한 잔, 난 붉은 노을빛을 닮은 슬로진 　　　　　슬로진

1766. 오늘밤은 유난히 샹들리에가 반짝인다" 　　　　　　　　　　삼성 점보냉장고)

1767. "오늘 저녁은 살짝 구운 연어구이에 화이트 와인, 그리고 화사하게 보라색 냅킨을 펼까?"

"하얗게 눈부신 아침, 오늘은 브라운색 와이셔츠에 은색 커프스 버튼을 골라 줘야지." 남

편 사무실에 아리따운 여직원이 새로 왔다는 소문을 듣고 일부러 그이의 바지주름을 2개

잡았다. '열두번도 더 봤지만 스칼렛의 얼굴은 조금도 흐트러지지 않았다' 　　새한미디어

1768. 바다 한가운데서 서울행 비행기표를 샀다 　　　　　　　　　　파워디지털 017

1769. 나는 우리반 남자아이들이 공부를 못하게 하는 중요한 원인이다 　　　KOOKAI - 외국

1770. 브리핑도 메이크업처럼 첫눈에 시선을 끌어야 합니다 　　　　　　삼성 휴렛팩커드

1771. 30년 경력, 우표 수집가의 한숨 - "정말 모르겠다!" 　　　　　　　　　롯데캐논

1772. 아이젠하워의 뒷주머니에도 만화가… 　　　　　　　　　　　　　　만화광장

1773. 개답게 키우고 싶구나. 개이니까 　　　　　　　　　　　　　　일본 애완동물

1774. 드럼을 두드리기 전에는 사람을 치는 것이 직업이었다 　　　　　　야마하 - 일본

1775. 딱 한 명 있다! 립 젤 매직을 안 바른 여자 　　　　　　　　　아모레 립 젤 매직

1776. "술은 목적이 아니다. 하나의 수단일 뿐이다"　　　　　크라운 맥주

1777. "술을 마실 땐 어두운 기분으로 마시지 말아라"　　　　크라운 맥주

1778. "술자리에서의 약속은 무슨 일이 있더라도 지켜야 한다"　　크라운 맥주

1779. "오늘, 전국에 하이트가 한 병도 없습니다" 오늘은 만우절입니다　하이트 맥주

1780. 누군가를 폭행하라. 그러면 5년형을 선고받을 것이다. 하키에서는 5분이면 된다.

1781. 이 얼마나 멋진 게임인가?　　　　　　　　　Columbus Chill - 미국

국내 100 대 상장 기업의 슬로건

삼성경제연구소 seri.org

GS	고객과 함께 내일을 꿈꾸며 새로운 삶의 가치를 창조한다.
삼성전자	창조적 혁신과 도전으로 미래를 향해 나아갑니다. Inspire the World, Create the Future
SK에너지㈜	언제 어디서나, SK 에너지
현대자동차㈜	NEW THINKING, NEW POSSIBILITES
한국전력공사㈜	Think Green, Triple Sales
㈜포스코	소리 없이 세상을 움직입니다
LG전자㈜	Life's Good
한국가스공사㈜	좋은 에너지, 더 좋은 세상
S-Oil㈜	믿음 가득 주유소
SK네트웍스㈜	We prepare the future for customer happiness
현대중공업㈜	세계를 이끄는 힘, Global Top Leader
기아자동차㈜	The Power to Surprise
LG디스플레이㈜	World's No.1 Display Company
㈜LG화학	Solution Partner
삼성물산㈜	We make better world

㈜케이티	All New KT
SK텔레콤㈜	Global ICT Leader (ICT : Information Communication Technology)
대우조선해양㈜	The Evolution Builder
㈜대우인터내셔널	글로벌 시장을 선도하는 기업
삼성중공업㈜	세계 초일류를 향한 도전
롯데쇼핑㈜	세계로 뻗어가는 롯데 쇼핑
현대제철㈜	Steel Innovation
㈜대한항공	Excellence in Flight
현대모비스㈜	Driving science
㈜한진해운	Beyond the Ocean
㈜신세계	Only Shinsegae
STX팬오션㈜	World Best STX
현대상선㈜	고객의 꿈을 현실로 종합 해운 물류기업
현대건설㈜	WE BUILD TOMORROW
㈜효성	Always by Your Side
GS건설주식회사	Best Partner & First Company
㈜대우건설	It's Possible
㈜하이닉스반도체	Good Memory
㈜LG상사	Global Business Challenger
대림산업㈜	71년 대림, 녹색성장의 큰 숲-Green & Smart
두산중공업㈜	지구의 가치를 높이는 기술
동국제강㈜	철로 다져가는 행복이 있습니다
SK가스㈜	국내 최고의 청정에너지 회사, 동아시아 에너지 메이저
현대하이스코㈜	The Dream of Steel

㈜한화	Your Dreamworld
㈜E1	Life Energy
㈜LG텔레콤	Beyond Telecom
아시아나항공㈜	아름다운 사람들
두산인프라코어㈜	Power-up for Tomorrow
㈜한진중공업	창조혁명
㈜현대미포조선	세계 최고의 품질과 기술력
제일모직㈜	첨단 소재와 감성의 Creator
삼성SDI	Power to Imagine
CJ제일제당㈜	CJ For Better Life
대한해운㈜	The Sea Master
금호석유화학㈜	Beyond the best
동부제철㈜	동부제철, 혁신으로 경쟁력 세계 제일의 제철회사
삼성전기㈜	1nside Edge
호남석유화학㈜	Life value creator
글로비스㈜	We maximize your value!
한화케미칼㈜	Beyond Your Dream
STX조선해양㈜	World Best
삼성카드㈜	My Life, My Pride
현대종합상사㈜	Global Business Organizer
현대산업개발㈜	Global Leading Developer
대우자동차판매㈜	세계 최고의 종합자동차판매 전문기업으로 나갑니다.
㈜케이티앤지	Play it 상상
한국타이어㈜	Driving emotion
삼성엔지니어링㈜	Expanding your world

쌍용자동차㈜	Creating a high value lifestyle
㈜케이씨씨	더 좋은 삶을 위한 가치창조
금호산업㈜	아름다운 기업이 만드는 아름다운 세상
신한금융지주회사	나의 금융 브랜드는 신한입니다.
고려아연㈜	변함없는 고객 만족, 변함없는 사회공헌, 변함없는 가치 창조 아연에서 배웁니다.
대한전선㈜	보다 행복한 세상! 풍요로운 미래를 열어가는 기업
㈜STX	World Best
금호타이어㈜	세계 속의 금호, 금호 속의 세계
㈜LS	신뢰, 열정, 도전
동부건설㈜	세상을 아름답게 하는 힘
삼성테크윈㈜	Eco Solution for Green
OCI㈜	끊임없는 변화와 혁신으로 OCI의 새로운 미래를 창조합니다.
삼천리㈜	에너지에서 환경까지, 미래를 창조하는 삼천리
㈜케이피케미칼	The Power in Petrochem
㈜코오롱인더스트리	One & Only, Choice & Concentration
두산건설㈜	엔지니어링 기반의 선도 종합건설사
SK브로드밴드㈜	무한한 가능성이 만들어 내는 새로운 통신세계
㈜세아베스틸	세상을 아름답게
태광산업㈜	Partner for your life
대한통운㈜	큰 세상, 큰 물류 대한통운
㈜세아제강	Better Tomorrow 세상을 아름답게
경남기업㈜	Global pioneer!
대한유화공업㈜	석유화학이 만드는 풍요로운 세상, 대한유화가 열어갑니다.
㈜농심	Taste NONGSHIM Feel the Happiness
유니온스틸㈜	Beautiful Finish

한라공조㈜	First21
㈜아모레퍼시픽	Asian Beauty Creator
쌍용건설㈜	For The Best Quality
㈜두산	사람이 미래다
STX엔진㈜	꿈과 미래가 있는 회사
코오롱건설㈜	Think Nature, Change Future
LS산전㈜	Greenocomotion Leading Innovation, Creating Tomorrow
LG이노텍㈜	The First Partner
이수화학㈜	미래를 향해 나아가는 차세대 글로벌 기업
한라건설㈜	Good to Great
㈜LG생활건강	Healthy & Beautiful
동부하이텍	World Leader In Specialty Foundry

참고문헌

고은. 2009. 「커뮤니케이션」. 『개념의 숲』. 신원문화사.

권영민. 2004. 『한국현대문학대사전』. 서울대학교출판부.

김경석. 2003. 『자본주의의 시, 광고슬로건』. 커뮤니케이션북스.

김동규. 2014. 『10명의 천재카피라이터』. 커뮤니케이션북스.

김동완. 1992. 『대통령을 만든 슬로건』. 말길.

김성도. 2007. 「도시 브랜딩의 기호학적 접근」. ≪텍스트 언어학≫, 제23집, 303~327쪽.

김영신. 2011. 「도시를 번역하다: 다시쓰기로서의 영문 도시 브랜드 슬로건」. ≪통역과 번역≫, 제13권 2호, 53~69쪽.

김유경. 2004. 「브랜드 이미지 유형의 새로운 패러다임과 커뮤니케이션 요인에 관한 연구: I-PRos의 영향과 광고역할을 중심으로」. ≪광고학연구≫, 제15권 4호, 155~184쪽.

김유경. 2007. 「국가브랜드 개성의 차원에 관한 연구」. ≪광고연구≫, 여름호, 89~119쪽.

김유경·구자룡·반정화·김유신. 2015. 「서울브랜드 확산전략 방향수립연구 보고서-밸류바인」.

김유경·최창원. 2006. 「장소브랜드의 역할과 전략적 관리에 대한 개념적 고찰」, ≪동서언로≫, 제20호, 3~32쪽.

김재범·최믿음. 2013. 「정치인 이미지 구성 요인과 유권자의 투표 행위」. ≪광고

연구≫, 제98호, 154~183쪽.

김정현. 2012. 「한국 정치광고는 왜 상대 후보를 공격하지 않을까?」. ≪신문과방송≫, 9월 호. 한국언론진흥재단.

_____. 2015. 『설득 커뮤니케이션의 이해와 활용』. 커뮤니케이션북스.

김종성·김준환. 2015. 「지방자치단체의 통합브랜드에 대한 분석」. ≪디지털융복합연구≫, 제13권 11호. 109~118쪽.

김종혁·이정교. 2015. 「국내 4년제 대학의 브랜드 슬로건 내용분석」. ≪사회과학연구≫, 제41권 3호, 47~81쪽.

김춘식. 2003. 「2002년 대통령선거 TV광고와 신문광고의 언어적 메시지분석: Benoit의 정치캠페인 수사분석틀 적용을 중심으로」. ≪광고연구≫, 제59호, 25~48쪽.

김춘식·전영란. 2006. 「1997년 대통령선거 후보자의 텔레비전 토론 수사분석」. ≪언론과학연구≫, 제6권 1호, 75~114쪽.

김효동. 2013. 「18대 대선후보의 리트윗 네트워크 분석」. ≪정치커뮤니케이션연구≫, 통권 31호, 91~125쪽.

김훈철. 1988. 『성공적인 광고캠페인을 위한 전략적 사고법』. 김영사.

나국희·김준교. 2013. 「지방자치단체 Visual Identity 관리 방안 연구: 16개 권역 246개 지방자치단체 슬로건과 캐릭터 현황조사를 중심으로」. ≪브랜드디자인학연구≫, 통권 25호, 69~82쪽.

나미수. 2010. 「한국과 미국의 대선 정치광고 서사구조의 비교 연구: 한국의 17대 대통령 선거와 미국의 44대 대통령 선거를 중심으로」. ≪한국언론학보≫, Vol.54, No.2, 323~441쪽.

나태주. 2013. 「풀꽃」. 『향기 한 줌』. 푸른길.

루리, 자일스(Giles Lury). 2014. 『폭스바겐은 왜 고장난 자동차를 광고했을까?』. 이정민 옮김. 중앙북스

류진한. 1997. 『카피의 핵 슬로건』. 진화기획.

_____. 2012. 『슬로건 창작의 기술』. 한경사.

_____. 2015. 『슬로건 짧은 카피 긴 호흡』. 커뮤니케이션북스.

리제보스, 릭(Rik Riezebos)·잽 밴더 그린텐(Jaap van der Grinten). 2014. 『브랜

드 포지셔닝 3.0: 기업브랜드 정체성의 전략적 관리』. 김유경·이희복 옮김. 한국외국어대학교 출판부.

모건, 나이절(Nigel Morgan). 『장소브랜딩』. 이정훈·김사라·조아라 옮김. 경기개발연구원.

박명호·정하윤·조영호 외. 2012. 「공직선거법상 선거운동방법의 실효성 및 제도개선 방안 학술연구」. 2012년도 중앙선거관리위원회 연구용역보고서.

박문각 시사상식편집부. 2013. 『최신시사상식』, 제164집.

박문기. 2015. 「슬로건으로 도시브랜드 가치 높이기: 경기도편」. ≪마케팅≫, 제556호, 15~21쪽.

박영준. 2001. 「기업 슬로건의 언어적 기법에 대한 분석」. ≪이중언어학≫, 제19호, 273~297쪽.

박의서. 2004. 「심벌과 슬로건을 활용한 관광브랜드 구축 방안」. ≪한국관광정책연구≫, Vol. 10, No. 2, 63~83쪽.

박종렬. 1995. 「정치광고의 메시지 특성에 관한 연구」. ≪광고연구≫, 제28호, 245~284쪽.

박홍식. 2015. 「도시브랜드와 마케팅에 미래가 있다」. ≪제일기획 사보≫, 3월 호.

백신혜. 2004. 「소노시의 분화예술축제 도입과 장소성의 인위적 형성」. ≪대한지리학회지≫, 제39권 6호, 888~906쪽.

보셔스, 티모시(Timothy A. Borchers). 2007. 『수사학 이론』. 이희복 외 옮김. 커뮤니케이션북스.

살렘, 라이오넬(Salem Lionel). 2013. 『마음을 흔드는 한 문장: 2200개 이상의 광고 카피 분석』. 네이슨 드보아·이은경 옮김. 유아이북스.

신순철·황인호. 2009. 「지역브랜드 육성전략」. 한국생산성본부.

아런스, 윌리엄(Arens, William F). 2002. 『현대광고론』. 리대룡·김봉현·김태용 옮김. 한국맥그로힐.

안광호·한상만·전성률. 2013. 『전략적 브랜드 관리: 이론과 응용』. 학현사.

안대회. 2013. 「가슴으로 읽는 한시」.

에이치슨, 짐(Jim Aitchison). 2010. 『커팅엣지 애드버타이징』. 이근형 옮김. 교보문고.

331

영, 제임스 웹(James Webb Young). 1991. 『광고인이 되는 법』. 박용철 옮김. 태
　　일출판사.

오길비, 데이비드(David Ogilvy), 2004. 『광고 불변의 법칙』. 최경남 옮김. 거름.

오주연. 2012. 「도시브랜드 이미지와 영향요인에 관한 연구」. ≪한국광고홍보학
　　보≫, 제14권 1호, 182~217쪽.

우에조 노리오(植條則夫). 1991. 『카피교실』. 맹명관 옮김. 들녘.

웨런, 켄(Ken Warren). 2010. 『정치광고와 정치캠페인』. 이희복·차영란 옮김. 한
　　경사.

윌리암슨, 주디스 (Judith Williamson). 1998. 『광고의 기호학: 광고 읽기, 그 의미
　　와 이데올로기』. 박정순 옮김. 나남

윤영석·김우형. 2010. 『도시 브랜딩: 도시 재탄생의 비밀 도시브랜딩』, UNITAS
　　BRAND.

이대희·서승현 . 2014. 「지방선거 슬로건의 수사(修辭) 유형 분석: 제5회 6·2 동시
　　지방선거 서울시 구청장 후보자를 중심으로」. ≪지방정부연구≫, 제17권
　　4호, 193~212쪽.

이명천·김요한. 2005. 『광고연구 방법론』. 커뮤니케이션북스.

이미경·오익근. 2007. 「도시브랜드 슬로건의 인지도 조사와 이미지 평가에 따른
　　목적 브랜딩: 대구시 슬로건 'Colorful DAEGU'를 중심으로」. 한국관광학
　　회 학술대회 발표논문집.

이상훈·최일도. 2007. 「도시 브랜드 개성의 유형과 형성요인에 대한 연구: 6개 광
　　역도시를 대상으로」. ≪광고학연구≫, 제18권 5호, 57~73쪽.

이소영·이정훈. 2010. 『지역 브랜드 매뉴얼』. 탑.

이수범. 2003. 「제16대 대통령선거의 정치광고에 관한 연구: 신문광고의 내용분석
　　을 중심으로」, ≪광고연구≫, 제58호, 115~133쪽.

이수범·김희진. 2005. 「17대 총선의 후보자 정치광고에 관한 연구」. ≪홍보학연
　　구≫, 제9권 1호, 102~125쪽.

이원구. 2000. 『광고꿈틀 3』. 디자인하우스.

이창훈. 2015. 「프랑스 광고 슬로건 분석」. 2015년도 프랑스학회 가을학술대회 발
　　제집.

이현우. 1998. 『광고와 언어』. 커뮤니케이션북스.

이희복. 2005a. 「광고의 수사적 비유에 따른 커뮤니케이션 효과」. 경희대학교 대학원 박사 학위논문.

_____. 2005b. 「광고를 활용한 미디어교육, 광고활용교육(AIE)」. 광고학회 정기 학술대회 발제집.

_____. 2006. 「도시 브랜드의 슬로건 분석: 수사적 기법을 중심으로」. ≪스피치와 커뮤니케이션≫, 제5호, 69~102쪽.

_____. 2008. 「17대 대선 정치광고 내용분석」. ≪커뮤니케이션학연구≫, 제16권 2호, 57~76쪽.

_____. 2010. 「우리나라 도시 브랜드의 슬로건 분석: 광역시와 일반시의 비교」. ≪OOH광고학연구≫, 제7권 1호. 25~50쪽.

_____. 2012. 「도시브랜드 슬로건의 브랜드 개성: 우리나라 7대 도시 분석을 중심으로」. ≪광고연구≫, 93호. 5~28쪽.

_____. 2014. 「18대 대통령선거 정치광고 내용분석」. ≪정치커뮤니케이션연구≫, 통권 32호, 195~218쪽.

이희복·신명희. 2015. 「주요 도시브랜드 슬로건의 개성 요인분석: 서울과 광역시도 비교를 중심으로」. ≪광고학연구≫, 제26권 2호, 289~315쪽.

이희복·주근희. 2013. 「한국과 미국의 도시 브랜드 슬로건 비교」. ≪GRI 연구논총≫, 제15권 2호, 29~53쪽.

장우성. 2013. 「2012 대선 TV광고 이슈 vs 이미지 전쟁」. ≪광고계동향≫, 2월 호.

재미슨, 캐슬린 홀(Kathleen Hall Jamieson). 2002. 『대통령 만들기: 미국대선의 선거전략과 이미지메이킹』. 원혜영 옮김. 백산서당.

정경일. 2009. 「지역 슬로건의 유형별 언어기법 분석」. ≪우리어문연구≫, 제33집, 65~98쪽.

정동환·이호은. 2013. 「정치적 이미지를 활용한 광고의 비주얼 분석: 인쇄광고를 중심으로」. ≪정치커뮤니케이션연구≫, 통권 28호, 221~258쪽.

조병량. 1993. 「제14대 대통령선거 정치광고의 특성에 관한 연구: 신문광고 내용분석을 중심으로」. ≪광고연구≫, 제19호, 209~237쪽.

_____. 1998. 「제15대 대통령선거 정치광고의 특성 분석: 주요 정당의 신문 및

TV광고를 중심으로」. ≪광고연구≫, 제39호, 151~172쪽.

중앙선거관리위원회. 2013. 『대통령 선거총람. 제18대』.

최민욱·윤일기. 2008. 「슬로건 유/무에 따른 광고효과에 관한 실험연구: 제품 관여도의 조절효과를 중심으로」. ≪광고학연구≫, 제19권 6호, 57~86쪽.

최용주. 2008. 「정치마케팅 관점에서의 정치광고에 관한 연구: 대통령선거 TV 정치광고를 중심으로」. ≪광고홍보학보≫, 제10권 1호, 229~267쪽.

최홍락. 2007. 「국내 도시브랜드 슬로건의 경향과 개발」. ≪한국콘텐츠학회논문지≫, 제7권 8호, 174~181쪽.

콘, 스티브(Steve Cone). 2009. 『한 줄의 힘, 브랜드를 확장하고 고객을 사로잡는 파워라인』. 방영호 옮김. 마젤란.

콜리, 러셀 H(Russel H. Colley). 1998. 『DAGMAR 광고이론』. 윤선길 옮김. 커뮤니케이션북스.

탁진영. 2000. 「한국 정치광고의 미국화 경향에 관한 연구」. ≪광고연구≫, 제48호, 27~44쪽.

현대경제연구소. 2009. 「도시브랜드가 국가경쟁력이다」. ≪VIP Report≫, 제1권 11호.

홉킨스, 클로드(Claude Hopkins). 1997. 『과학적 광고』. 김동완 옮김. 소담출판사.

황인석·정은주. 2013. 「도시 슬로건 태도에 관한 고찰: 도시 슬로건 적합도 및 도시에 대한 긍정적인 연상 정도의 영향」. ≪서울도시연구≫, 제14권 3호. 175~190쪽.

TVCF 18대 대선 광고 특별기획전, http://www.tvcf.co.kr/MovieK/Special/ 0018.asp

Aaker, Jennifer L. 1997. "Dimensions of Brand Personality." *Journal of Marketing Research*, Vol.34(3), pp.347~356.

Aitchison, Jim. 1999. *Cutting Edge Advertising: How to Create the World's Best Print for Brands in the 21st Century*. Pearson Ed Asia.

Anholt, S. 2004. *Brand New Justice*, 2nd ed. Oxford: Butterworth-Heinemann.

_____. 2006. "The Anholt-GMI city brands index: How the world sees the world's cities." *Place Branding*, Vol.2(1), pp.18~31.

_____. 2006. Anholt City Brand Index "How the World Views Its Cities," 2nd ed. Bellevue: Global Market Insight, WA.

_____. 2007. *Competitive Identity: The New Brand Management for Nations, Cities and Region*. London: Palgrave Macmillan.

Ashworth G. and M. Kavaratzis. 2007. "Beyond the logo: Brand management for cities." *Journal of Brand Management*, Vol.16(8), pp.520~531.

Avraham, E. and E. Ketter. 2008. "Media Strategies for Marketing Places in Crisis Improving the Image of Cities, Countries and Tourist Destinations." *Place Branding and Public Diplomacy*, Vol.4(3), pp.263~264.

Benoit. W. L. 2001. "The Functional Approach to Presidential Television Spot: Acclaiming, Attacking, Defending 1952-3000." *Communication Studies*, Vol.52(2), pp.109~216.

Benoit, W. L. and P. J. Benoit. 2008. *Persuasive Messages: The Process of Influence*. Blackwell Publishing.

Berlo, David K. 1960. *The Process of Communication: an introduction to the theory and practice*. New York: Holt, Rinehart and Winston.

Bly, Robert W. 2006. *The Copywriter's Handbook, Third Edition: A Step-By-Step Guide To Writing Copy That Sells*. Holt Paperbacks.

Cai, L. A. 2002. "Cooperative branding for rural destinations." *Annals of Tourism Research*, Vol.29(3), pp.720~742.

Caldwell, N. and Freire. J. 2004. "The differences between branding a country, a region, a city, Applying the brand box model." *The journal of brand management*, Vol.12(1), pp.50~61.

Corbett, Edward P. J. 1990. *Classical rhetoric for the modern student*. New York: Oxford University Press.

Curtis, J. 2001. "Branding a State: the evolution of Brand Oregon." *Journal of Vacation Marketing*, Vol. 7(1), pp.75~81.

Cynthia Ord. 2010.9.29. MATADOR TRIPS "The anatomy of a tourism slogan", http://matadornetwork.com/trips/the-anatomy-of-a-tourism- slogan/

Dahlen, Micael and Sara Rosengren. 2005. "Competitive Interference Among Slogans for Weak and Strong Brands." *Brand Management*, Vol.12(3), pp.151~164.

De Carlo, M., S. Canali, A. Pritchard and N. Morgan. 2009. "Moving Milan towards Expo 2015: Designing culture into a city brand." *Journal of Place Management and Development*, Vol.2(1), pp.8~22.

Denton,Robert E. 1980. "The Rhetorical Function of Slogans: Classifications and Characteristics." *Communication Quarterly*, Vol.28(2), pp.10~18.

Dimofte, Claudiu V. and Richard F. Yalch. 2007. "Consumer Response to Polysemous Brand Slogans." *Journal of Consumer Research*, Vol.33(4), pp.515~522.

Dinnie, Keith. 2011. Theory and cases. UK: Palgrave Macmillan.

Ehninger, Gronbeck and Monroe. 1960. "The simplest and most influential message-centered model of our time came from David Berlo. New York: Holt, Rinehart, and Winston.

Erik, Brown. 2011. "Putting city branding into practice." *Journal of Branding Management*, Vol.19(4), pp.257~267.

Evans, G. 2003. "Hard Branding the cultural city: From Proado to Prada." *International Journal of Urban and Regional Research*, Vol.27(2). pp.417~440.

Gaggiotti, H., P.L.C. Cheong and O. Yunak. 2008. "City Brand Management: The Case of Kazakstan." *Place Branding and Public Diplomacy*, Vol.4(2), pp.115~123.

Gilmore, F. 2002. "A country-can it be repositioned? Spain-the success story of country branding." *Journal of Brand Management*, Vol.9(4/5). pp.281~293.

Gnoth, G. 1998. "Branding tourism destinations. Conference report." *Annals of Tourism Research*, Vol.25(3), pp.758~760.

Govers, R. and F. M. Go. 2009. *Place Branding: Global virtual physical identities, constructed, imagined and experienced*. London: Palgrave Macmillan.

Greenberg, Miriam. 2008. *Branding New York: How a City in Crisis Was Sold to the World*. Routledge.

Guba, E. G. 1978. *Toward a methodology of naturalistic inquiry in education evaluation*. Los Angeles: UCLA Center for Education.

Hall, D. 1999. "Destination branding, niche marketing and national image projection in Central and Eastern Europe." *Journal of Vacation Marketing*, 5(3), pp.227~237.

Hankinson, G. 2004. "The brand images of tourism destinations: A study of the saliency of organic images." *Journal of Product and Brand Management*, Vol.13(1), pp.6~14.

_____. 2007. "The management of destination brands: Five guiding principles based on recent developments in corporate branding theory." *Journal of Brand Management*, Vol.14(3), pp.240~254.

_____. 2009. "Managing destination brands: Establishing a theoretical foundation." *Journal of Advertising Management*, Vol.25(1/2), pp.97~115.

Hanna, Sonya and Jennifer Rowley. 2011. "Toward a Strategic Place brand Management Model." *Journal of Marketing Management*, Vol.27(5/6), pp.458~476.

Harmaakorpi, V., K. Kari and S. Parjanen. 2008. "City design management as local competitiveness factor." *Place Branding & Public Diplomacy*, 4(2), pp.169~181.

Hosany, S., Y. Ekinci and M. Uysal. 2006. "Destination image and destination personality: An application of branding theories to tourism places." *Journal of Business Research*, 59(5), pp.638~642.

Jacob. J. 1990. "The Miscomprehension of Mass-media Advertising Claims: A Re-Analysis of Benchmark Data." *Journal of Advertising Research*, June/July, pp.9~15.

Jamieson, K. H. 1984. *Packaging the Presidency: A History and Criticism of*

Presidential Campaign Advertising. OxfordUniversityPress.

John A., Quelch and Katherine E. Jocz. 2012. *All Business is Local. Why Place Matters More Then Ever in a Global, Virtual World*. London: Portfolio Penguin.

Ju-Pak, K. 2013. "How Effective are Slogans for Building a Destination Brand in the Social Media Environment?" *The Journal of Advertising and Promotion Research*, Vol.2(1), pp.165~193.

Kaid, L. L. and A. Johnston. 1991. "Negative vs Positive television advertising in U.S. presidential campaign, 1960-1988." *Journal of Communication*, 41(3), pp.53~64.

Kavaratzis, M. 2004. "From City Marketing to the Branding: Towards a Theoretical framework for developing city brands." *Place Branding*, Vol.1(1), pp.58~73.

Kavaratzis, M. and G. J. Ashworth. 2006. "City Branding: An effective assertion of identity or a transitory marketing trick?" *Place Branding*, Vol.2(3), pp.83~194.

Keith, W. M. and C. Lundberg. 2008. *The Essential Guide to Rhetoric*. Boston: Bedford.

Keller, K. L. 2007. *Strategic Brand Management: Building Measuring, and Managing brand equity, Upper Saddle River*, NJ: Prentice Hall.

Kern, M. 1989. *30 Seconds Politics: Political Advertising in the Eighties*. New York: Praeger.

Kerr, G. 2006. "From Destination Brand to Location Brand." *Journal of brand Management*, Vol.14(4/5), pp.276~283.

Kholi, C., L. Lance and R. Suri. 2007. "Got Slogan? Guidelines for creating effective slogans." *Business Horizons*, Vol.50, pp.415~422.

Klenosky, David and Richard E. Gitelson. 1997. "Research Notes and Reports: Characteristics of Effective Tourism Promotion Slogans." *Analysis of Tourism Research*, Vol.22(1). pp.235~251.

Lasswell, Harold. 1948. "The Structure and Function of Communication in Society." in L. Bryson(ed.). *The Communication Ideas*. New York: Harper and Row. pp.37~51.

Lee, G., L. A. Cai and J. O'Leary. 2006. "WWW.branding.states.us: an analysis of brand-building elements in the us state tourism websites." *Tourism Management*, Vol.27(5), pp.815~828.

Leigh, J. H. 1994. "The Use of Figures of Speech in Print Ad Headlines." *Journal of Advertising*, Vol.23(June), pp.17~34.

Lodge, C. 2006. "Opinion Pieces: How has Place Branding Developing During the year that Place Branding has been in Publication?" *Place Branding and Public Diplomacy*, Vol.2(1), pp.6~7.

McGuire. W. J. 2000. "Standing on the Shoulders of Ancients: Consumer Research, Persuasion, and Figure Language." *Journal of Consumer Research*, Vol.27(June). pp.109~114.

McQuarrie, E. F. and D. G. Mick. 1992. "On Resonance: A Critical Pluralistic Inquiry into Advertising Rhetoric." *Journal of Consumer Research*, Vol.19(September), pp.180~197.

_____. 1996. "Figures of Rhetoric in Advertising Language." *Journal of Consumer Research*, Vol.22, pp.424~438.

Morgan, Niegel, Annette Pritchard and Roger Pride. 2004. *Destination Branding*. Elsevier Science.

Mothersbaugh, D. L., B. A. Huhmann and G. R. Franke. 2002. "Combinatory and Separative Effects of Rhetorical Figures on Consumers' Effort and Focus in Ad Processing." *Journal of Consumer Research*, 28(March), pp.589~602.

Munch, J. and J. L. Swasy, 1988. "Rhetorical Question, Summerization Frequency, and Argument Strength Effect on Recall." *Journal of Consumer Research*, June 15, pp.69~76.

Papadopoulos, N. and L. A. Heslop. 2002. "Country Equity and Country

Branding: Problems and Prospects." *Journal of Brand Management*, Vol.9(4/5), pp.294~314.

Parkerson, B. and J. Saunders. 2005. "City Branding: Can goods and services branding models be used to brand cities?" *Place Branding*, Vol.1(3), pp.242~264.

Philo, C. and G. Kearns. 1993. "Culture, history, capital: a critical introduction to the selling of places." in G. Kearns and C. Philo (Eds.). *Selling Places: The City as Cultural Capital, Past and Present*. Oxford: Pergamon Press.

Pike, S. 2002. "ToMA as a Measure of Competitive Advantage for Short Break Holiday Destinations." *The Journal of Tourism Studies*, Vol.13(1), pp.9~19.

Pike, Steven. 2004. "Destination brand Positioning Slogans: Toward the development of a set accountability criteria." *Acta Turistica*, Vol.16(2), pp.102~124.

PriceWaterhouseCoopers(2008). *Cities of Opportunity*, 2008.

Rainisto. Seppo K. 2003. "Sucess Factors of place marketing: A study of place marketing practices in Norther Europe and The United States." Helsinki Univ. of Tec., Institute of Strategy and International Business, Dr. Dissertation.

Reboul, Oivier. 1975. *Le Slogan*. Bruxells: Editions Complex.

Richardson J. and J. Cohen. 1993. "State Slogan: The case of missing USP." *Journal of Travel & Tourism Marketing*, Vol.2(2/3), pp.91~109.

Shannon, C. E. and W. Weaver. 1949. *The Mathematical Theory of Communication*. Urbana, IL: University of Illinois Press.

Supphellen, M. and I. Nygaardsvic. 2002. "Testing Country Brand Slogans: Conceptual development and empirical illustration of a simple normative model." *Journal of Brand Management*, Vol.9(4/5), pp.385~395.

Tan, Alexis S. 1985. *Mass Communication Theory and Research*. New York: John Wiley & Son.

Timorthy, Borchers. 2006. *Rhetorical Theory*. Thomson.

Trueman, M., M. Klemm and A. Giroud. 2004. "Can a city communication? Bradford as a corporate brand." *Corporate Communication, An International Journal*, Vol.9(4), pp.317~330.

Vaidya R., P. Gandhi and J. Aagja. 2009. "Brand Personality and Perception Measures of Two Cities: Surat and Ahmedabad." The ICFAI *Journal of Brand Management*, Vol.11(1), pp.57~73.

Whiteman, R. F. and P. H. Boase. 1983. *Communication Speech: Principal and Contexts*. New York: Macmillan.

Williamson, Judith. 1978. *Decoding Advertisements*. London: Marion Boyars.

http://en.wikipedia.org/wiki/List_of_city_nicknames_in_the_United_States#cite _note-EpodunkAgriculture-23

http://en.wikipidia.org/wiki/lost of cities and town in california

http://www.e-referencedesk.com/resources/state-slogans/

지은이_ **이희복**

광고 회사 MBC애드컴, 오리콤, FCB한인, 진애드에서 광고캠페인을 진행했으며, 경주대학교 교수를 거쳐 현재 상지대학교 언론광고학부 광고홍보 전공교수로 있다. 또한 한국광고PR실학회 ≪광고PR실학연구≫ 편집위원장으로 있으며, 한국광고학회, 한국커뮤니케이션학회 편집위원을 겸하고 있다. 한국광고학회 이사, 한국광고홍보학회 감사이며, 대한적십자사 홍보 자문교수, 한국건강기능식품협회 광고심의위원, 한국광고자율심의기구 심의위원으로 있다. 캘리포니아 주립대학 플러턴 방문교수를 지냈으며, 한국광고PR실학회 회장, 공익광고위원회 위원, 대한민국광고대상 심사위원장(TV영상)으로 다수의 인턴십과 공모전에 참여해 광고홍보의 현장과 학교를 잇는 데 힘을 보태왔다.

한국외국어대학교에서 신문방송학 학사와 광고홍보학 석사를, 경희대학교에서 광고PR을 전공해 언론학 박사 학위를 받았다. 주요 연구 분야는 광고산업과 정책, 광고카피(슬로건), 도시 브랜드, 광고활용교육 등이며, ≪광고학연구≫, ≪광고연구≫, ≪커뮤니케이션학연구≫ 등의 저널에 논문을 발표했다. 그동안 지은 책으로는 『도시 브랜드 슬로건 전략』(2017), 『광고활용교육』(2016), 『소셜 미디어 시대의 광고』(2015), 『미디어스마트』(2013) 등이 있고, 옮긴 책으로는 『브랜딩 텔레비전』(2014) 등이 있다.

'광고는 창의력으로 문제를 해결하는 설득'이라고 믿는다.

boccaccio@hanmail.net/ www.facebook.com/leeheebok

한울 아카데미 2036

설득의 수사학, 슬로건

ⓒ 이희복, 2017

지은이 **이희복**
펴낸이 **김종수**
펴낸곳 **한울엠플러스(주)**
편   집 **조일현·최진희**

초판 1쇄 인쇄 2017년 8월 25일
초판 1쇄 발행 2017년 8월 31일

주소 10881 경기도 파주시 광인사길 153 한울시소빌딩 3층
전화 031-955-0655
팩스 031-955-0656
홈페이지 www.hanulmplus.kr
등록 제406-2015-000143호

Printed in Korea.
ISBN 978-89-460-7036-3 93300(양장)
        978-89-460-6382-2 93300(학생판)

* 책값은 겉표지에 표시되어 있습니다.
* 이 도서는 강의를 위한 학생판 교재를 따로 준비했습니다.
  강의 교재로 사용하실 때에는 본사로 연락해주십시오.